5

QUINTA EDIÇÃO

2023

Nehemias Domingos de Melo

LIÇÕES DE DIREITO CIVIL

Prefácio
Dra. **Adriana Galvão Moura Abílio**

Família e **Sucessões**

EDITORA FOCO

3ª. Edição: 2016, Editora Rumo Legal
4ª. Edição: 2018, Editora Rumo Legal
5ª. Edição: 2023, Editora Foco.

Dados Internacionais de Catalogação na Publicação (CIP) de acordo com ISBD

M528l   Melo, Nehemias Domingos de
           Lições de civil: Família e Sucessões / Nehemias Domingos de Melo - 5. ed. - Indaiatuba : Editora Foco, 2023.

           344 p. ; 16cm x 23cm. – (v. 5).

           Inclui bibliografia e índice.

           ISBN: 978-65-5515-689-8

           1. Direito. 2. Direito civil. 3. Processo Civil. 4. Direito familiar. I. Título.

2022-3784   CDD 347   CDU 347

Elaborado por Odilio Hilario Moreira Junior - CRB-8/9949

Índices para Catálogo Sistemático:

1. Direito civil 347

2. Direito civil 347

5

QUINTA EDIÇÃO

Nehemias Domingos de Melo

LIÇÕES DE DIREITO CIVIL

Prefácio
Dra. **Adriana Galvão Moura Abílio**

Família e **Sucessões**

2023 © Editora Foco

Autor: Nehemias Domingos de Melo
Diretor Acadêmico: Leonardo Pereira
Editor: Roberta Densa
Assistente Editorial: Paula Morishita
Revisora Sênior: Georgia Renata Dias
Revisora: Simone Dias
Capa Criação: Leonardo Hermano
Diagramação: Ladislau Lima e Aparecida Lima
Impressão miolo e capa: FORMA CERTA GRÁFICA DIGITAL

DIREITOS AUTORAIS: É proibida a reprodução parcial ou total desta publicação, por qualquer forma ou meio, sem a prévia autorização da Editora FOCO, com exceção do teor das questões de concursos públicos que, por serem atos oficiais, não são protegidas como Direitos Autorais, na forma do Artigo 8º, IV, da Lei 9.610/1998. Referida vedação se estende às características gráficas da obra e sua editoração. A punição para a violação dos Direitos Autorais é crime previsto no Artigo 184 do Código Penal e as sanções civis às violações dos Direitos Autorais estão previstas nos Artigos 101 a 110 da Lei 9.610/1998. Os comentários das questões são de responsabilidade dos autores.

NOTAS DA EDITORA:

Atualizações e erratas: A presente obra é vendida como está, atualizada até a data do seu fechamento, informação que consta na página II do livro. Havendo a publicação de legislação de suma relevância, a editora, de forma discricionária, se empenhará em disponibilizar atualização futura.

Erratas: A Editora se compromete a disponibilizar no site www.editorafoco.com.br, na seção Atualizações, eventuais erratas por razões de erros técnicos ou de conteúdo. Solicitamos, outrossim, que o leitor faça a gentileza de colaborar com a perfeição da obra, comunicando eventual erro encontrado por meio de mensagem para contato@editorafoco.com.br. O acesso será disponibilizado durante a vigência da edição da obra.

Impresso no Brasil (11.2022) – Data de Fechamento (11.2022)

2023

Todos os direitos reservados à
Editora Foco Jurídico Ltda.
Avenida Itororó, 348 – Sala 05 – Cidade Nova
CEP 13334-050 – Indaiatuba – SP

E-mail: contato@editorafoco.com.br
www.editorafoco.com.br

DEDICATÓRIA

A presente obra é fruto da experiência de vários anos em salas de aulas da graduação em direito na Universidade Paulista (UNIP) e também, por algum tempo, na Faculdade de Direito do Centro Universitário das Faculdades Metropolitanas Unidas (FMU).

Os textos foram coligidos a partir do estudo das obras dos maiores civilistas brasileiros, abaixo relacionados (em ordem alfabética), cujos ensinamentos, ainda que por vias transversas, estão contidos no presente trabalho.

Assim, rendo minhas homenagens e, de forma singela, dedico este trabalho (ainda que alguns sejam *in memoriam*) aos Professores:

Álvaro Villaça Azevedo

Antonio Chaves

Caio Mário da Silva Pereira

Carlos Roberto Gonçalves

Maria Helena Diniz

Orlando Gomes

Roberto Senise Lisboa

Silvio Rodrigues

Sílvio de Salvo Venosa

Washington de Barros Monteiro

Dedico essa obra também aos meus netinhos queridos
Mateus, Gabi, Caio e Malu.

e, também para ANA LIGIA,
pelo carinho, apoio e incentivo de sempre.

AGRADECIMENTOS

Agradeço o carinho, apoio e incentivo dos queridos(as) amigos(as), professores(as) da UNIP (*campus* Paraíso), com os quais tive uma convivência acadêmica longa e prazerosa que muito me enriqueceu como pessoa e como jurista (em ordem alfabética)

Adriana Pascuotti
Ana Claudia Vieira de Oliveira Ciszewski
André Nakamura
Andrea Wild
Antonio Fernando Filho
Carla Matuck
Claudia Abud
Carlos Fredeerico Zimmermann Neto
Carlos Ibanez
Celio José Luiz
Cibele Mara Dugaich
Claudia Grieco Tabosa Pessoa
Debora Marcondes Fernandez
Deborah Pierri
Érika Cardoso de Andrade
Euro Bento Maciel Filho
Evandro Annibal
Fabio Bellote Gomes
Fabricio Furlan
Fernando Augusto de Vita Borges de Sales
German Segre
Glauco Bauab Boschi
Haroldo Luz (*in memorian*)
Helen Danilov
Hélio Augusto Cavalcanti
Hermínio Alberto Marques Porto (*in memorian*)
João Carlos Saletti

João Rojas
José Carlos Blat
José Humberto Ataulo Nunes
Jurandir de Sousa Oliveira
Justino de Mattos Ramos Netto
Laerte I. Marzagão Junior
Lilian Mozados
Luiz Antonio Ferreira Nazareth Jr
Luiz Antonio Rodrigues da Silva (*in memorian*)
Luiz Fernando Ferraz de Rezende
Marcia Cardoso Simões
Marcília Rodrigues
Marco Antonio Garcia Lopes Lorencini
Maria Cristina Teixeira
Maria Teresa Barboza
Marisa Aparecida Guedes
Massami Uyeda
Michael Lindemberg Soares
Milene Calfat Maldaun
Neusa Meirelles Costa
Paulo Guilherme Amaral Toledo
Paulo Hamilton Siqueira Jr
Paulo Henrique de Oliveira
Paulo Roberto Siquetto
Olicio Sabino Mateus
Rafael Tocantins Maltez
Raquel Moreira Nunes
Regina Celia Pezzuto Rufino
Ricardo de Moraes Cabezon
Roberta Densa
Samuel Francisco Mourão Neto
Sandra Floglia
Simone Sampaio
Solange da Fonseca e Silva Varella
Vanessa Vieira de Mello
Vera Lucia Gebrin
Vitor Mageski Cavalcanti

NOTA DO AUTOR

A presente obra é fruto de vários anos de experiência em salas de aulas nos Cursos de Graduação em Direito na Universidade Paulista (UNIP) e nas Faculdades Metropolitanas Unidas (FMU). Ela resulta da convivência com os alunos e da aferição de suas dificuldades ou facilidades na compreensão dos temas apresentados.

O resultado dessa experiência me orientou na elaboração desta coleção que, a meu ver, tem alguns traços distintivos com relação a todas as obras similares disponíveis no mercado; senão vejamos:

a) nas citações de artigos de Lei, especialmente do Código Civil, o leitor encontrará em notas de rodapé o texto integral do artigo mencionado. Pergunta-se: qual é a importância disso? Resposta: o aluno não necessitará ter ao lado o Código Civil e não necessitará ficar folheando-o, para frente e para trás, em busca dos artigos mencionados. Ou seja, da forma como os temas são apresentados, qualquer um poderá facilmente confrontar as notas do autor com o fiel texto de lei.

b) na abordagem dos temas não houve preocupação em reforçar os conceitos apresentados, visando dar maior envergadura ao texto, o que normalmente aconteceria com a colação de notas de doutrina e citação de autores, além de jurisprudência. Quer dizer, a apresentação é direta, seca, objetiva, sem citação de autores ou de julgados. O resultado disso é uma obra de fácil leitura, cuja abordagem direta dos temas, ainda que não seja de forma aprofundada, fornece ao aluno o embasamento técnico suficiente para o conhecimento básico do direito civil.

c) também não há notas de reminiscência com relação aos artigos similares do Código Civil de 1916, pois, embora isso tenha relevância histórica, para o estudo nos cursos de graduação minha experiência ensina que esse tipo de citação mais confunde os alunos do que ajuda na compreensão dos temas apresentados.

d) evitei ao máximo a utilização de linguagem muito técnica, assim como citações em latim, procurando traduzir os textos em linguagem simples e acessível, contudo, sem perder o rigor técnico e científico necessário.

Em suma, a obra não pretende ser um tratado doutrinário, mas sim uma obra de caráter didático e objetivo, abordando de forma direta e clara todos os conceitos indispensáveis ao conhecimento básico da matéria tratada em cada volume. Quer dizer, a obra é, como o próprio nome da coleção diz, Lições de Direito Civil.

Para aqueles que necessitam se aprofundar no estudo do direito civil, ao final de cada volume da coleção apresento bibliografia qualificada, útil ao estudo mais aprofundado dos temas em análise. São obras que consultei e consulto sempre, cujos fragmentos, ainda que por vias transversas, se encontram presentes neste trabalho.

Assim, esperamos que a obra possa contribuir para a formação de nossos futuros operadores do direito nos cursos de graduação e pós-graduação em direito, e também possa ser útil àqueles que vão prestar concursos na área jurídica e o Exame da Ordem dos Advogados do Brasil.

A coleção completa é composta de 5 (cinco) volumes, um para cada ano do curso de direito, com os seguintes títulos:

Livro I – Teoria Geral – Das pessoas, dos bens e dos negócios jurídicos

Livro II – Obrigações e Responsabilidade Civil

Livro III – Dos Contratos e dos Atos Unilaterais

Livro IV – Direitos das Coisas

Livro V – Família e Sucessões

31 de janeiro de 2014.

O Autor

PREFÁCIO

Aceitei de pronto, e com imensa honra, o convite para escrever o prefácio desta nova edição das *Lições de Direito Civil – Família e Sucessões*, de autoria do eminente advogado e professor Nehemias Domingos de Melo. A importância desta obra para acadêmicos de Direito e profissionais da área jurídica é notória. E notável.

Lições de Direito Civil – Família e Sucessões apresenta tratamento sistemático do Direito Civil, em especial a parte dedicada aos estudos do Direito de Família e Sucessões, na qual se enunciam questões técnicas relacionadas ao instituto do Direito de Família, ao casamento e ao regime de bens, além de tratar das principais questões patrimoniais, como a dissolução da sociedade e do vínculo conjugal, a proteção dos filhos, a questão da provisão alimentar, a tutela e a curatela.

Discorre também o autor, com o mesmo didatismo e a mesma clareza, sobre temas como sucessão legítima, sucessão testamentária, inventário e partilha.

Nesta obra seminal, o professor Nehemias parte de sua vasta experiência no magistério superior e em cursos de pós-graduação para trazer conceitos basilares e fundamentais tanto para acadêmicos quanto para aqueles que almejam aprovação em concursos públicos. Vale-se o autor, de modo consonante, de profundidade e objetividade.

A consciência sobre a importância de escrever uma obra sistematizada que venha a contribuir com inúmeros estudantes da área jurídica é o referencial empregado pelo autor, exímio conhecedor da área do Direito Civil, que exerce o magistério com competência, dedicação e profissionalismo. Este livro é fruto de sua trajetória de comprometimento com o Direito e, principalmente, com a boa formação dos estudantes da área jurídica.

Empenhado em garantir substância teórica sólida aos seus alunos, o professor Nehemias Domingos de Melo é exemplo a ser seguido. Competente e dedicado educador, também honra a advocacia. Sua trajetória profissional nos enche de orgulho e nos impulsiona para frente nos estudos do Direito e na busca constante pelo sucesso profissional.

Nossa eterna admiração ao querido amigo, advogado e professor!

Adriana Galvão

Advogada, especialista em Direito Empresarial pela FGV, mestre em Direito pela Universidade de Ribeirão Preto, doutora em Direito pela PUC/SP, presidente da Caixa de Assistência dos Advogados do Estado de SP – CAASP, professora universitária e de cursos de pós-graduação.

OBRAS DO AUTOR

I – LIVROS

1. Lições de direito civil – Teoria Geral – Das pessoas e dos bens, 5ª. ed. Indaiatuba: Foco, 2023, v. 1.
2. Lições de direito civil – Obrigações e responsabilidade civil, 5ª. ed. Indaiatuba: Foco, 2023, v. 2.
3. Lições de direito civil – Contrato e Atos Unilaterais, 5ª. ed. Indaiatuba; Foco, 2023, v. 3.
4. Lições de direito civil – Direito das coisas, 5ª ed. Indaiatuba: Foco, 2023, v. 4.
5. Lições de processo civil – Teoria geral do processo e procedimento comum, 3ª. ed. Indaiatuba: Foco, 2022, v. 1.
6. Lições de processo civil – Processo de execução e procedimentos especiais, 3ª. ed. Indaiatuba: Foco, 2022, v. 2.
7. Lições de processo civil – Dos processos nos tribunais e dos recursos, 3ª. ed. Indaiatuba: Foco, 2022, v. 3.
8. Manual de prática jurídica civil para graduação e exame da OAB. 5ª. ed. Indaiatuba: Foco, 2022.
9. Novo CPC anotado e comentado, 3ª ed. Indaiatuba: Foco, 2023.
10. Responsabilidade civil por erro médico: doutrina e jurisprudência, 4ª. ed. Leme: Mizuno, 2023 (prelo).
11. Como advogar no cível com o Novo CPC – Manual de prática jurídica, 4ª. ed. Araçariguama: Rumo Legal, 2018.
12. Novo CPC Comparado – 2015 X 1973. Araçariguama: Rumo Legal, 2016 (esgotado).
13. Dano moral trabalhista. 3ª. ed. São Paulo: Atlas, 2015 (esgotado).
14. Da culpa e do risco como fundamentos da responsabilidade civil. 2ª. ed. São Paulo: Atlas, 2012 (esgotado).
15. Dano moral nas relações de consumo. 2ª. ed. São Paulo: Saraiva, 2012.
16. Dano moral – problemática: do cabimento à fixação do quantum, 3ª. ed. Leme: Mizuno, 2023 (prelo).
17. Da defesa do consumidor em juízo. São Paulo: Atlas, 2010 (esgotado).

II – CAPÍTULOS DE LIVROS EM OBRAS COLETIVAS

1. Breves considerações a respeito das tutelas provisórias (em coautoria com Marcia Cardoso Simões). In: DEL SORDO NETO, Stefano; DITÃO, Ygor Pierry Piemonte (coord.). Processo Civil Constitucionalizado. Curitiba Instituto Memória Editora, 2020.

2. O direito de morrer com dignidade. In: GODINHO, Adriano Marteleto; LEITE, Salomão Jorge e DADATO, Luciana (coord.). Tratado brasileiro sobre o direito fundamental à morte digna. São Paulo: Almedina, 2017.

3. Dano moral pela inclusão indevida na Serasa (indústria do dano moral ou falha na prestação dos serviços?). In: STOCO, Rui (Org.). Dano moral nas relações de consumo. São Paulo: Revistas dos Tribunais, 2015.

4. Uma reflexão sobre a forma de indicação dos membros do Supremo Tribunal Federal brasileiro. In: ARAGÃO, Paulo; ROMANO, Letícia Danielle; TAYAH, José Marco (Coord.). Reflexiones sobre derecho latinoamericano. Buenos Aires: Editorial Latino Americano, 2015, v. 20.

5. O princípio da dignidade humana como fonte jurídico-positiva para os direitos fundamentais. In: BALESTERO, Gabriela Soares; BEGALLI, Ana Silvia Marcatto (Coord.). Estudos de direito latino americano. Brasilia: Kiron, 2014, v. 2.

6. Fundamentos da reparação por dano moral trabalhista no Brasil e uma nova teoria para sua quantificação. In: ARAGÃO, Paulo; ROMANO, Letícia Danielle; TAYAH, José Marco (Coord.). Reflexiones sobre derecho latinoamericano. Buenos Aires: Editorial Latino Americano, 2014, v. 13.

7. Comentários aos artigos 103 e 104 do CDC e à Lei Estadual dos Combustíveis. In: MACHADO, Costa; FRONTINI, Paulo Salvador (Coord.). Código de Defesa do Consumidor interpretado. São Paulo: Manole, 2013.

8. La familia ensamblada: una analisis a la luz del derecho argentino y brasileño. In: BALESTERO, Gabriela Soares; BEGALLI, Ana Silvia Marcatto (Coord.). Estudos de direito latino americano. São Paulo: Lexia, 2013.

9. Da dificuldade de prova nas ações derivadas de erro médico. In: AZEVEDO, Álvaro Villaça; LIGIEIRA, Wilson Ricardo (Coord.). Direitos do paciente. São Paulo: Saraiva, 2012.

10. O princípio da dignidade humana como fonte jurídico-positiva para os direitos fundamentais. In: ARAGÃO, Paulo; ROMANO, Letícia Danielle; TAYAH, José Marco (Coord.). Reflexiones sobre derecho latinoamericano. Rio de Janeiro: Livre Expressão, 2012, v. 8.

11. Reflexões sobre a inversão do ônus da prova. In: MORATO, Antonio Carlos; NERI, Paulo de Tarso (Org.). 20 anos do Código de Defesa do Consumidor: estudos em homenagem ao professor José Geraldo Brito Filomeno. São Paulo: Atlas, 2010.

III – ARTIGOS PUBLICADOS (ALGUNS TÍTULOS)

1. O direito a morte digna. Publicado no site do Jus disponível em: <https://jus.com.br/artigos/87970/o-direito-a-morte-digna>

2. Da Gratuidade da Justiça no Novo CPC e o Papel do Judiciário. Revista Síntese de Direito Civil e Processual Civil. São Paulo: Síntese, n° 97, set./ out. 2015. Publicado também na Revista Lex Magister, Edição n° 2.484, 19 Outubro 2015.

3. Análise crítica da forma de indicação dos membros do Supremo Tribunal Federal. Revista Jus Navigandi, Teresina, ano 20, n. 4341, 21 maio 2015. Disponível em: <http://jus.com.br/artigos/39290>.

4. Fundamentos da reparação por dano moral trabalhista e uma nova teoria para sua quantificação. Revista Brasileira de Direitos Humanos. Lex-Magister, U. S. abr./jun. 2013.

5. A familia ensamblada: uma análise à luz do direito argentino e brasileiro. Revista Síntese de Direito de Família, v. 78, jun./jul. 2013. Publicado também na Revista Jurídica Lex, v. 72, mar./abr. 2013.

6. Ulysses Guimarães: uma vida dedicada à construção da democracia brasileira. Publicado no site da Revista Lex-Magister em 19-12-2012. Disponível em: <http://www.editoramagister.com/doutrina_24064820>.

7. Dano moral: por uma teoria renovada para quantificação do valor indenizatório (teoria da exemplaridade). Revista Magister de Direito Empresarial, Concorrencial e do Consumidor, v. 44, abr./mai. 2012. Publicado também na Revista Síntese de Direito Civil e Processual Civil. São Paulo: Síntese, n° 79, set./out. 2012.

8. Responsabilidade civil nas relações de consumo. Revista Magister de Direito Empresarial, Concorrencial e do Consumidor. Porto Alegre: Magister, n° 34, ago./set. 2010. Publicado também na Revista Síntese de Direito Civil e Processual Civil, n° 68, nov./dez. 2010 e na Revista Lex do Direito Brasileiro, n° 46, jul./ago. 2010.

9. Nova execução por títulos judiciais: liquidação e cumprimento de sentença (Lei no 11.232/05). Revista Magister de Direito Processual Civil, Porto Alegre: Magister, n° 24, maio/jun. 2008. Publicado também na Revista Síntese de Direito Civil e Processual Civil, n° 58, mar./abr. 2009.

10. Erro médico e dano moral: como o médico poderá se prevenir? Revista Magister de Direito Empresarial, Concorrencial e do Consumidor. Porto Alegre: Magister, n° 18, dez./jan. 2008.

11. Excludentes de responsabilidade em face do Código de Defesa do Consumidor. Revista Magister de Direito Empresarial, Concorrencial e do Consumidor. Porto Alegre: Magister, n° 23, out./nov. 2008.

12. O princípio da dignidade humana e a interpretação dos direitos humanos. São Paulo: Repertório de Jurisprudência IOB n° 07/2009.

13. Responsabilidade dos bancos pelos emitentes de cheques sem fundos. Juris Plenum, Caxias do Sul: Plenum, n° 88, maio 2006. CD-ROM.

14. Dano moral pela inclusão indevida na Serasa (indústria do dano moral ou falha na prestação dos serviços?). Revista de Direito Bancário e do Mercado de Capitais, n° 28. São Paulo: Revista dos Tribunais, abr./jun.2005. Publicado também na Revista do Factoring, São Paulo: Klarear, n° 13, jul./ago./set. 2005 e na Revista Magister de Direito Empresarial, Concorrencial e do Consumidor. Porto Alegre: Magister, n° 12 dez./jan. 2007.

15. Da ilegalidade da cobrança da assinatura mensal dos telefones. Juris Plenum. Especial sobre tarifa básica de telefonia. Caxias do Sul: Plenum, n° 82. maio 2005. CD-ROM.

16. Abandono moral: fundamentos da responsabilidade civil. Revista Síntese de Direito Civil e Processual Civil, n° 34. São Paulo: Síntese/IOB, mar./abr. 2005. Incluído também no Repertório de Jurisprudência IOB n° 07/2005 e republicado na Revista IOB de Direito de Família, n° 46, fev./ mar. 2008.

17. Por uma nova teoria da reparação por danos morais. Revista do Instituto dos Advogados de São Paulo, n° 15. São Paulo: Revista dos Tribunais, jan./jun. 2005. Publicado também na Revista Síntese de Direito Civil e Processual Civil, n° 33, jan./fev. 2005.

18. Responsabilidade civil por abuso de direito. Juris Síntese, São Paulo: Síntese/IOB, n° 51, jan./fev. 2005. CD-ROM.

19. União estável: conceito, alimentos e dissolução. Revista Jurídica Consulex, n° 196, Brasília: Consulex, mar. 2005. Publicado também na Revista IOB de Direito de família n° 51, dez./jan. 2009.

20. Dano moral coletivo nas relações de consumo. Juris Síntese, Porto Alegre: Síntese, n° 49, set./out. 2004. CD-ROM.

21. Da justiça gratuita como instrumento da democratização do acesso ao judiciário. Juris Síntese, Porto Alegre, n° 48, Síntese, jul./ago. 2004. CD-ROM.

22. Do conceito ampliado de consumidor. Revista Síntese de Direito Civil e Processual Civil. São Paulo: Síntese/IOB, n° 30, jul./ago. 2004.

ABREVIATURAS

AC – Apelação Cível

ACP – Ação Civil Pública

ADCT – Ato das Disposições Constitucionais Transitórias

ADIn – Ação Direta de Inconstitucionalidade

Art. – Artigo

BGB – Burgerliches Gesetzbuch (Código Civil alemão)

CBA – Código Brasileiro de Aeronáutica

CC – Código Civil (Lei nº 10.406/02)

CCom – Código Comercial (Lei nº 556/1850)

CDC – Código de Defesa do Consumidor (Lei nº 8.078/90)

CF – Constituição Federal

CLT – Consolidação das Leis do Trabalho (Dec.-Lei nº 5.452/43)

CP – Código Penal (Dec.-Lei nº 2.848/40)

CPC – Código de Processo Civil (Lei nº 10.105/15)

CPP – Código de Processo Penal (Dec.-Lei nº 3.689/41)

CRI – Cartório de Registro de Imóveis

CRTD – Cartório de Registro de Títulos e Documentos

CTB – Código de Trânsito Brasileiro (Lei nº 9.503/97)

CTN – Código Tributário Nacional (Lei nº 5.172/66)

D – Decreto

Dec.-Lei – Decreto-Lei

Des. – Desembargador

DJU – Diário Oficial da Justiça da União

DOE – Diário Oficial do Estado (abreviatura + sigla do Estado)

DOU – Diário Oficial da União

EC – Emenda Constitucional

ECA – Estatuto da Criança e do Adolescente (Lei nº 8.069/90)

EOAB – Estatuto da Ordem dos Advogados do Brasil (Lei nº 8.906/94)

IPTU – Imposto sobre a Propriedade Predial e Territorial Urbana

IPVA – Imposto sobre a Propriedade de Veículos Automotores

IR – Imposto sobre a Renda e Proventos de Qualquer Natureza

IRPJ – Imposto de Renda de Pessoa Jurídica

ISS – Imposto Sobre Serviços

ITBI – Imposto de Transmissão de Bens Imóveis

ITCMD - Imposto de Transmissão Causa Mortis e Doação

j. – julgado em (seguido de data)

JEC – Juizado Especial Cível (Lei nº 9.099/95) J

EF – Juizado Especial Federal (Lei nº 10.259/01)

LA – Lei de Alimentos (Lei nº 5.478/68)

LACP – Lei da Ação Civil Pública (Lei nº 7.347/85)

LAF – Lei das Alienações Fiduciárias (Dec.-lei nº 911/69)

LAM – Lei de Arrendamento Mercantil (Lei nº 6.099/74)

LAP – Lei da Ação Popular (Lei nº 4.717/65)

LArb – Lei da Arbitragem (Lei nº 9.307/96)

LC – Lei Complementar

LCh – Lei do Cheque (Lei nº 7.357/85)

LD – Lei de Duplicatas (Lei nº 5.474/68)

LDA – Lei de Direitos Autorais (Lei nº 9.610/98)

LDC – Lei de Defesa da Concorrência (Lei nº 8.158/91)

LDi – Lei do Divórcio (Lei nº 6.515/77)

LDP – Lei da Defensoria Pública (LC nº 80/94)

LEF – Lei de Execução Fiscal (Lei nº 6.830/80)

LEP – Lei de Economia Popular (Lei nº 1.521/51)

LI – Lei do Inquilinato (Lei nº 8.245/91)

LINDB – Lei de Introdução às Normas do Direito Brasileiro (Dec.-Lei nº 4.657/42)

LMS – Lei do Mandado de Segurança (Lei nº 1.533/51)

LPI – Lei de Propriedade Industrial (Lei nº 9.279/96)

LRC – Lei do Representante Comercial Autônomo (Lei nº 4.886/65)

LRF – Lei de Recuperação e Falência (Lei nº 11.101/05)

LRP – Lei de Registros Públicos (Lei nº 6.015/73)

LSA – Lei das Sociedades Anônimas (Lei nº 6.404/76)

LU – Lei Uniforme de Genebra (D nº 57.663/66)

Min. – Ministro

MP – Ministério Público

MS – Mandado de Segurança

NR – Nota de rodapé

ONU – Organização das Nações Unidas

Rec. – Recurso

rel. – Relator ou Relatora

REsp – Recurso Especial

ss. – Seguintes

STF – Supremo Tribunal Federal

STJ – Superior Tribunal de Justiça

Súm. – Súmula

TJ – Tribunal de Justiça

TRF – Tribunal Regional Federal

TRT – Tribunal Regional do Trabalho

TST – Tribunal Superior do Trabalho

v.u. – votação unânime

SUMÁRIO

DEDICATÓRIA V

AGRADECIMENTOS VII

NOTA DO AUTOR IX

PREFÁCIO XI

OBRAS DO AUTOR XIII

    I – Livros XIII

    II – Capítulos de livros em obras coletivas XIII

    III – Artigos publicados (alguns títulos) XIV

ABREVIATURAS XVII

PARTE I
DIREITO DE FAMÍLIA

CAPÍTULO 1
INTRODUÇÃO AO DIREITO DE FAMÍLIA

LIÇÃO 1 – DIREITO DE FAMÍLIA – CONCEITOS E ASPECTOS HISTÓRICOS 5

    1. Dos diversos conceitos de família 5

    2. Origem da família na antiguidade 6

    3. A família no direito romano 6

    4. A família durante a idade média 7

    5. A família e a revolução industrial 7

    6. A família segundo a ótica dos Códigos do Século XIX 7

    7. A família segundo a declaração universal dos direitos humanos 8

    8. A família brasileira após a Constituição de 1988 9

9. A família pós-moderna 10

10. Estado de família 12

11. Importância da família 13

12. Conceito de direito de família 13

13. Características do direito de família 13

14. Princípios específicos do direito de família 14

CAPÍTULO 2
DO CASAMENTO

LIÇÃO 2 – CASAMENTO: NOÇÕES GERAIS 19

1. Conceito de casamento 19

2. Natureza jurídica 19

3. Características 20

4. Formalidades preliminares 21

5. Impedimentos matrimoniais 24

6. Causas suspensivas 26

7. Capacidade para o casamento 28

8. Suprimento judicial do consentimento 30

9. Observações sobre o casamento homoafetivo 30

LIÇÃO 3 – DO CASAMENTO: CELEBRAÇÃO E PROVAS 33

1. Cerimônia de celebração 33

2. Local da celebração 33

3. Testemunhas 34

4. Casamento por procuração 34

5. Casamento em razão de doença grave 35

6. Casamento nuncupativo 35

7. O juiz de paz 37

8. Casamento perante autoridade diplomática 37

9. Casamento religioso com efeitos civis 38

10. Provas do casamento 38

11.	Posse de estado de casados	39
12.	Casamento provado em processo judicial	39

LIÇÃO 4 – DA INVALIDADE DO CASAMENTO – NULIDADES ABSOLUTAS E RELATIVAS ... 41

1.	Casamento inexistente (nulidade absoluta)	41
2.	Casamento nulo (nulidade absoluta)	42
3.	Casamento putativo	43
4.	Casamento anulável (nulidade relativa)	43
5.	Questões processuais	46
	5.1 Casamento nulo	47
	5.2 Casamento anulável	48
6.	Efeitos da sentença	49
7.	Reflexões sobre a anulação do casamento pela prática de crime	49
8.	Comentários à Lei 13.811/19	50

LIÇÃO 5 – DO CASAMENTO: EFICÁCIA E EFEITOS JURÍDICOS ... 53

1.	Efeitos jurídicos do casamento	53
	1.1 Efeitos sociais do casamento	53
	1.2 Efeitos pessoais do casamento	54
	1.3 Efeitos patrimoniais do casamento	55
2.	Deveres recíprocos dos cônjuges	57
3.	Direção da sociedade conjugal	58

LIÇÃO 6 – DISSOLUÇÃO DA SOCIEDADE E DO VÍNCULO CONJUGAL ... 59

1.	Do desquite ao divórcio: breve histórico	59
2.	A lei do divórcio	60
3.	Separação judicial ainda existe?	61
4.	Causas de extinção da sociedade conjugal	63
5.	O divórcio	63
6.	Especificidades sobre o divórcio	65

LIÇÃO 7 – DA PROTEÇÃO DA PESSOA DOS FILHOS 67

1. Da proteção da pessoa dos filhos 67
2. Tipos de guarda 67
3. Proteção dos filhos na separação ou no divórcio 71
4. Situação do cônjuge culpado.. 72
5. Direito de visita... 72
6. Síndrome da alienação parental 73
7. Abandono moral ou afetivo 75
8. Incapazes.. 76

CAPÍTULO 3
DO PARENTESCO E DO PODER FAMILIAR

LIÇÃO 8 – DAS RELAÇÕES DE PARENTESCO 79

1. Parentesco em sentido estrito 79
2. Parentesco em sentido amplo 79
3. Tipos de parentesco.. 80
4. Marido e mulher... 81
5. Parentesco em linha reta e colateral.. 81
6. Contagem dos graus de parentesco... 82
7. Parentesco entre irmãos... 83
8. Extinção do vínculo por afinidade... 83
9. Observações importantes 84

LIÇÃO 9 – DA FILIAÇÃO E DO RECONHECIMENTO DOS FILHOS 85

1. Conceito de filiação.. 85
2. O princípio da igualdade entre os filhos 86
3. Presunção legal de paternidade 86
4. Presunção em face da reprodução assistida 87
5. Presunção de paternidade na união estável 88
6. Ação negatória de paternidade ou maternidade 89
7. Ação de impugnação da paternidade ou da maternidade........................ 89
8. Prova da filiação 90

9.	Reconhecimento dos filhos havidos na constância do casamento	90
10.	Reconhecimento dos filhos havidos fora do casamento	91
11.	Reconhecimento voluntário incondicional..	93
12.	Reconhecimento precedente e póstumo	93
13.	Efeitos decorrentes do reconhecimento	94
14.	Oposição ao reconhecimento	94
15.	Legitimação para a ação de investigação de paternidade.........................	94
16.	Filiação socioafetiva	95
17.	Barriga de aluguel..	96
18.	Filiação no caso de casal homoafetivo...	98

LIÇÃO 10 – DO PODER FAMILIAR E DA ADMINISTRAÇÃO E USUFRUTO DOS BENS DOS FILHOS MENORES.. 101

1.	Conceito de poder familiar	101
2.	Titularidade..	102
3.	Divergência quanto ao exercício..	102
4.	Exercício do poder familiar quanto aos filhos..	103
5.	Exercício do poder familiar quanto aos bens dos filhos	104
6.	Suspensão do poder familiar..	105
7.	Suspensão automática do poder familiar	107
8.	Perda do poder familiar..	107
9.	Restabelecimento do poder familiar..	109
10.	Extinção do poder familiar	110
11.	Carência de recurso..	111
12.	Novas núpcias dos pais	111
13.	Comparativo entre suspensão, perda e extinção do poder familiar	112

CAPÍTULO 4
DO DIREITO PATRIMONIAL NAS RELAÇÕES DE FAMÍLIA

LIÇÃO 11 – DO REGIME DE BENS E DO PACTO ANTENUPCIAL 115

I – DO REGIME DE BENS.. 115

1.	Regime de bens...	115

2.	Liberdade de escolha dos noivos	115
3.	Regime obrigatório (limitação à liberdade de escolha)	116
4.	Espécies de regimes de bens	117
5.	Regime de comunhão parcial	118
	5.1 Bens que não se comunicam com o casamento	118
	5.2 Bens que se comunicam com o casamento	120
	5.3 Administração do patrimônio comum do casal	122
6.	Comunhão universal	122
	6.1 Bens excluídos da comunhão	123
	6.2 Administração dos bens	124
	6.3 Dissolução da comunhão	124
7.	Regime de participação final nos aquestos	125
8.	Regime de separação de bens	126
9.	Mutabilidade do regime de bens	126

II – PACTO ANTENUPCIAL 127

10.	Conceito de pacto antenupcial	127
11.	Características do pacto	127
12.	Procedimento para realização do pacto	128
13.	Liberdade de estipulação	128
14.	Limites da liberdade dos nubentes	128
15.	Regime de separação obrigatória	128

LIÇÃO 12 – DOS ALIMENTOS 129

1.	Conceito	129
2.	Fundamentos	130
3.	Classificação dos alimentos	130
	3.1 Quanto à natureza	130
	3.2 Quanto à causa jurídica	131
	3.3 Quanto ao momento da reclamação	132
4.	Anotações sobre a execução de alimentos	133
	4.1 Cumprimento de sentença com pedido de prisão	133

4.2	Cumprimento de sentença como execução por quantia certa........	133
4.3	Obrigação decorrente de título extrajudicial....................................	133
4.4	Execução contra funcionário público e outros empregados regulares..	134

5. Prisão civil do devedor 134

6. A obrigação alimentar... 136

7. Características próprias do direito a alimentos................................... 138

8. Pressupostos da obrigação alimentar.. 139

9. Causas de extinção da obrigação alimentar....................................... 140

10. Maioridade do alimentando... 142

11. Alimentos avoengos 143

12. Alimentos entre ex-cônjuges e ex-companheiros 143

13. Alimentos provisórios, provisionais e definitivos............................. 144

LIÇÃO 13 – DO BEM DE FAMÍLIA 145

1. Conceito de bem de família 145

2. Origem do instituto... 145

3. Fundamentos... 145

4. Espécies.. 146

5. Impenhorabilidade do bem de família 147

6. A concepção de família para efeito dessa proteção legal.............................. 149

CAPÍTULO 5
DA UNIÃO ESTÁVEL

LIÇÃO 14 – DA UNIÃO ESTÁVEL.. 153

1. Conceito... 153

2. Requisitos para constituição da união estável 154

3. Diversidade de sexos é também um requisito para configurar a união estável?.. 155

4. Diferença entre união estável e concubinato 156

5. Dissolução da união estável 157

6. Regime de bens dos conviventes 158

7. Conversão da união estável em casamento	158
8. União poliafetiva	159
9. Comentários finais	159

CAPÍTULO 6
DA DOAÇÃO, DA TUTELA E DA CURATELA

LIÇÃO 15 – DA ADOÇÃO 163

1. Conceito de adoção	163
2. Natureza jurídica	163
3. Quem pode adotar?	164
4. O que é o cadastro nacional de adoção?	165
5. Quem não pode adotar?	165
6. Quem pode ser adotado?	167
7. Requisitos para adoção	167
8. Efeitos da adoção	169
9. O que é "adoção à brasileira"?	170
10. Adoção *post mortem*	171
11. Adoção socioafetiva *post mortem*	171
12. Adoção internacional	171
13. Apadrinhamento afetivo	172

LIÇÃO 16 – DA TUTELA 175

1. Conceito de tutela	175
2. Espécies de tutela	175
3. Quem não pode exercer a tutela?	177
4. Escusa dos tutores	177
5. Garantias da tutela	179
6. Exercício da tutela	179
7. Atos que o tutor não pode praticar	180
8. Responsabilidade e remuneração do tutor	181
9. Extinção da tutela	181

LIÇÃO 17 – DA CURATELA... 183

   1.   Conceito de curatela... 183

   2.   Características.. 183

   3.   O que justifica a curatela?... 184

   4.   Curatela especial... 184

   5.   Legitimidade para requerer a interdição................................... 184

   6.   Cautela com relação à interdição.. 185

   7.   Extinção da curatela... 185

   8.   Breves comentários sobre a Lei n° 13.146/15........................... 185

PARTE II
DIREITO DAS SUCESSÕES

CAPÍTULO 7
NOÇÕES GERAIS SOBRE A SUCESSÃO

LIÇÃO 18 – CONCEITOS, ORIGEM E FUNDAMENTOS DO DIREITO SUCES-
SÓRIO... 193

   1.   Conceito do direito das sucessões... 193

   2.   Origem do direito das sucessões... 193

   3.   A sucessão no direito romano... 194

   4.   O princípio de saisine.. 194

   5.   Fundamentos modernos da sucessão....................................... 195

   6.   Algumas observações importantes... 196

   7.   Legislação aplicada à sucessão no Brasil................................. 198

LIÇÃO 19 – DISPOSIÇÕES GERAIS SOBRE A ABERTURA DA SUCESSÃO....... 199

   1.   Abertura da sucessão... 199

   2.   A herança... 199

   3.   Pacto sucessório.. 200

   4.   Transmissão da herança.. 200

   5.   Delação ou devolução sucessória.. 200

   6.   Lugar de abertura da sucessão... 201

7. As espécies de sucessão previstas no código civil 201

8. Sucessão a título universal 202

9. Sucessão a título singular 203

10. Sucessão contratual (partilha em vida) 203

11. Sucessão irregular 203

12. Limitação à liberdade de testar 204

13. A lei que regula a sucessão 205

14. Meação do cônjuge 205

15. Animais não têm legitimação para suceder 206

CAPÍTULO 8
DA SUCESSÃO LEGÍTIMA E TESTAMENTÁRIA

LIÇÃO 20 – DA ADMINISTRAÇÃO DA HERANÇA 209

1. Transmissão da herança 209

2. A herança é uma coisa una 209

3. Direitos dos co-herdeiros 210

4. Responsabilidade dos herdeiros pelas dívidas do falecido 210

5. Cessão de direitos hereditários 211

6. Abertura do inventário 212

7. Administração provisória da herança 214

LIÇÃO 21 – DA VOCAÇÃO HEREDITÁRIA 215

1. Da vocação hereditária 215

2. Das exceções na sucessão testamentária 216

3. Consequência da legitimação do Art. 1.798 216

4. Da ordem de vocação hereditária 217

5. Posição do cônjuge 218

6. Igualdade entre os filhos 220

7. Herdeiros necessários 221

8. Relação de preferência entre os herdeiros 221

   8.1   Os descendentes 221

8.2	Os ascendentes	222
8.3	O cônjuge	223
8.4	Os colaterais	223
8.5	A Fazenda Pública	224
9.	Pessoas que não podem participar da sucessão testamentária	224
10.	Interposição de pessoa	225
11.	Sucessão na união estável	226

LIÇÃO 22 – ACEITAÇÃO E RENÚNCIA DA HERANÇA ... 227

1.	Aceitação direta da herança	227
2.	Aceitação indireta	228
3.	Renúncia da herança	229
4.	Renúncia abdicativa e translativa	230
5.	Questões comuns à aceitação e à renúncia	230

LIÇÃO 23 – DOS EXCLUÍDOS DA SUCESSÃO ... 233

1.	Notas introdutórias	233
2.	Indignidade	233
3.	Indignidade deve ser declarada por sentença	234
4.	Perdão do indigno	235
5.	Prazo para propositura da ação de indignidade	235
6.	Deserdação	236
7.	Deserdação X Indignidade	236
8.	Justificativa dos dois institutos	237
9.	Efeitos da exclusão	237
10.	Destino da quota do indigno	238
11.	Alienação feita pelo indigno e o terceiro de boa-fé	238
12.	Indenização por perdas e danos	239

LIÇÃO 24 – HERANÇA JACENTE E VACANTE E DA SUCESSÃO DOS AUSENTES ... 241

1.	Conceito dos dois institutos	241
2.	Casos de jacência	241

3. Objetivos da jacência 242

4. Procedimentos para declaração de vacância.......................... 242

5. Arrecadação dos bens da herança jacente.............................. 242

6. Natureza da sentença que declara vaga a herança................ 243

7. Prazo de cinco anos.. 243

8. Ainda sobre a jacência 244

9. Sucessão do ausente 244

LIÇÃO 25 – PETIÇÃO DE HERANÇA.. 245

1. Conceito.. 245

2. Cabimento desse tipo de ação.. 245

3. Possibilidade de ocorrência.. 246

4. Objetivos da ação.. 246

5. Habilitação no inventário é outra coisa.................................. 246

6. Responsabilidade do herdeiro aparente 247

7. Terceiro adquirente de boa-fé.. 247

8. Prescrição 248

LIÇÃO 26 – DIREITO DE REPRESENTAÇÃO OU SUCESSÃO POR ESTIRPE.... 249

1. Direito de representação.. 249

2. Sucessão por cabeça 250

3. Sucessão por estirpe 250

4. Características principais 251

5. Fazenda pública.. 252

LIÇÃO 27 – DO TESTAMENTO E DA SUCESSÃO TESTAMENTÁRIA................ 253

1. Conceito de testamento 253

2. Principais características 253

3. Capacidade para testar.. 254

4. Incapacidade superveniente... 255

5. Validade do testamento 256

6. As formas de testamento 256

6.1	Testamentos ordinários	257
6.2	Testamentos especiais	259
7.	Das testemunhas	260
8.	Testamento militar nuncupativo	260
9.	Testamento conjuntivo	261

LIÇÃO 28 – DISPOSIÇÕES TESTAMENTÁRIAS ... 263

1.	Finalidade das disposições testamentárias	263
2.	Interpretação das cláusulas testamentárias	263
3.	Limitações à liberdade de testar	264
4.	Cláusulas permitidas	266
5.	Notas importantes	267

LIÇÃO 29 – DO LEGADO E DO CODICILO ... 269

1.	Conceito de legado	269
2.	Espécies de legado	269
3.	Aquisição do legado	271
4.	Caducidade do legado	271
5.	Direito de acrescer	272
6.	Das substituições	273
7.	Redução das disposições testamentárias	273
8.	Do codicilo	274
9.	Legado precipuo ou prelegado	274

CAPÍTULO 9
BREVES CONSIDERAÇÕES SOBRE O INVENTÁRIO E PARTILHA

LIÇÃO 30 – DO INVENTÁRIO, DA PARTILHA E DO ARROLAMENTO ... 277

1.	O inventário	277
2.	Partilha	277
3.	Espécies de inventário	278
3.1	Inventário judicial	278
3.2	Inventário extrajudicial	281

3.3	Juízo competente	281
3.4	Obrigatoriedade de consulta sobre a existência de testamento	282
4.	Abertura do inventário judicial e administração da herança	282
5.	Legitimidade para requerer a abertura do inventário	283
6.	Ordem de nomeação do inventariante	284
7.	Incumbência do inventariante	286
8.	Das primeiras declarações	288
9.	Da remoção do inventariante	290
10.	Das citações e das impugnações	291
11.	Matéria de alta indagação	293
12.	Da avaliação e do cálculo do imposto	293
13.	Das colações	296
14.	Pagamento das dívidas	297
15.	Da partilha	299
15.1	Anulação da partilha amigável	301
15.2	Ação rescisória para anular partilha	301
15.3	Algumas regras a serem observadas na partilha	302
16.	Alvará judicial	302
17.	Inventário negativo	303
18.	Sonegados	303
19.	Sobrepartilha	305
20.	Cumulação de inventários	306

BIBLIOGRAFIA CONSULTADA E RECOMENDADA 307

PARTE I
DIREITO DE FAMÍLIA

Capítulo 1
Introdução ao direito de família

Lição 1
DIREITO DE FAMÍLIA – CONCEITOS E ASPECTOS HISTÓRICOS

Sumário: 1. Dos diversos conceitos de família – 2. Origem da família na antiguidade – 3. A família no direito romano – 4. A família durante a idade média – 5. A família e a revolução industrial – 6. A família segundo a ótica dos códigos do século XIX – 7. A família segundo a declaração universal dos direitos humanos – 8 A família brasileira após a constituição de 1988 – 9. A família pós-moderna – 10. Estado de família – 11. Importância da família – 12. Conceito de direito de família – 13. Características do direito de família – 14. Princípios específicos do direito de família.

1. DOS DIVERSOS CONCEITOS DE FAMÍLIA

Embora o conceito de família tenha variado no tempo e no espaço, sempre esteve ligado às formas de organização dos seres humanos na sua vida privada e, por extensão, à forma de organização da sociedade e do próprio Estado.

A família até os dias de hoje é o núcleo a partir do qual se estruturam toda a sociedade e o próprio Estado. Não é por outra razão que a nossa Constituição assevera que **"a família, base da sociedade, tem especial proteção do Estado"** (CF, art. 226, *caput*).

Assim e considerando que a família atualmente deve ser vista também numa perspectiva afetiva e não somente biológica, vamos apresentar dois conceitos de família:

a) **Conceito amplo** (família estendida):

Família é o conjunto formado pelas pessoas que descendem de um mesmo tronco ancestral comum, isto é, aquelas unidas por **vínculo de sangue** (pais, filhos, irmãos, avós, tios, primos etc.), bem como as que se incorporam ao núcleo familiar por **vínculo de afinidade** (parentes do cônjuge ou companheiro) e por **vínculo jurídico** (casamento, união estável e adoção), além daquelas que se ligam ao núcleo central por afetividade (adoção à brasileira).

b) Conceito restrito (família nuclear ou natural):

Família é o conjunto de pessoas compreendidas pelo casal (cônjuges ou companheiros) e sua prole, ou seja, as pessoas unidas pelos laços do matrimônio e da filiação.

2. ORIGEM DA FAMÍLIA NA ANTIGUIDADE

A família surge como um fato natural, quer dizer, próprio da natureza humana, baseada fundamentalmente na necessidade de convivência entre as pessoas (afetividade); na necessidade da perpetuação da espécie (formação da prole); de reforço da mão de obra doméstica (função econômica), e até mesmo como um dever cívico, já que a prole iria servir aos exércitos de seus respectivos Estados (função política), sem esquecer a função religiosa, tendo em vista que o pai de família, na antiguidade, era ao mesmo tempo o chefe político e religioso de sua comunidade.

3. A FAMÍLIA NO DIREITO ROMANO

Embora a palavra *família* tivesse vários significados no direito romano,[1] para o nosso estudo importa a família com significado de agrupamento de pessoas ligadas entre si e sujeitas ao *pater familia*.

Nesse sentido, cumpre destacar que houve duas fases marcantes no direito romano:

a) 1ª Fase – no antigo direito romano:

A família era organizada em torno do *pater familia*, que exercia sobre os filhos direito de vida e de morte, e no qual a mulher cumpria um papel de total subserviência. O chefe de família era autoridade máxima sendo, a um só tempo, chefe político, religioso, sacerdotal e jurisdicional (*pater potestas*).

b) 2ª Fase – já no século IV DC:

Com o imperador Constantino, as regras foram atenuadas e a família tomou contornos mais de ordem moral e religiosa, permanecendo o marido como o chefe de família, porém dando-se maior autonomia à mulher. Nesse período também foi permitido aos filhos economia própria, especialmente os militares, que podiam administrar seus próprios soldos e com ele formar um patrimônio. Assim também os intelectuais e os artistas.

---

1. Na Roma primitiva família era sinônima de patrimônio, conforme consta da Lei das XII Tábuas.

LIÇÃO 1 • DIREITO DE FAMÍLIA – CONCEITOS E ASPECTOS HISTÓRICOS **7**

4. A FAMÍLIA DURANTE A IDADE MÉDIA

Nesta fase predominou a família organizada em torno do trabalho agrário, principalmente os camponeses, sob o comando dos pais, preservando-se a convivência da unidade familiar.

A mulher devia obediência plena ao marido e deveria estar sempre às suas ordens, desde as camponesas até as mulheres da nobreza. Enquanto solteiras estavam submetidas ao poder de seus pais. Com o casamento, assumia nova família cujo chefe agora era seu marido.

Nesse sistema, as filhas eram totalmente excluídas da sucessão, pois quem recebia a herança era o primogênito. Como a mulher ao se casar iria assumir a família do marido, isso servia de justificativa para a sua exclusão do direito sucessório tendo em vista que não daria continuidade ao culto familiar, base da sociedade medieval.

Sob forte influência do cristianismo, nessa época a única família reconhecida era a cristã, ou seja, aquela formada pelo casamento que se regia, exclusivamente, pelo direito canônico, sendo o casamento religioso o único aceito, admitido e conhecido.

5. A FAMÍLIA E A REVOLUÇÃO INDUSTRIAL

Na fase pré-Revolução Industrial, a família tinha uma função essencialmente econômica, pois de duas uma: ou os filhos ajudavam os pais em seus ofícios (artesões) ou na atividade agropastoril (subsistência).

Com a Revolução Industrial e a introdução das máquinas, com a produção em série e o desenvolvimento dos centros urbanos, houve, por assim dizer, o início da desagregação familiar, tendo em vista que a prole procurava emprego nas áreas urbanas, abandonando seus redutos familiares.

6. A FAMÍLIA SEGUNDO A ÓTICA DOS CÓDIGOS DO SÉCULO XIX

Os Códigos promulgados pelas diversas nações a partir do Código Napoleônico (Código Civil Francês de 1804), inclusive o brasileiro de 1916 (Código Bevilaqua), adotaram o regime de família patriarcal, ou seja, toda a organização da família girava em torno do chefe da família – o marido, estabelecendo algumas características marcantes; vejamos:

a) **O casamento civil:**

Consagrou-se o casamento civil em substituição ao casamento religioso para efeito de proteção e reconhecimento pelo Estado.

b) A família reconhecida pelo Estado:

O Estado somente reconhecia a família legítima, isto é, aquela formada pelo matrimônio, de sorte que qualquer outra forma de união era considerada proscrita e qualificada como concubinato.

c) A indissolubilidade do vínculo matrimonial:

Como forma de perpetuar a união entre os cônjuges, estabelecia o Código Civil brasileiro que o vínculo matrimonial somente seria desfeito pela morte de um dos contraentes.

d) Diferenciação de direito entre os filhos:

Também como forma de prestigiar a família legítima, aquela derivada da união matrimonial, a lei procurou diferenciar os filhos em legítimos e ilegítimos. Legítimos eram os filhos advindos do casamento. Já os ilegítimos eram aqueles gerados fora do casamento e eram chamados de adulterinos, bastardos, espúrios ou incestuosos, e sofriam grande discriminação no seio da sociedade.

e) O homem era o chefe de família:

Como já mencionado, o Código Civil de 1916 prestigiou o sistema patriarcal, no qual a mulher cumpria um papel de auxiliar e, tanto ela quanto os filhos, ficavam submetidos ao pátrio poder. Em síntese: todos deviam obediência ao chefe da família – o marido.

7. A FAMÍLIA SEGUNDO A DECLARAÇÃO UNIVERSAL DOS DIREITOS HUMANOS

A Declaração da Organização das Nações Unidas (ONU) de 1948 proclamou a igualdade de direitos entre homens e mulheres no que se refere ao casamento (art. 16, *caput*). Da mesma forma com os filhos havidos ou não do casamento, ao preceituar que "todas as crianças, nascidas dentro ou fora do matrimônio gozarão da mesma proteção social" (art. 25, II).[2]

Considerou ademais que a *"família é o núcleo natural e fundamental da sociedade e tem direito à proteção da sociedade e do Estado"* (art. 16, III).

Além disso, ao positivar o princípio da dignidade da pessoa humana e proclamar a igualdade entre todos os seres humanos, abriu a discussão sobre a

---

2. A Declaração foi proclamada pela Assembleia Geral das Nações Unidas em Paris, em 10 de dezembro de 1948, através da Resolução 217 A (III) da Assembleia Geral.

igualdade dos cônjuges e dos filhos ao preceituar em seu artigo primeiro: *"Todas as pessoas nascem livres e iguais em dignidade e direitos."*

8. A FAMÍLIA BRASILEIRA APÓS A CONSTITUIÇÃO DE 1988

A Constituição Federal de 1988, em consonância com o preceituado na Declaração Universal dos Direitos Humanos, provocou uma revolução de caráter normativo excepcional no direito de família, cujos efeitos tiveram o condão de também promover uma revolução de conceitos na mentalidade do povo brasileiro ao proclamar:

a) **A dignidade da pessoa humana:**

A pessoa humana é alçada ao topo do ordenamento jurídico brasileiro a partir do momento em que o Constituinte considerou a dignidade humana como um dos fundamentos do Estado Democrático de Direito (ver CF, art. 1º, III). Assim, tanto o legislador quanto especialmente o aplicador da norma não podem mais pensar o direito sem se ater a esse fundamento que é, a bem da verdade, um valor. Quer dizer, a dignidade da pessoa humana serve como uma espécie de mola de propulsão dos valores mais importantes para a intangibilidade da vida humana, dela defluindo o respeito à integridade física e psíquica das pessoas e o respeito pelas condições fundamentais de liberdade e igualdade.

b) **Igualdade de direitos e deveres entre os cônjuges:**

Na sociedade conjugal, a **responsabilidade pelo lar e pelos filhos é conjunta para ambos os cônjuges.** A partir deste dispositivo, a mulher deixa de ser uma pessoa de segunda classe para se equiparar ao marido em direitos e deveres na condução da família. Substitui-se o "pátrio poder" pelo "poder familiar" (CF, art. 226, § 5º).[3]

c) **A igualdade entre os filhos:**

Após a Constituição de 1988, todos **os filhos são iguais,** pouco importando o vínculo que os une aos seus respectivos pais. Esse vínculo tanto pode ser de **origem biológica,** advindo do casamento ou mesmo das relações fora dele, ou mesmo de **origem jurídica,** como no caso dos

---

3. CF, Art. 226. (Omissis)

§ 5º Os direitos e deveres referentes à sociedade conjugal são exercidos igualmente pelo homem e pela mulher.

filhos adotados e os advindos de inseminação artificial heteróloga (CF, art. 227, § 6º);[4]

d) **A família para proteção do Estado não é só a matrimonial:**

O Estado passa a reconhecer outros tipos de família, além da família legítima (oriunda do casamento). **Também merecem proteção do Estado as famílias originárias da união estável** (CF, art. 226, § 3º), **bem como as famílias monoparentais** (CF, art. 226, § 4º),[5] deixando em aberto a possibilidade de reconhecimento de outras formas de família.

e) **O planejamento familiar é livre decisão do casal:**

As famílias são livres e não podem sofrer nenhum tipo de ingerência no que diz respeito ao planejamento familiar. Isso se baseia nos princípios da dignidade da pessoa humana (CF, art. 1º, III) e da paternidade responsável (CF, art. 226, § 7º).[6]

9. A FAMÍLIA PÓS-MODERNA

Além das três formas de famílias reconhecidas pela Constituição Federal de 1988, cabe destacar que novas formas vêm surgindo, alargando o conceito de família para albergar novas situações advindas da vida moderna.

É importante destacar que a família do século XXI é baseada fundamentalmente no afeto e não necessariamente nos vínculos biológicos ou matrimoniais. Como bem assinala Maria Berenice Dias, "o retrato da família não é mais a foto de um casamento".[7]

---

4. CF, Art. 227. (Omissis)

   § 6º Os filhos, havidos ou não da relação do casamento, ou por adoção, terão os mesmos direitos e qualificações, proibidas quaisquer designações discriminatórias relativas à filiação.

5. CF, Art. 226. (Omissis)

   § 3º Para efeito da proteção do Estado, é reconhecida a união estável entre o homem e a mulher como entidade familiar, devendo a lei facilitar sua conversão em casamento.

   § 4º Entende-se, também, como entidade familiar a comunidade formada por qualquer dos pais e seus descendentes.

6. CF, Art. 226. (Omissis)

   § 7º Fundado nos princípios da dignidade da pessoa humana e da paternidade responsável, o planejamento familiar é livre decisão do casal, competindo ao Estado propiciar recursos educacionais e científicos para o exercício desse direito, vedada qualquer forma coercitiva por parte de instituições oficiais ou privadas.

7. Disponível em: investidura.com.br/biblioteca-juridica/artigos/direito-civil/2464. Acesso em: 08 nov.2015.

Dessa forma e considerando que o rol contido no art. 226 da Constituição Federal é meramente exemplificativo, é possível reconhecer atualmente várias formas de famílias ou entidades familiares, senão vejamos:

a) **A família matrimonial ou legal:**

É a família legalmente constituída através do casamento civil ou religioso com efeitos civis (dizemos "legal" porque realizado nos moldes estabelecido em lei).

b) **A família convivencial ou informal:**

É a família de fato, ou seja, aquela formada de maneira informal pela união estável entre homem e mulher, desde que pública, duradora e continua.

c) **A família homoafetiva:**[8]

Aquela formada pela união de pessoas de mesmo sexo seja pela união estável ou pelo casamento.

Atenção: Embora não exista lei regulamentando a matéria o STF em Acórdão proferido na Ação Direta de Inconstitucionalidade n°. 4.277/ DF como resultado do julgamento realizado na sessão de 05/05/2011, reconheceu a família homoafetiva.[9] Depois o CNJ regulamentou a matéria através da Res. n° 175 de 14/05/2013.

d) **A família monoparental:**

Aquela constituída por um dos genitores e sua prole (natural ou civil), podendo-se até incluir o padrasto que mora com o enteado cujos parentes faleceram. Há uma relação entre ascendente e descendente.

e) **A família pluriparental ou anaparental:**

Aquela formada por parentes tais como dos irmãos que moram sozinhos; ou do tio que mora com o sobrinho, ou, até mesmo, de pessoas de parentesco distante que decidem morar juntas no mesmo lugar. O que distingue esse tipo de família da monoparenteal é o fato dos vínculos de parentesco se darem na linha colateral.

---

8. No projeto de lei em votação no Congresso Nacional intitulado "Estatuto da Família" o texto final do relator na Câmara dos Deputados define a família como a união entre homem e mulher por meio de casamento ou união estável, ou a comunidade formada por qualquer um dos pais junto com os filhos.

9. O trecho final da emenda foi assim redigida: "Reconhecimento da união homoafetiva como família. Procedência das ações. Ante a possibilidade de interpretação em sentido preconceituoso ou discriminatório do art. 1.723 do Código Civil, não resolúvel à luz dele próprio, faz-se necessária a utilização da técnica de "interpretação conforme à Constituição". Isso para excluir do dispositivo em causa qualquer significado que impeça o reconhecimento da união contínua, pública e duradoura entre pessoas do mesmo sexo como família. Reconhecimento que é de ser feito segundo as mesmas regras e com as mesmas consequências da união estável heteroafetiva".

f) A família reconstituída ou mosaico:

Aquela formada por pessoas que têm filhos de uma relação anterior e se unem novamente a outra pessoa que também pode ter filhos. Assim, essa nova família será constituída pelo casal e os filhos que cada um (ou só um deles) trouxe da relação anterior, mais os eventuais filhos do próprio casal (alguém já sintetizou esse tipo de família em: eu, você, os meus, os seus e os nossos filhos). Os argentinos chamam de "família ensamblada".

g) A família poliafetiva:

É a família composta por um homem e duas mulheres ou uma mulher e dois homens. Temos notícias de várias famílias assim constituídas e que vivem harmoniosamente bem. Aliás, em Tupã, no estado de São Paulo, em agosto de 2012, a união poliafetiva foi reconhecida em Cartório, através de escritura pública, na qual um homem e duas mulheres declararam viverem em união estável e estabeleceram uma série de direitos a serem aplicados à convivência comum.

10. ESTADO DE FAMÍLIA

São as características ou atributos que definem as pessoas, umas em relação às outras, dentro da relação familiar. Desse vínculo derivam direitos, obrigações e responsabilidades, como por exemplo a reciprocidade de alimentos entre os parentes e o poder familiar.

A partir dos vínculos familiares, podemos identificar o estado de família de uma determinada pessoa (pai, mãe, filho menor, filho maior capaz ou incapaz, casado, solteiro, divorciado etc.), cujo atributo é personalíssimo, logo intransmissível, irrenunciável e imprescritível, podendo decorrer das seguintes relações jurídicas:

a) Conjugal ou convivencial:

É o vínculo estabelecido pelo casamento (conjugal) ou pela convivência informal entre duas pessoas com intuito de formar família (união estável).

b) Parentesco natural ou civil:

Que engloba a reunião dos integrantes de um mesmo tronco ancestral comum, descendendo uns dos outros (parentesco natural), ou aqueles que se estabelecem entre a família dos adotantes em relação aos adotados (parentesco civil).

c) Parentesco por afinidade:

É o vínculo que se estabelece não pela relação de parentesco civil ou natural, mas em face do casamento ou da união estável, ligando o cônjuge ou companheiro aos parentes do outro consorte (sogro, sogra, cunhado, cunhada).

d) Afetividade:

É o vínculo que se origina nos laços de carinho e afeto, que se forma com o passar do tempo, entre o pai ou mãe de criação e o filho ou filha do coração (posse de estado de filho).

11. IMPORTÂNCIA DA FAMÍLIA

É só lembrar que a família constitui a base de toda a estrutura da sociedade e conta com a especial proteção do Estado (CF, art. 226, *caput*),[10] para aquilatar sua importância.

É na família que se assentam as colunas econômicas, morais, religiosas e de organização social de um determinado Estado.

12. CONCEITO DE DIREITO DE FAMÍLIA

Podemos conceituar o direito de família como sendo o ramo do direito civil que disciplina as relações entre pessoas unidas pelo matrimônio, pela união estável ou por algum vínculo de parentesco, incluindo-se os institutos afins da tutela e da curatela.

Clóvis Beviláqua conceituava o direito de família da seguinte forma: "É o complexo dos princípios que regulam a celebração do casamento, sua validade e os efeitos que dele resultam, as relações pessoais e econômicas da sociedade conjugal, a dissolução desta, as relações entre pais e filhos, o vínculo de parentesco e os institutos afins da tutela, curatela, ausência e união estável."[11]

13. CARACTERÍSTICAS DO DIREITO DE FAMÍLIA

O direito de família é o ramo do direito privado que mais se diferencia dos demais ramos do direito civil, em face do interesse público que existe na sua formulação.

Embora possa haver divergência na doutrina, entendemos que as principais características do direito de família são as seguintes:

---

10. CF, Art. 226. A família, base da sociedade, tem especial proteção do Estado.
11. *Direito da família*. 8ª ed. Rio de Janeiro: Livraria Freitas Bastos, 1956, p. 19-20.

a) Normas de ordem pública:

Se atentarmos bem, as normas disciplinadoras do direito de família são compostas, predominantemente, por normas de ordem pública (também chamadas de cogentes ou imperativas), significando dizer que não podem ser derrogadas pelos particulares, limitando drasticamente a autonomia da vontade.

b) Normas de ordem ética, moral e religiosa:

E não poderia ser de outra forma, tendo em vista que a família é um organismo que, apesar das mutações, continua sendo lastreado na ética e na moral, sofrendo ainda profundas influências da religião.

c) Prevalência do interesse familiar em detrimento do individual:

Tendo em vista que a preservação da família ainda é de interesse superior não só dos seus próprios membros, como também do Estado, as normas que regem o direito de família espelham uma maior preocupação com o coletivo do que com o individual.

d) Direitos pessoais, patrimoniais e assistenciais:

O sistema de proteção contido no direito de família procura regular as relações pessoais, patrimoniais e assistenciais das pessoas ligadas por parentesco.

e) Direitos personalíssimos:

Por ser direitos personalíssimo temos como consequência que são direitos irrenunciáveis, intransferíveis e intransmissíveis. Não podem ser exercitados por quem não seja seu titular. Por exemplo: ninguém pode renunciar à condição de filho, assim como ninguém pode transferir o seu direito de alimentos.

14. PRINCÍPIOS ESPECÍFICOS DO DIREITO DE FAMÍLIA

Por primeiro, é importante esclarecer que os princípios, de forma geral, são proposições básicas ou diretrizes que orientam e fundamentam o estudo de qualquer ciência, funcionando como espécie de pilares que dão sustentação às proposições emanadas.

Quanto aos princípios de direito, em qualquer ordenamento jurídico, são proposituras fundamentais que estruturam e dão coesão ao sistema jurídico estudado, permitindo a integração das partes ao todo, independentemente de estarem, ou não, positivados.

Os princípios funcionam como os alicerces e pilares de qualquer sistema jurídico, de sorte a afirmar que qualquer dispositivo legal deve ser interpretado em harmonia com os princípios gerais que orientam o nosso ordenamento jurídico, sejam os princípios gerais de caráter constitucional, alguns até positivados em nossa Constituição Federal, sejam os princípios específicos do ramo do direito estudado.

No caso do direito de família, os princípios são, na sua maioria, constitucionais, portanto superiores, razão por que muitos autores falam da atual "**constitucionalização do direito civil**", senão vejamos:

a) **Princípio da dignidade da pessoa humana:**

Este é sem dúvida o princípio maior do nosso ordenamento jurídico e que deve funcionar como um vetor, impondo-se que seja respeitado por todos, inclusive o legislador e o aplicador da norma ao caso concreto (ver CF, art. 1º, III, e art. 226, § 7º).

b) **Princípio da solidariedade familiar:**

A solidariedade deve ocorrer tanto no âmbito patrimonial, quanto moral e psicológica. Entende-se, portanto, a solidariedade familiar como auxílio mútuo, tanto material quanto moral, da assistência, proteção e amparo de todos os membros da família por todos os membros da família. (ver CF, arts. 227, 229 e 230 como exemplos).

c) **Princípio da igualdade jurídica entre os cônjuges e companheiros:**

Homem e mulher são iguais, inclusive no que diz respeito à convivência familiar e à direção da família, de sorte que não existe mais espaço para o patriarcalismo na sociedade moderna atual. Na condução da família, os direitos e deveres são exercidos igualmente pelo casal (ver CF, art. 226, § 5º).

d) **Princípio da igualdade jurídica absoluta entre os filhos:**

Independentemente de sua origem, os filhos não devem "pagar" pelos supostos erros de seus pais. Assim, os filhos são todos iguais, independentemente de sua origem, não se admitindo qualquer distinção entre legítimos, ilegítimos ou adotivos, sendo vedadas quaisquer designações discriminatórias (CF, art. 227, § 6º).[12] No mesmo sentido o art. 1.596 do Código Civil.

e) **Princípio da paternidade responsável e do planejamento familiar:**

Por esse princípio, é vedado ao Poder Público, bem como aos particulares, exercer qualquer tipo de ingerência impositiva no planejamento da família (CF, art. 226, § 7º, e CC, art. 1.565).[13]

---

12. CF, art. 227. (Omissis)

§ 6º Os filhos, havidos ou não da relação do casamento, ou por adoção, terão os mesmos direitos e qualificações, proibidas quaisquer designações discriminatórias relativas à filiação.

13. CF, art. 226. (Omissis)

§ 7º Fundado nos princípios da dignidade da pessoa humana e da paternidade responsável, o planejamento familiar é livre decisão do casal, competindo ao Estado propiciar recursos educacionais e

f) Princípio da afetividade:

Podemos depreender a existência desse princípio a partir da interpretação sistêmica dos artigos da Constituição Federal (ver CF, arts. 226, § 4º; art. 227, *caput*, e § 5º c/c § 6º). Não temos dúvidas em afirmar que o afeto é um valor jurídico que, independentemente de estar positivado, deve estar presente na análise e interpretação das relações familiares.

g) Princípio da comunhão plena da vida e de afeição:

Baseado no companheirismo que deve existir entre os cônjuges ou companheiros com base na igualdade de direitos e obrigações (CC, art. 1.511).[14]

h) Princípio da livre constituição da família:

As pessoas são livres para escolherem a forma de constituir sua família, que tanto pode ser a matrimonial quanto a convivencial (união estável, família monoparental, família adotiva etc.), tendo em vista que a família deve ser encarada como um fato social que merece a proteção do direito (CF, art. 226, § 3º e 4º; ver também CC, art. 1.513).[15]

i) Princípio do melhor interesse da criança:

A criança de hoje é o futuro da nação! Não se pode pretender uma nação forte se não houver proteção às crianças de hoje que serão os adultos de amanhã. Por isso é responsabilidade de todos (e não só da família) a defesa intransigente dos direitos das crianças e dos adolescentes (CF, art. 227, *caput*).[16]

---

cientíicos para o exercício desse direito, vedada qualquer forma coercitiva por parte de instituições oficiais ou privadas.

14. CC, Art. 1.511. O casamento estabelece comunhão plena de vida, com base na igualdade de direitos e deveres dos cônjuges.

15. CF, art. 226. (Omissis)

§ 3º Para efeito da proteção do Estado, é reconhecida a união estável entre o homem e a mulher como entidade familiar, devendo a lei facilitar sua conversão em casamento.

§ 4º Entende-se, também, como entidade familiar a comunidade formada por qualquer dos pais e seus descendentes.

16. CF, Art. 227. É dever da família, da sociedade e do Estado assegurar à criança, ao adolescente e ao jovem, com absoluta prioridade, o direito à vida, à saúde, à alimentação, à educação, ao lazer, à profissionalização, à cultura, à dignidade, ao respeito, à liberdade e à convivência familiar e comunitária, além de colocá-los a salvo de toda forma de negligência, discriminação, exploração, violência, crueldade e opressão.

CAPÍTULO 2
DO CASAMENTO

Lição 2
CASAMENTO: NOÇÕES GERAIS

Sumário: 1. Conceito de casamento – 2. Natureza jurídica – 3. Características – 4. Formalidades preliminares – 5. Impedimentos matrimoniais – 6. Causas suspensivas – 7. Capacidade para o casamento – 8. Suprimento judicial do consentimento – 9. Observações sobre o casamento homoafetivo.

1. CONCEITO DE CASAMENTO

Casamento é o negócio jurídico bilateral, solene e *sui generis*, pelo qual duas pessoas, independentemente de sexo, se unem com o fim de constituir família, assumindo direitos e deveres regulados pela lei civil.

2. NATUREZA JURÍDICA

Embora não haja consenso, a doutrina costuma se referir a três teorias que procuram explicar a natureza jurídica do casamento, quais sejam, a contratual, a institucional e a eclética; vejamos.

a) **Teoria do contrato** (individualista ou clássica):

Foi a concepção disseminada pelo Código de Napoleão (Código francês de 1804) e pelos seguidores da Escola da exegese, que consideravam o casamento um típico contrato, tendo como fato gerador para sua validade e eficácia exclusivamente a manifestação de vontade dos nubentes. Tal concepção surgiu na Revolução Francesa como uma forma de se antepor ao casamento de caráter religioso.

b) **Teoria da instituição** (ou supraindividualista):

Para os adeptos dessa teoria, o casamento é uma instituição social que se constitui em face de um conjunto de regras impostas pelo Estado, à qual as partes aderem por livre vontade, mas que não são livres para alterar a forma estatuída pela lei.

c) Teoria eclética (ou mista):

Para os defensores dessa teoria, o casamento é a um só tempo contrato e instituição. Dessa forma, o casamento é um ato jurídico complexo, sendo contrato bilateral *sui generis*, regulado pelo direito de família que, pela complexidade de normas que governam os cônjuges, tem também um caráter institucional.

3. CARACTERÍSTICAS

Embora possa haver divergência na doutrina quanto às características básicas do casamento, destacamos as seguintes:

a) Negócio solene:

O casamento é um dos atos mais repletos de formalidade no nosso direito, devido à sua importância para as relações sociais. **As formalidades exigidas** (processo de habilitação, publicação de editais, forma como deve ser realizada a cerimônia etc.) **são da essência do ato, sob pena de nulidade ou mesmo de inexistência do casamento.**

b) Ato público:

O casamento deve ser realizado de forma pública, porque **não se admite o casamento secreto**. Tanto é assim que a lei estabelece que a celebração deva ser realizada a portas abertas, mesmo quando realizado em local particular, com toda a publicidade possível (CC, art. 1.534).[1]

c) Normas de ordem pública:

As normas que regulam o casamento não podem ser derrogadas por acordo das partes. As normas são imperativas, impedindo os nubentes de discutir ou modificar o conteúdo e extensão dos direitos e deveres gerados pelo casamento.

d) Comunhão de vida:

O casamento estabelece uma comunhão plena de vida (*affectio maritalis*), com base na igualdade de direitos e deveres de ambos os cônjuges

---

1. CC, Art. 1.534. A solenidade realizar-se-á na sede do cartório, com toda publicidade, a portas abertas, presentes pelo menos duas testemunhas, parentes ou não dos contraentes, ou, querendo as partes e consentindo a autoridade celebrante, noutro edifício público ou particular.

    § 1º Quando o casamento for em edifício particular, ficará este de portas abertas durante o ato.

    § 2º Serão quatro as testemunhas na hipótese do parágrafo anterior e se algum dos contraentes não souber ou não puder escrever.

(CC, art. 1.511),[2] pelo qual se impõe uma união exclusiva com base na fidelidade recíproca (CC, art. 1.566),[3] e assunção da responsabilidade solidária pelos encargos da família (CC, art. 1.565).[4]

e) União perene:

Ainda que o casamento não seja eterno, ele tem caráter permanente, somente sendo desfeito pela forma estabelecida em lei. Quer dizer, **não se admite que o casamento seja realizado sob termo ou condição**, tendo em vista que sua celebração é estabelecida, em princípio, para toda a vida, não se admitindo seja celebrado por prazo certo ou subordinado à determinada condição.

f) Livre escolha dos nubentes:

Em face de seu caráter personalíssimo, cabe exclusivamente aos nubentes a manifestação de vontade com relação à aceitação do outro (pode ser por procurador com poderes especiais e mediante escritura pública – ver CC, art. 1.542). **A liberdade nupcial é um princípio fundamental**, inerente aos direitos da personalidade, proclamada inclusive pela Declaração Universal dos Direitos do Homem (art. 16).

4. FORMALIDADES PRELIMINARES

O casamento é a principal forma de constituição da família sendo do interesse do Estado discipliná-lo de maneira minuciosa, para garantir sua eficácia jurídica. Desta forma, algumas formalidades são exigidas antes e durante a celebração sob pena de nulidade do ato.

a) Habilitação:

Para se habilitar a casar, os nubentes são obrigados a apresentar ao Cartório do Registro Civil da circunscrição de residência de um dos nubentes, previamente, um **requerimento assinado por ambos** (eventualmente

---

2. CC, Art. 1.511. O casamento estabelece comunhão plena de vida, com base na igualdade de direitos e deveres dos cônjuges.

3. CC, Art. 1.566. São deveres de ambos os cônjuges:

   I – fidelidade recíproca;

   II –vida em comum, no domicílio conjugal;

   III – mútua assistência;

   IV – sustento, guarda e educação dos filhos;

   V – respeito e consideração mútuos.

4. CC, Art. 1.565. Pelo casamento, homem e mulher assumem mutuamente a condição de consortes, companheiros e responsáveis pelos encargos da família.

   (Omissis)...

por procurador)[5] **e a ele anexar uma série de documentos exigidos pela lei civil**, quais sejam: certidão de nascimento ou documento equivalente; se menor de 18 anos, deve apresentar autorização por escrito das pessoas sob cuja dependência legal estiverem, ou ato judicial que a supra; declaração de duas testemunhas maiores, parentes ou não, que atestem conhecê-los e afirmem não existir impedimento que os iniba de casar; declaração do estado civil, do domicílio e da residência atual dos contraentes e de seus pais, se forem conhecidos (chamado de memorial), assinado por ambos os nubentes; se viúvo, deverá apresentar também a certidão de óbito do cônjuge falecido; se já foi casado e o casamento foi anulado, deverá apresentar a sentença declaratória de nulidade ou de anulação de casamento; se divorciado, deverá apresentar a sentença de divórcio ou a escritura se foi realizada o divórcio extrajudicial (CC, art. 1.525).[6]

b) **Processo de habilitação:**

A habilitação será feita perante o oficial de cartório e, após a apresentação dos documentos exigidos, serão lavrados os **proclamas de casamento**, afixando-se edital em local visível no cartório e com posterior publicação na imprensa local, se houver. Se os nubentes residirem em circunscrições diversas, o oficial de cartório mandará que os editais de casamento sejam publicados nas duas circunscrições (ver CC, art. 1.527).

Atenção: havendo urgência justificada a publicação poderá ser dispensada (CC, art. 1.527, parágrafo único).[7]

---

5. Essa procuração pode ser por instrumento particular, desde que com firma reconhecida.
6. CC, Art. 1.525. O requerimento de habilitação para o casamento será firmado por ambos os nubentes, de próprio punho, ou, a seu pedido, por procurador, e deve ser instruído com os seguintes documentos:
   I – certidão de nascimento ou documento equivalente;
   II – autorização por escrito das pessoas sob cuja dependência legal estiverem, ou ato judicial que a supra;
   III – declaração de duas testemunhas maiores, parentes ou não, que atestem conhecê-los e afirmem não existir impedimento que os iniba de casar;
   IV – declaração do estado civil, do domicílio e da residência atual dos contraentes e de seus pais, se forem conhecidos;
   V – certidão de óbito do cônjuge falecido, de sentença declaratória de nulidade ou de anulação de casamento, transitada em julgado, ou do registro da sentença de divórcio.
7. CC, Art. 1.527. Estando em ordem a documentação, o oficial extrairá o edital, que se afixará durante quinze dias nas circunscrições do Registro Civil de ambos os nubentes, e, obrigatoriamente, se publicará na imprensa local, se houver.
   Parágrafo único. A autoridade competente, havendo urgência, poderá dispensar a publicação.

LIÇÃO 2 • CASAMENTO: NOÇÕES GERAIS | **23**

c) **Certidão de habilitação:**

Depois de 15 dias da afixação do edital, o oficial do cartório entregará aos noivos a certidão de habilitação (CC, art. 1.531),[8] que terá validade por 90 dias, contados da data de sua expedição (CC, art. 1.532).[9]

Atenção: se o casamento não se realizar nesse prazo, a habilitação caduca, e os interessados deverão fazer nova habilitação.

d) **Dispensa dos proclamas e da habilitação:**

Quando algum dos contraentes estiver em eminente risco de vida e não for possível obter a presença da autoridade competente, **os noivos poderão conduzir a celebração de seu próprio casamento na presença de seis testemunhas**, sendo dispensados tantos os proclamas quanto a própria habilitação para o casamento (CC, art. 1.540).[10] Para validade desse casamento, é necessário que sejam cumpridas as formalidades estatuídas em lei, o que deverá ser feito perante a autoridade judiciária mais próxima (CC, art. 1.541).[11]

e) **Intervenção judicial:**

A habilitação para o casamento é ato no qual intervêm o oficial de registro civil com a oitiva do Ministério Público que atuará como fiscal da lei e,

---

8. CC, Art. 1.531. Cumpridas as formalidades dos arts. 1.526 e 1.527 e verificada a inexistência de fato obstativo, o oficial do registro extrairá o certificado de habilitação.
9. CC, Art. 1.532. A eficácia da habilitação será de noventa dias, a contar da data em que foi extraído o certificado.
10. CC, Art. 1.540. Quando algum dos contraentes estiver em iminente risco de vida, não obtendo a presença da autoridade à qual incumba presidir o ato, nem a de seu substituto, poderá o casamento ser celebrado na presença de seis testemunhas, que com os nubentes não tenham parentesco em linha reta, ou, na colateral, até segundo grau.
11. CC, Art. 1.541. Realizado o casamento, devem as testemunhas comparecer perante a autoridade judicial mais próxima, dentro em dez dias, pedindo que lhes tome por termo a declaração de:

    I – que foram convocadas por parte do enfermo;

    II – que este parecia em perigo de vida, mas em seu juízo;

    III – que, em sua presença, declararam os contraentes, livre e espontaneamente, receber-se por marido e mulher.

    § 1º Autuado o pedido e tomadas as declarações, o juiz procederá às diligências necessárias para verificar se os contraentes podiam ter-se habilitado, na forma ordinária, ouvidos os interessados que o requererem, dentro em quinze dias.

    § 2º Verificada a idoneidade dos cônjuges para o casamento, assim o decidirá a autoridade competente, com recurso voluntário às partes.

    § 3º Se da decisão não se tiver recorrido, ou se ela passar em julgado, apesar dos recursos interpostos, o juiz mandará registrá-la no livro do Registro dos Casamentos.

    § 4º O assento assim lavrado retrotrairá os efeitos do casamento, quanto ao estado dos cônjuges, à data da celebração.

    § 5º Serão dispensadas as formalidades deste e do artigo antecedente, se o enfermo convalescer e puder ratificar o casamento na presença da autoridade competente e do oficial do registro.

não existindo irregularidades ou impedimentos, o casamento poderá ser realizado. Somente quando houver algum problema com a documentação e por isso tenha havido impugnação (do oficial do cartório ou do MP) é que o caso será submetido ao juiz da comarca (CC, art. 1.526, especialmente o parágrafo único).[12]

f) Divorciado no exterior:

Se um dos noivos tiver sido divorciado no exterior, além das providências acima, deverá antes da habilitação pedir a homologação da sentença estrangeira junto ao Superior Tribunal de Justiça, para que possa surtir efeito no Brasil (ver CF, art. 105, I, *i*).

5. IMPEDIMENTOS MATRIMONIAIS

No intuito de preservar a família e tendo em vista considerações eugênicas e de ordem moral, a lei proíbe o casamento entre determinadas pessoas.

Esclareça-se que o impedimento não torna a pessoa incapaz para o casamento, pois ambos são institutos diferentes. É o caso da pessoa que está impedida de casar com sua irmã, por exemplo, mas que pode casar com qualquer outra pessoa.

Os impedimentos **dirimentes absolutos** são aqueles constantes das disposições contidas no art. 1.521 do Código Civil,[13] que podem ser arguidas por qualquer interessado ou mesmo o Ministério Público,[14] e são os seguintes:

---

12. CC, Art. 1.526. A habilitação será feita pessoalmente perante o oficial do Registro Civil, com a audiência do Ministério Público.

    Parágrafo único. Caso haja impugnação do oficial, do Ministério Público ou de terceiro, a habilitação será submetida ao juiz.

13. CC, Art. 1.521. Não podem casar:

    I – os ascendentes com os descendentes, seja o parentesco natural ou civil;

    II – os afins em linha reta;

    III – o adotante com quem foi cônjuge do adotado e o adotado com quem o foi do adotante;

    IV – os irmãos, unilaterais ou bilaterais, e demais colaterais, até o terceiro grau inclusive;

    V – o adotado com o filho do adotante;

    VI – as pessoas casadas;

    VII – cônjuge sobrevivente com o condenado por homicídio ou tentativa de homicídio contra o seu consorte.

14. CC, Art. 1.522. Os impedimentos podem ser opostos, até o momento da celebração do casamento, por qualquer pessoa capaz.

    Parágrafo único. Se o juiz, ou o oficial de registro, tiver conhecimento da existência de algum impedimento, será obrigado a declará-lo.

a) **Dos ascendentes com os descendentes, seja o parentesco natural ou civil** (CC, art. 1.521, I):

Esta proibição é fundada basicamente nas questões biológicas ou eugênicas, pois está provado cientificamente que filhos de pessoas consanguíneas próximas podem nascer com deficiência genética. Além disso, há também os aspectos morais que envolvem o incesto, como na parte final do referido inciso ao proibir também o casamento em face da adoção.

Atenção: não pode casar o ascendente com o descendente qualquer que seja a origem do parentesco que os liga, seja advindo do matrimônio, da união estável, do concubinato ou mesmo da adoção.

b) **Dos afins em linha reta** (CC, art. 1.521, II):

Esclareça-se que parentes por afinidade em linha reta são os pais do outro cônjuge ou companheiro, ou seja, o sogro e a sogra (CC, art. 1.595).[15] Nesse caso a proibição tem caráter fortemente moral. Se não houvesse essa proibição, imagine como ficaria a situação de um homem que se divorciasse, depois viesse a casar com sua sogra e depois ambos tivessem um filho: a ex-esposa desse homem passaria a ser sua enteada; seu filho com a sogra seria irmão de sua ex-mulher; e esse mesmo filho seria ao mesmo tempo tio e irmão de seus irmãos do primeiro casamento do pai.

Atenção: a afinidade na linha colateral não é impedimento ao casamento, quer dizer, o divorciado pode casar-se com sua ex-cunhada.

c) **Do adotante com quem foi cônjuge do adotado e o adotado com quem o foi do adotante** (CC, art. 1.521, III):

Nesse caso, a proibição também tem caráter essencialmente moral tendo em vista que seria, no mínimo, estranho que o pai adotivo viesse a se casar com a viúva de seu filho adotivo, ou então o filho adotivo casar-se com a ex-esposa de seu pai adotivo. Se isso fosse permitido, daria uma tremenda confusão, vejamos: imagine que Jojolino foi adotado por Juka, que era divorciado de Setembrina, com a qual teve dois filhos. Se Jojolino pudesse casar com Setembrina, ele passaria a ser padrasto de seus irmãos e os seus filhos seriam, ao mesmo tempo, sobrinhos e tios dos irmãos de Jojolino.

---

15. CC, Art. 1.595. Cada cônjuge ou companheiro é aliado aos parentes do outro pelo vínculo da afinidade.

§ 1º O parentesco por afinidade limita-se aos ascendentes, aos descendentes e aos irmãos do cônjuge ou companheiro.

§ 2º Na linha reta, a afinidade não se extingue com a dissolução do casamento ou da união estável.

d) Dos irmãos, unilaterais ou bilaterais, e demais colaterais, até o terceiro grau inclusive (CC, art. 1.521, IV):

Nesse caso, assim como no caso dos ascendentes casarem com os descendentes, a proibição envolvendo os parentes próximos é fundada principalmente na questão genética.

e) Do adotado com o filho do adotante (CC, art. 1.521, V):

Essa proibição não precisaria constar no Código Civil, tendo em vista que o filho do adotante é irmão do adotado, logo já estaria impedido pelo previsto no inciso IV.

f) Das pessoas casadas (CC, art. 1.521, VI):

Como o Brasil não permite a poligamia, por conseguinte tinha que ser proibido o casamento de pessoa casada. Por óbvio que esse impedimento desaparece se a pessoa promove seu divórcio ou se é declarada a invalidade do casamento anterior, ou ainda se o seu antigo cônjuge vem a falecer.

Curiosidade: se o impedido desrespeitar a proibição e casar, o seu segundo casamento será considerado inválido e ele poderá ser processado pelo crime de bigamia (CP, art. 235).[16]

g) Do cônjuge sobrevivente com o condenado por homicídio ou tentativa de homicídio contra o seu consorte (CC, art. 1.521, VII):

Essa proibição é de caráter essencialmente ético e moral e só se aplica para os casos de homicídio doloso ou tentativa de homicídio e só vale depois de transitada em julgado a decisão condenatória. Cabe ainda esclarecer que não tem nenhuma relevância saber se o outro cônjuge estava em conluio ou não.

Curiosidade: a doutrina chama esse tipo de crime de "conjugicídio".

6. CAUSAS SUSPENSIVAS

As causas suspensivas são algumas restrições ao casamento, porém **de menor gravidade e que não chegam a impedir nem tampouco invalidá-lo**. Tanto é verdade que o Código Civil se limita a, por assim dizer, aconselhar aquelas

---

16. CP, Art. 235 – Contrair alguém, sendo casado, novo casamento:

Pena – reclusão, de dois a seis anos.

§ 1º – Aquele que, não sendo casado, contrai casamento com pessoa casada, conhecendo essa circunstância, é punido com reclusão ou detenção, de um a três anos.

§ 2º – Anulado por qualquer motivo o primeiro casamento, ou o outro por motivo que não a bigamia, considera-se inexistente o crime.

LIÇÃO 2 • CASAMENTO: NOÇÕES GERAIS **27**

pessoas que se encontrem nas situações que ele passa a listar nos incisos do art. 1.523 com a expressão "não devem casar".[17]

Essas causas suspensivas são de tão pouca relevância jurídica que se alguém se opuser ao casamento alegando algumas delas, teremos duas possíveis soluções: se alegada antes do casamento, este não será realizado enquanto o pretendente não provar que a causa não mais existe ou se existente que ela não causa nenhum prejuízo a ninguém (ver CC, art. 1.523, parágrafo único); se a alegação é feita posteriormente ao casamento já realizado, isso não invalidará o casamento, apenas o regime de bens será convertido para o de separação total de bens (ver CC, art. 1.641, I).

Vale anotar que **as causas suspensivas têm como principal escopo proteger interesses de terceiros** que poderão ser prejudicados com a confusão patrimonial que o novo casamento poderá gerar. Se não existir a possibilidade desse prejuízo, as causas desaparecem.

> **Atenção**: diferentemente dos impedimentos que qualquer um pode arguir, em se tratando das causas suspensivas somente o podem fazer os parentes em linha reta de um dos nubentes, sejam consanguíneos ou afins, e pelos colaterais até segundo grau, sejam também consanguíneos ou afins, nos termos do estatuído no art. 1.524 do Código Civil.

Vejamos quais são as causas suspensivas elencadas no nosso Código Civil:

a) **Do viúvo ou a viúva que tiver filho do cônjuge falecido, enquanto não fizer inventário dos bens do casal e der partilha aos herdeiros** (CC, art. 1.523, I):

> O interesse aqui a ser protegido é o da prole da viúva ou viúvo, que não pode ser prejudicada pela eventual confusão patrimonial que poderá existir em face do novo casamento.

---

17. CC, Art. 1.523. Não devem casar:

I – o viúvo ou a viúva que tiver filho do cônjuge falecido, enquanto não fizer inventário dos bens do casal e der partilha aos herdeiros;

II – a viúva, ou a mulher cujo casamento se desfez por ser nulo ou ter sido anulado, até dez meses depois do começo da viuvez, ou da dissolução da sociedade conjugal;

III – o divorciado, enquanto não houver sido homologada ou decidida a partilha dos bens do casal;

IV – o tutor ou o curador e os seus descendentes, ascendentes, irmãos, cunhados ou sobrinhos, com a pessoa tutelada ou curatelada, enquanto não cessar a tutela ou curatela, e não estiverem saldadas as respectivas contas.

Parágrafo único. É permitido aos nubentes solicitar ao juiz que não lhes sejam aplicadas as causas suspensivas previstas nos incisos I, III e IV deste artigo, provando-se a inexistência de prejuízo, respectivamente, para o herdeiro, para o ex-cônjuge e para a pessoa tutelada ou curatelada; no caso do inciso II, a nubente deverá provar nascimento de filho, ou inexistência de gravidez, na fluência do prazo.

Atenção: poderá ser obtida decisão judicial superando esse óbice se for provado que o novo casamento em nada prejudicará os direitos dos filhos ou do cônjuge, nos termos do parágrafo único do artigo em comento (ver CC, art. 1.523, parágrafo único, primeira parte).[18]

b) **Da viúva, ou a mulher cujo casamento se desfez por ser nulo ou ter sido anulado, até dez meses depois do começo da viuvez, ou da dissolução da sociedade conjugal** (CC, art. 1.523, II):

Essa proibição somente atinge a mulher e tem como escopo evitar dúvidas com relação à eventual paternidade da criança nascida nesse período.

Atenção: essa proibição pode ser afastada se for provado que o filho já nasceu ou a inexistência de gravidez (ver CC, ar. 1.523, parágrafo único, parte final).

c) **Do divorciado, enquanto não houver sido homologada ou decidida a partilha dos bens do casal** (CC, art. 1.523, III):

As razões são as mesmas do item "a".

d) **Do tutor ou o curador e os seus descendentes, ascendentes, irmãos, cunhados ou sobrinhos, com a pessoa tutelada ou curatelada, enquanto não cessar a tutela ou curatela, e não estiverem saldadas as respectivas contas** (CC, art. 1.523, I):

A proibição tem relação direta com a proteção ao patrimônio do tutelado ou curatelado. Veja que se o curador ou tutor já tiver prestado as devidas contas, esse impedimento não existirá.

Atenção: vale anotar que o tutor é o representante legal do menor de idade; enquanto o curador é o representante legal do maior vitimado de alguma incapacidade, momentânea ou permanente.

7. CAPACIDADE PARA O CASAMENTO

O Código Civil reconhece **capacidade para o casamento aos maiores de dezesseis anos**, tanto o homem quanto a mulher, exigindo-se, contudo, que

---

18. CC, Art. 1.523. (Omissis)

Parágrafo único. É permitido aos nubentes solicitar ao juiz que não lhes sejam aplicadas as causas suspensivas previstas nos incisos I, III e IV deste artigo, provando-se a inexistência de prejuízo, respectivamente, para o herdeiro, para o ex-cônjuge e para a pessoa tutelada ou curatelada; no caso do inciso II, a nubente deverá provar nascimento de filho, ou inexistência de gravidez, na fluência do prazo.

ambos os pais ou seus representantes legal autorizem (CC, art. 1.517).[19] Na falta ou impedimento de um dos pais, o outro será suficiente para autorizar. Se os pais divergirem, a solução deverá ser buscada em juízo (CC, art. 1.631, parágrafo único).[20]

O consentimento dos pais ou mesmo do representante do menor pode ser revogado até a data da celebração do casamento (CC, art. 1.518).[21]

Com a celebração do casamento o nubente que ainda for menor deixará de ser relativamente incapaz, passando a ostentar a condição de plenamente capaz (CC, art. 5º, parágrafo único, inciso II). Mesmo que sobrevenha a viuvez ou que o casal venha a se divorciar, ainda assim aquele que era menor não retornará à condição de incapaz, salvo nos casos de anulação do casamento.

Os maiores de 18 anos que estiverem no exercício de sua capacidade jurídica plena, não dependem de autorização de ninguém.

Da mesma forma, o emancipado não necessitará do consentimento de seus pais porque quando foi emancipado atingiu a maioridade civil, estando apto para a prática de todos os atos da vida civil, inclusive o casamento (CC, art. 5º, parágrafo único, inciso I).

> **Atenção:** não será permitido, em nenhuma cirucustância, o casamento de pessoas com idade inferior a 16 (dezesseis) anos, nos termos como estatuido no art. 1.520 do Código Civil.[22]

> **Importante:** ao editar a Lei nº 13.811/19 proibindo o casamento com idade inferior a 16 (dezesseis) anos o legislador deveria ter revogado, dentre outros, os artigos 1.550, I, 1.551, 1.552 e 1.553 do Código Civil.

> **Curiosidade histórica:** Antes do advento da Lei nº 13.811/19 era permitido, em caráter excepcional, o casamento de pessoa com idade inferior a 16 anos, especialmente em caso de gravidez, porém somente poderia ocorrer mediante autorização judicial.

---

19. CC, Art. 1.517. O homem e a mulher com dezesseis anos podem casar, exigindo-se autorização de ambos os pais, ou de seus representantes legais, enquanto não atingida a maioridade civil.
20. CC, Art. 1.631. Durante o casamento e a união estável, compete o poder familiar aos pais; na falta ou impedimento de um deles, o outro o exercerá com exclusividade.
    Parágrafo único. Divergindo os pais quanto ao exercício do poder familiar, é assegurado a qualquer deles recorrer ao juiz para solução do desacordo.
21. CC, Art. 1.518. Até à celebração do casamento podem os pais, tutores ou curadores revogar a autorização.
22. CC, Art. 1.520. Não será permitido, em qualquer caso, o casamento de quem não atingiu a idade núbil, observado o disposto no art. 1.517 deste Código. (Redação dada pela Lei nº 13.811, de 2019)

8. SUPRIMENTO JUDICIAL DO CONSENTIMENTO

Os menores de 18 e maiores de 16 anos podem casar, mas como vimos acima necessitam da autorização de seus pais ou do seu representante legal (ver CC, art. 1.517).

Na eventual recusa injustificada dos pais ou do representante em autorizar o casamento, poderá o menor requerer ao juiz que lhe supra essa autorização (CC, art. 1.519).[23]

Da decisão concessiva será expedido um alvará que irá integrar o processo de habilitação, e o casamento será realizado pelo regime de separação obrigatório de bens (ver CC, art. 1.641, III).

9. OBSERVAÇÕES SOBRE O CASAMENTO HOMOAFETIVO

O Supremo Tribunal Federal, ao julgar em 5 de maio de 2011, a ADI 4277/ DF e a ADPF 132/RJ, promoveu o reconhecimento da proteção jurídica aos conviventes do mesmo sexo e com isso permitiu que as uniões estáveis homoafetivas pudessem ser convertidas em casamento.

Com essa decisão, o Supremo acabou por derrogar o art. 1.723 do Código Civil[24] e o § 3º do art. 226, da Constituição Federal,[25] ao entender que a expressão "homem e mulher", constante nos dois textos legais como condição para o reconhecimento da união estável, não seria impeditiva para reconhecimento da união homoafetiva.

A Suprema Corte, ao admitir a união estável entre pessoas do mesmo sexo, admitiu também a possibilidade de casamento entre pessoas de mesmo sexo, tendo em vista que, se a união estável pode ser convertida em casamento, conclusão lógica é que é perfeitamente possível a habilitação direta para o casamento.

Apesar disso, em vários Estados da federação, cartórios e juízes se recusaram a reconhecer essa verdade, de sorte que foi preciso a intervenção do Conselho Nacional de Justiça (CNJ) para acabar com as divergências. Assim, foi editada a Resolução nº 175, de 14 de maio de 2013 (publicada em 15 de maio de 2013), regulamentando o casamento entre pessoas do mesmo sexo, tanto por habili-

---

23. CC, Art. 1.519. A denegação do consentimento, quando injusta, pode ser suprida pelo juiz.
24. CC, Art. 1.723. É reconhecida como entidade familiar a união estável <u>entre o homem e a mulher,</u> configurada na convivência pública, contínua e duradoura e estabelecida com o objetivo de constituição de família (o grifo não consta no texto de lei).
25. CF, art. 226. (Omissis)
    § 3º Para efeito da proteção do Estado, é reconhecida a união estável <u>entre o homem e a mulher</u> como entidade familiar, devendo a lei facilitar sua conversão em casamento (o grifo é nosso).

tação direta, quanto por conversão de união estável. Tal resolução determina expressamente: "é vedada às autoridades competentes a recusa de habilitação, celebração de casamento civil ou conversão de união estável em casamento entre pessoas de mesmo sexo".[26]

> **Curiosidade:** a Argentina foi o primeiro país da América Latina a permitir o casamento entre pessoas de mesmo sexo que eles chamam de **casamento igualitário**. A lei do casamento igualitário na Argentina foi aprovada em julho de 2010.

---

26. Esclareça-se que resolução do CNJ tem força de Lei, isto é, seu cumprimento é obrigatório. A recusa de cumprimento pode ensejar reclamação para o Tribunal ao qual o juiz esteja subordinado ou mesmo para o próprio CNJ.

Lição 3
DO CASAMENTO: CELEBRAÇÃO E PROVAS

Sumário: 1. Cerimônia de celebração – 2. Local da celebração – 3. Testemunhas – 4. Casamento por procuração – 5. Casamento em razão de doença grave – 6. Casamento nuncupativo – 7. O juiz de paz – 8. Casamento perante autoridade diplomática – 9. Casamento religioso com efeitos civis – 10. Provas do casamento – 11. Posse de estado de casados – 12. Casamento provado em processo judicial.

1. CERIMÔNIA DE CELEBRAÇÃO

Tendo em vista a importância que a lei atribui ao casamento, a sua celebração é cercada de um grande número de formalidades, tudo com a finalidade de garantir a livre manifestação da vontade dos nubentes, bem como com o propósito de garantir a maior publicidade possível ao evento.

2. LOCAL DA CELEBRAÇÃO

Deverá ser, via de regra, no Cartório de Registro Civil onde os noivos obtiveram a devida habilitação, em dia e hora previamente marcados pela autoridade celebrante, de portas abertas, podendo ser, excepcionalmente, em outro local, público ou particular, desde que requerido e justificado pelos nubentes ou em razão de força maior (CC, art. 1.534).[1]

---

1. CC, Art. 1.534. A solenidade realizar-se-á na sede do cartório, com toda publicidade, a portas abertas, presentes pelo menos duas testemunhas, parentes ou não dos contraentes, ou, querendo as partes e consentindo a autoridade celebrante, noutro edifício público ou particular.

   § 1º Quando o casamento for em edifício particular, ficará este de portas abertas durante o ato.

   § 2º Serão quatro as testemunhas na hipótese do parágrafo anterior e se algum dos contraentes não souber ou não puder escrever.

3. TESTEMUNHAS

Serão em número de duas, podendo ser parentes dos nubentes. No caso do casamento se realizar em prédio particular ou se um dos nubentes não souber escrever, o número de testemunhas eleva-se para quatro (ver CC, art. 1.534 e § 2º).

Se o casamento for realizado em razão de urgência, quando algum dos contraentes estiver em iminente risco de vida, o número de testemunhas se eleva para seis, não podendo nenhuma delas ter parentesco com os nubentes, tanto em linha reta quanto colateral, até segundo grau (CC, art. 1.540).[2]

> **Atenção**: normalmente os parentes não podem ser testemunhas. No caso de casamento regular, a lei cria essa exceção para admitir os familiares como testemunhas.

4. CASAMENTO POR PROCURAÇÃO

Admite a lei brasileira que o casamento possa ser celebrado com a presença de representante de um dos nubentes, ou mesmo dos dois, desde que tenham sido **nomeados como procuradores, por instrumento público**, com poderes especiais para receber, em nome do outorgante, o outro contraente (CC, art. 1.542).[3]

Nessa **procuração** *ad nuptias*, deve constar o nome da pessoa com quem o outorgante se casará, os nomes que os noivos adotarão depois de casados e o regime de bens que vigorará entre os dois. Este tipo de procuração tem prazo certo de validade, 90 (noventa) dias.

Embora possa parecer desnecessário dizer, é importante registrar que a presença do procurador é tão somente para na solenidade dizer o sim pelo noivo ou pela noiva ausente, nada mais!

---

2. CC, Art. 1.540. Quando algum dos contraentes estiver em iminente risco de vida, não obtido a presença da autoridade à qual incumba presidir o ato, nem a de seu substituto, poderá o casamento ser celebrado na presença de seis testemunhas, que com os nubentes não tenham parentesco em linha reta, ou, na colateral, até segundo grau.

3. CC, Art. 1.542. O casamento pode celebrar-se mediante procuração, por instrumento público, com poderes especiais.

   § 1º A revogação do mandato não necessita chegar ao conhecimento do mandatário; mas, celebrado o casamento sem que o mandatário ou o outro contraente tivessem ciência da revogação, responderá o mandante por perdas e danos.

   § 2º O nubente que não estiver em iminente risco de vida poderá fazer-se representar no casamento nuncupativo.

   § 3º A eficácia do mandato não ultrapassará noventa dias.

   § 4º Só por instrumento público se poderá revogar o mandato.

Atenção: não se admite seja nomeado um só procurador para os dois nubentes. Embora isso não esteja expressamente previsto em lei, depreende-se ser necessária a manifestação de duas vontades distintas, uma de cada contraente, tendo em vista que o casamento é um contrato bilateral e, em sendo assim, haveria incompatibilidade para que somente uma pessoa representasse os dois polos contratuais.

5. CASAMENTO EM RAZÃO DE DOENÇA GRAVE

Nessas circunstâncias, a lei permite sejam simplificados os atos tendo em vista a urgência em legitimar a união, podendo a autoridade celebrante comparecer em qualquer lugar onde esteja o doente e em qualquer horário e na presença de duas testemunhas, que saibam ler, poderá oficializar o casamento (ver CC, art. 1.539).

Autoriza ainda nossa lei civil que o casamento se realize mesmo na falta ou no impedimento da autoridade celebrante, quando então será substituída por qualquer dos seus substitutos legais, e a do oficial do cartório por outro *ad hoc* (art. 1.539, § 1º).[4]

6. CASAMENTO NUNCUPATIVO

O casamento **nuncupativo** ou ***in extremis*** é aquele realizado em razão de risco de vida de um ou de ambos os nubentes.

Em face da urgência em razão do risco de vida de um ou dos dois nubentes, a lei permite que, mesmo na ausência da autoridade celebrante, **os próprios nubentes conduzam a cerimônia**, desde que o ato seja presenciado por seis testemunhas que não guardem com eles parentesco na linha reta e na colateral até segundo grau (ver CC, art. 1.540 – NR2).

Para que este casamento seja plenamente válido, é necessário que sejam cumpridas as seguintes formalidades (CC, art. 1.541):[5]

---

4. CC, Art. 1.539. No caso de moléstia grave de um dos nubentes, o presidente do ato irá celebrá-lo onde se encontrar o impedido, sendo urgente, ainda que à noite, perante duas testemunhas que saibam ler e escrever.

   § 1º A falta ou impedimento da autoridade competente para presidir o casamento suprir-se-á por qualquer dos seus substitutos legais, e a do oficial do Registro Civil por outro *ad hoc*, nomeado pelo presidente do ato.

   § 2º O termo avulso, lavrado pelo oficial ad hoc, será registrado no respectivo registro dentro em cinco dias, perante duas testemunhas, ficando arquivado.

5. CC, Art. 1.541. Realizado o casamento, devem as testemunhas comparecer perante a autoridade judicial mais próxima, dentro em dez dias, pedindo que lhes tome por termo a declaração de:

a) Quanto às testemunhas:

Devem comparecer perante a autoridade judiciária mais próxima, no prazo de 10 (dez) dias, pedindo que lhes tome por termo a declaração de que foram convocadas por parte do enfermo; que este parecia em perigo de vida, mas em seu perfeito juízo; e que, em sua presença, declararam os contraentes, livre e espontaneamente, receber-se um ao outro em casamento.

b) Quanto ao juiz:

Mandará autuar o pedido e, depois de tomadas as declarações das testemunhas, se entender necessário, determinará às diligências para verificar se os contraentes podiam ter-se habilitado, na forma ordinária, ouvidos os interessados que o requererem, dentro em 15 (quinze) dias. Se o juiz constatar a idoneidade dos cônjuges para o casamento, proferirá sentença declarando-os casados, de cuja decisão cabe recurso de apelação em ambos os efeitos (devolutivo e suspensivo).

c) Quanto ao registro:

Não havendo recurso da decisão ou se ela transitar em julgado, o juiz mandará registrar no livro de casamentos, cujos efeitos retroagirão à data da celebração.

d) Ratificação:

Se o enfermo se recuperar e puder ratificar o casamento perante o oficial de registro, todas estas formalidades serão dispensadas.

Atenção: não cumpridas as formalidades acima enumeradas, o casamento será tido como inexistente.

Curiosidade: o nubente que não estiver em risco de vida pode se fazer representar por procurador (ver CC, art. 1.542, § 2º – NR3).

I – que foram convocadas por parte do enfermo;

II – que este parecia em perigo de vida, mas em seu juízo;

III – que, em sua presença, declararam os contraentes, livre e espontaneamente, receber-se por marido e mulher.

§ 1º Autuado o pedido e tomadas as declarações, o juiz procederá às diligências necessárias para verificar se os contraentes podiam ter-se habilitado, na forma ordinária, ouvidos os interessados que o requererem, dentro em quinze dias.

§ 2º Verificada a idoneidade dos cônjuges para o casamento, assim o decidirá a autoridade competente, com recurso voluntário às partes.

§ 3º Se da decisão não se tiver recorrido, ou se ela passar em julgado, apesar dos recursos interpostos, o juiz mandará registrá-la no livro do Registro dos Casamentos.

§ 4º O assento assim lavrado retrotrairá os efeitos do casamento, quanto ao estado dos cônjuges, à data da celebração.

§ 5º Serão dispensadas as formalidades deste e do artigo antecedente, se o enfermo convalescer e puder ratificar o casamento na presença da autoridade competente e do oficial do registro.

7. O JUIZ DE PAZ

Apenas a título de curiosidade, no Brasil a cerimônia de casamento deve ser conduzida por uma pessoa nomeada pelo Estado para esse fim que é chamada de juiz de paz ou juiz de casamento.

Para ser juiz de paz, o candidato só precisa ser maior de 21 anos (ver CF, art. 14, § 3º, *c*) e ter domicílio na circunscrição onde pretende atuar. Não é exigido nível superior nem conhecimento jurídico ou de conciliação para concorrer a esse cargo.[6]

No Estado de São Paulo, é feita uma lista tríplice pelo Tribunal de Justiça com nomes de cidadãos com idade acima de 21 anos, que morem próximo ao distrito ou circunscrição em que possivelmente atuarão, sendo nomeado apenas um, pelo Presidente do Tribunal, depois a posse é dada pelo juiz de direito. Os outros nomes da lista tríplice serão suplentes.

Atenção: o juiz de paz não é funcionário público, nem é magistrado. Na verdade, pode ser caracterizado como agente público, já que exerce uma função pública por delegação.

Curiosidade: nos últimos anos surgiu uma figura que realiza a cerimônia de casamento em clubes, chácaras e outros lugares públicos, chamada de celebrante. Este celebrante não cumpre papel de padre, nem pastor, nem muito menos do juiz de paz. Quer dizer, a cerimônia é um evento social sem efeitos legais.

8. CASAMENTO PERANTE AUTORIDADE DIPLOMÁTICA

Admite a LINDB (art. 7º, § 2º), o casamento de estrangeiros perante a autoridade diplomática de seus países (dois alemães, ou dois italianos, residentes no Brasil, podem casar perante o cônsul de suas respectivas pátrias) e valerá no Brasil como um casamento realizado no exterior.

Quando tratar-se de brasileiros residentes no exterior, poderão casar-se perante as autoridades diplomáticas brasileiras com a condição de procederem o registro perante o cartório do seu domicílio, ou na sua falta, no 1º Ofício da Capital do Estado em que vão residir, no prazo de 180 (cento e oitenta) dias, a contar da data de retorno ao Brasil, de um ou de ambos os cônjuges (CC, art. 1.544).[7]

---

6. No Estado de São Paulo, a nomeação é feita através de concurso público e, preferencialmente, entre candidatos formados em Direito. A coordenação é feita pela Secretaria de Justiça e Defesa da Cidadania, nos termos das Resoluções SJDC nº 259/2007 e SJDC nº 267/2008. Mais informações, acessar: <http://www.justica.sp.gov.br/Modulo. asp?Modulo=609&Cod=2>.

7. CC, Art. 1.544. O casamento de brasileiro, celebrado no estrangeiro, perante as respectivas autoridades ou os cônsules brasileiros, deverá ser registrado em cento e oitenta dias, a contar da volta de um ou de ambos os cônjuges ao Brasil, no cartório do respectivo domicílio, ou, em sua falta, no 1º Ofício da Capital do Estado em que passarem a residir.

9. CASAMENTO RELIGIOSO COM EFEITOS CIVIS

A Constituição Federal estabeleceu que o casamento religioso tem efeitos civis (CF, art. 226, § 2°), respeitados os termos da lei que, *in casu*, estabelece a necessidade de se obedecer todas as formalidades do casamento civil, inclusive no que diz respeito às proclamas (ver CC, art. 1.515).

Quer dizer, religiosa é somente a cerimônia de celebração que ao invés de ser conduzida pelo juiz de paz será por uma autoridade eclesiástica (padre, pastor, pai de santo etc.). Antes disso, os noivos deverão comparecer em cartório, apresentar toda a documentação necessária, aguardar os proclamas e a devida habilitação, ou seja, seguir todo o processamento exigido para o casamento civil.

Além do mais, o casamento religioso deverá ser levado a registro perante o Cartório Civil do domicílio dos nubentes, dentro do prazo de 90 (noventa) dias a contar de sua realização, mediante comunicação do celebrante ao ofício competente, ou por iniciativa de qualquer interessado, produzindo efeitos desde a sua celebração (CC, art. 1.516).[8]

10. PROVAS DO CASAMENTO

O casamento se prova no Brasil pela exibição da certidão expedida pelo Registro Civil, admitindo-se em caráter excepcional se possa provar por outros meios hábeis (CC, art. 1.543).[9]

Na eventualidade de desaparecimento do registro de casamento, podem os interessados promover a ação judicial tendente a reconhecer a existência do casamento. Essa sentença será o título hábil a ser inscrito no Registro de Pessoas e seus efeitos retroagirão à data do casamento declarada na sentença (ver item 11).

Atenção: se o casamento foi celebrado no exterior, provar-se-á de acordo com a lei vigente no país onde o casamento foi celebrado.

---

8. CC, Art. 1.516. O registro do casamento religioso submete-se aos mesmos requisitos exigidos para o casamento civil.

§ 1° O registro civil do casamento religioso deverá ser promovido dentro de noventa dias de sua realização, mediante comunicação do celebrante ao ofício competente, ou por iniciativa de qualquer interessado, desde que haja sido homologada previamente a habilitação regulada neste Código. Após o referido prazo, o registro dependerá de nova habilitação.

§ 2° O casamento religioso, celebrado sem as formalidades exigidas neste Código, terá efeitos civis se, a requerimento do casal, for registrado, a qualquer tempo, no registro civil, mediante prévia habilitação perante a autoridade competente e observado o prazo do art. 1.532.

§ 3° Será nulo o registro civil do casamento religioso se, antes dele, qualquer dos consorciados houver contraído com outrem casamento civil.

9. CC, Art. 1.543. O casamento celebrado no Brasil prova-se pela certidão do registro.

Parágrafo único. Justificada a falta ou perda do registro civil, é admissível qualquer outra espécie de prova.

11. POSSE DE ESTADO DE CASADOS

Pode ocorrer que duas pessoas ostentem por longos anos a aparência de casados. O casal se apresentava perante a sociedade como se casados fossem. Quem age dessa forma esta externando uma situação que chamamos de posse de estado de casado.

Pode ocorrer que, em face da impossibilidade superveniente de uma delas poder se expressar ou após o falecimento de ambas, por qualquer que seja a razão se torne impossível fazer-se a prova cabal do casamento deles, seja porque não se sabe onde casaram ou porque os registros tenham se perdido, é possível obter-se uma declaração judicial que reconheça a posse do estado de casados.

Quer dizer, admite o nosso Código Civil que se declare o estado de casado e nesse caso o intuito é a preservação de direitos, principalmente no que se refere à prole e aos bens deixados pelos falecidos, admitindo-se a prova em contrário desde que demonstrando que existiu o casamento de um dos dois, com outra pessoa, em momento anterior (CC, art. 1.545).[10]

> **Explicando melhor**: nas hipóteses de cônjuges que não possam expressar sua vontade ou nos casos em que tenha havido morte deles e, nesse momento, não se podendo provar a existência documental do casamento, admite-se a presunção de que de fato eram casadas. Esta presunção somente será ilidida se for provado que algum dos cônjuges já era casado com outra pessoa quando passou a viver com essa nova pessoa.
>
> **In dúbio pro matrimonio**: o legislador fez prevê ainda que, se no processo de reconhecimento do estado de casados sobrevier alguma dúvida, deve o julgador optar pelas provas que sejam mais favoráveis ao reconhecimento do casamento (CC, art. 1.547).[11]

12. CASAMENTO PROVADO EM PROCESSO JUDICIAL

O casamento também pode ser provado mediante processo judicial, quando por qualquer razão tenha ocorrido a destruição do registro de casamento original.

É como se fosse um processo de restauração do registro que foi perdido. Nesse caso, as partes podem se socorrer do judiciário para declarar o estado de casados

---

10. CC, Art. 1.545. O casamento de pessoas que, na posse do estado de casadas, não possam manifestar vontade, ou tenham falecido, não se pode contestar em prejuízo da prole comum, salvo mediante certidão do Registro Civil que prove que já era casada alguma delas, quando contraiu o casamento impugnado.

11. CC, Art. 1.547. Na dúvida entre as provas favoráveis e contrárias, julgar-se-á pelo casamento, se os cônjuges, cujo casamento se impugna, viverem ou tiverem vivido na posse do estado de casados.

quando então os efeitos retroagirão à data do casamento declarado na sentença judicial que pode ser registrada no cartório de Registro Civil (CC, art. 1.546).[12]

> **Exemplo:** vamos imaginar que uma enchente do rio Aricanduva acabou por atingir o Cartório de Registro Civil do Jardim Robru e que destruiu toda a documentação arquivada naquele distrito. Ora, se alguém havia casado naquele cartório e se não tinha uma cópia da certidão de casamento em mãos, estará agora impossibilitado de fazer a prova de seu casamento. Assim, terá que mover uma ação para obter a declaração de casado.

---

12. CC, Art. 1.546. Quando a prova da celebração legal do casamento resultar de processo judicial, o registro da sentença no livro do Registro Civil produzirá, tanto no que toca aos cônjuges como no que respeita aos filhos, todos os efeitos civis desde a data do casamento.

Lição 4
DA INVALIDADE DO CASAMENTO – NULIDADES ABSOLUTAS E RELATIVAS

Sumário: 1. 1. Casamento inexistente (nulidade absoluta) – 2. Casamento nulo (nulidade absoluta) – 3. Casamento putativo – 4. Casamento anulável (nulidade relativa) – 5. Questões processuais – 6. Efeitos da sentença – 7. Reflexões sobre a anulação do casamento pela prática de crime – 8. Comentários à Lei 13.811/19.

1. CASAMENTO INEXISTENTE (NULIDADE ABSOLUTA)

Embora não esteja expresso em lei, a doutrina reconhece um gênero de casamento inválido que é o casamento inexistente. Advirta-se que para que o casamento seja válido ou inválido necessário se faz que ele exista.

Algumas causas comprometem de tal forma o ato matrimonial que ele não pode ser considerado existente, vejamos:

a) **Falta de consentimento:**

A ausência total de consentimento pode ser identificada em razão do completo silêncio do nubente ou da resposta negativa ante a indagação da autoridade celebrante, ou ainda pela procuração outorgada sem poderes específicos para o casamento ou se ela já tiver perdido sua validade.

b) **Coação absoluta ou física** (*vis absoluta*):

A coação para viciar o negócio jurídico tem que ser aquela que permita ao coato a possibilidade de recusar-se a fazer o que o coator pretende impor, chamada de coação relativa ou moral (*vis compulsiva*), que tornaria o casamento anulável. Se a coação é daquela em que não há alternativa para o coato, estaremos diante da coação absoluta ou física (*vis absoluta*), que torna o ato inexistente.

Exemplo: o noivo comparece à cerimônia de casamento porque o pai da noiva o ameaça com um revólver, dizendo-lhe "ou casa ou morre".

Nesse caso, o infeliz do noivo não terá alternativa e terá que dizer sim, pois a coação é absoluta. Nesse caso, a violência física exercida pelo pai da noiva sobre o corpo do noivo exclui totalmente a sua manifestação de vontade. Quer dizer, não há manifestação de vontade, logo o casamento será considerado inexistente.

c) **Celebração não conforme a lei:**

Será também inexistente o casamento quando o celebrante não for juiz de casamento, ou seja, quando a incompetência for absoluta em razão da matéria (exceto o previsto no art. 1.554).[1]

Exemplo: vamos supor que alguém se case perante o delegado de polícia da cidade. Esse casamento é inexistente porque quem celebrou, embora seja uma autoridade pública, não era autoridade competente para tanto.

Importante destacar: nas situações expostas, por ser inexistente, este casamento se constitui em **um nada jurídico**, não sendo necessária nenhuma ação para desconstituí-lo. Pela mesma razão, não é atingido pela prescrição nem pela decadência.

2. CASAMENTO NULO (NULIDADE ABSOLUTA)

Nulo será o casamento quando infringir os impedimentos previstos no Código Civil (CC, art. 1.548).[2]

Quanto aos impedimentos matrimoniais que tornam o casamento nulo, já por nós abordado na lição anterior, são aqueles contidos no art. 1.521 do Código Civil, que podem ser arguidas por qualquer interessado ou mesmo pelo Ministério Público (CC, art. 1.549).[3]

Neste caso, a sentença de declaração de nulidade retroagirá à data da celebração (*ex tunc*), como se o casamento jamais tivesse existido (CC, art. 1.563).[4] Apesar de nulo, enquanto não houver decisão judicial transitada em julgado o casamento produzirá todos os seus efeitos.

---

1. CC, Art. 1.554. Subsiste o casamento celebrado por aquele que, sem possuir a competência exigida na lei, exercer publicamente as funções de juiz de casamentos e, nessa qualidade, tiver registrado o ato no Registro Civil.
2. CC, Art. 1.548. É nulo o casamento contraído:
   I – (Revogado pela Lei nº 13.146, de 2015)
   II – por infringência de impedimento.
3. CC, Art. 1.549. A decretação de nulidade de casamento, pelos motivos previstos no artigo antecedente, pode ser promovida mediante ação direta, por qualquer interessado, ou pelo Ministério Público.
4. CC, Art. 1.563. A sentença que decretar a nulidade do casamento retroagirá à data da sua celebração, sem prejudicar a aquisição de direitos, a título oneroso, por terceiros de boa-fé, nem a resultante de sentença transitada em julgado.

LIÇÃO 4 • DA INVALIDADE DO CASAMENTO – NULIDADES ABSOLUTAS E RELATIVAS

Atenção: o casamento com pessoa com deficiência mental ou intelectual é plenamente válido (ver CC, art. 1.550, § 2º).

3. CASAMENTO PUTATIVO[55]

É o casamento que, sendo nulo ou podendo ser anulado, **foi contraído de boa-fé** por um ou por ambos os cônjuges.

A boa-fé aqui mencionada deve ser entendida como o desconhecimento por um ou ambos os cônjuges dos impedimentos que havia para a realização do casamento válido.

É o caso, por exemplo, do casamento entre duas pessoas que não sabiam que eram irmãos (erro de fato). Outra hipótese é a do sogro que casa com a nora, sendo que ambos desconheciam que havia um impedimento legal para a realização desse matrimônio (erro de direito).

Em ambos os casos, o casamento será nulo, porém os efeitos da declaração de nulidade se projetam *ex nunc* (da declaração de nulidade para frente), não prejudicando os direitos do cônjuge inocente e os da eventual prole (CC, art. 1.561).[6]

Se ambos os cônjuges estiverem ambos de boa-fé, a partilha se dará normalmente, obedecendo a proporção entre os dois. Se houver má-fé por parte de um dos cônjuges, este não terá direito à meação do patrimônio que o cônjuge inocente trouxe para o casamento (CC, art. 1.564).[7]

4. CASAMENTO ANULÁVEL (NULIDADE RELATIVA)

O casamento será passível de anulação se incidir alguma das causas elencadas no art. 1.550[8] do Código Civil, sendo que, na maioria dos casos, estão ligados a problemas de consentimento ou manifestação de vontade imperfeita; vejamos:

---

5. O termo *putativo* vem do latim "putativus", que é um verbo que significa imaginar, pensar ser, acreditar ser. Em última análise, significa "o que se pensa ser, mas que não é".

6. CC, Art. 1.561. Embora anulável ou mesmo nulo, se contraído de boa-fé por ambos os cônjuges, o casamento, em relação a estes como aos filhos, produz todos os efeitos até o dia da sentença anulatória.
§ 1o Se um dos cônjuges estava de boa-fé ao celebrar o casamento, os seus efeitos civis só a ele e aos filhos aproveitarão.
§ 2o Se ambos os cônjuges estavam de má-fé ao celebrar o casamento, os seus efeitos civis só aos filhos aproveitarão.

7. CC, Art. 1.564. Quando o casamento for anulado por culpa de um dos cônjuges, este incorrerá:
I – na perda de todas as vantagens havidas do cônjuge inocente;
II– na obrigação de cumprir as promessas que lhe fez no contrato antenupcial.

8. CC, Art. 1.550. É anulável o casamento:
I – de quem não completou a idade mínima para casar;

a) Defeito de idade:

É a primeira causa tratada no Código Civil (art. 1.550, I) está prejudicada em face da alteração promovida no art. 1.520 que proíbe, taxativamente, o casamento dos menores de 16 (dezesseis) anos. Logo, não se pode falar em casamento anulável de quem não completou a idade mínima para casar.

Importante: ao promover a alteração de redação do art. 1.520, o legislador deveria ter revogado alguns artigos do *Civile Codex* como, por exemplo, art. 1.551[9] e o 1.553,[10] dentre outros (ver comentários ao final dessa lição).

Atenção: embora possa haver opiniões divergentes, considero que nessa situação o casamento é inexistente, pois expressamente proibido a sua realização.

b) Falta de autorização:

Os menores de 18 e maiores de 16 anos necessitam para casar de autorização de seus representantes legais (ver CC, art. 1.517). Logo, se houver casamento em que faltou a autorização do representante legal de um ou ambos os nubentes, o casamento poderá ser anulado (ver CC, art. 1.550, II).

Atenção: o prazo para propositura da ação anulatória é de 180 (cento e oitenta) dias, porém a contagem do prazo é diferente conforme seja quem propõem a ação. Se ação for proposta pelo próprio incapaz quando atingir a maioridade, o prazo contar-se-á da data em que cessou a menoridade; se a ação foi proposta por seus representantes legais, o prazo será contado da data do casamento; e, na hipótese de a ação anulatória ser proposta pelos herdeiros, esse prazo será contado da morte do incapaz (ver CC, art. 1.555, *caput*, e § 1º).

Importante: o casamento não será anulado se os representantes legais do menor tiverem concordado tacitamente com o casamento, como,

---

II – do menor em idade núbil, quando não autorizado por seu representante legal;

III – por vício da vontade, nos termos dos arts. 1.556 a 1.558;

IV – do incapaz de consentir ou manifestar, de modo inequívoco, o consentimento;

V – realizado pelo mandatário, sem que ele ou o outro contraente soubesse da revogação do mandato, e não sobrevindo coabitação entre os cônjuges;

VI – por incompetência da autoridade celebrante.

§ 1º. Equipara-se à revogação a invalidade do mandato judicialmente decretada.

§ 2º A pessoa com deficiência mental ou intelectual em idade núbia poderá contrair matrimônio, expressando sua vontade diretamente ou por meio de seu responsável ou curador. Incluído pela Lei nº 13.146, de 2015)

9. CC, Art. 1.551. Não se anulará, por motivo de idade, o casamento de que resultou gravidez.

10. CC, Art. 1.553. O menor que não atingiu a idade núbil poderá, depois de completá-la, confirmar seu casamento, com a autorização de seus representantes legais, se necessária, ou com suprimento judicial.

por exemplo, terem comparecido à cerimônia de celebração e nela nada tenham manifestado (CC, art. 1.555, § 2º).[11]

c) **Por erro essencial sobre a pessoa:**

O casamento também poderá ser anulado por vício de vontade consistente em erro essencial quanto à pessoa do outro cônjuge (CC, art. 1.556).[12] Já vimos que os negócios jurídicos podem ser anulados por erro ou ignorância, de sorte que a mesma regra se aplica ao casamento e pode significar sua anulação.

Atenção: é importante registrar que não se trata de um erro qualquer, mas sim de um erro que seja substancial. Por isso o próprio legislador fez questão de elencar quais são esses erros, especificando-os de forma clara, em rol taxativo no art. 1.557 do Código Civil, *in verbis*:

I – o que diz respeito à **sua identidade, sua honra e boa fama**, sendo esse erro tal que o seu conhecimento ulterior torne insuportável a vida em comum ao cônjuge enganado;

II – a **ignorância de crime**, anterior ao casamento, que, por sua natureza, torne insuportável a vida conjugal;

III – a ignorância, anterior ao casamento, de **defeito físico irremediável** que não caracterize deficiência ou de moléstia grave e transmissível, por contágio ou por herança, capaz de pôr em risco a saúde do outro cônjuge ou de sua descendência;

d) **Pela coação:**

A coação é o vício de vontade, representada pela ameaça feita ao indivíduo com a finalidade de levá-lo a praticar um ato que sem aquela pressão ele não realizaria. Se para a validade do casamento é exigível que haja uma manifestação de vontade livre e consciente, por óbvio que se essa vontade foi forjada a partir de uma coação autorizará o coato a promover a devida anulação do casamento (CC, art. 1.558).[13]

---

11. CC, Art. 1.555. O casamento do menor em idade núbil, quando não autorizado por seu representante legal, só poderá ser anulado se a ação for proposta em cento e oitenta dias, por iniciativa do incapaz, ao deixar de sê-lo, de seus representantes legais ou de seus herdeiros necessários.

    § 1º O prazo estabelecido neste artigo será contado do dia em que cessou a incapacidade, no primeiro caso; a partir do casamento, no segundo; e, no terceiro, da morte do incapaz.

    § 2º Não se anulará o casamento quando à sua celebração houverem assistido os representantes legais do incapaz, ou tiverem, por qualquer modo, manifestado sua aprovação.

12. CC, Art. 1.556. O casamento pode ser anulado por vício da vontade, se houve por parte de um dos nubentes, ao consentir, erro essencial quanto à pessoa do outro.

13. CC, Art. 1.558. É anulável o casamento em virtude de coação, quando o consentimento de um ou de ambos os cônjuges houver sido captado mediante fundado temor de mal considerável e iminente para a vida, a saúde e a honra, sua ou de seus familiares.

Atenção: essa é a coação relativa ou moral, a chamada *vis compulsiva*, que implica numa ameaça moral, ou seja, aquela em que o coato tem a possibilidade de praticar o ato ou correr o risco de não o fazê-lo. É diferente da coação absoluta, na qual a vontade é totalmente tolhida (*vis absoluta*), o que torna o casamento inexistente.

Importante: somente o cônjuge que incidiu em erro ou sofreu coação, tem legitimidade para propor a ação de anulação do casamento; mas a coabitação, havendo ciência do vício, valida o ato, exceto na hipótese versada no inciso III do art. 1.557 do Código Civil (CC, art. 1.569).[14]

e) **Pessoa incapaz de consentir:**

Essa incapacidade deve ser temporária porque se for permanente o casamento será nulo. Aqui também se encaixam, as hipóteses do surdo-mudo que não puder exprimir a sua vontade, e daqueles que estão sujeitos à curatela (ver CC, art. 1.767), que necessitam de autorização de seu representante legal.

f) **Procurador com mandato revogado:**

Já vimos que o casamento pode ser realizado por procuração. Ocorre que, se houve revogação da procuração, o mandato não mais existe, logo, se o casamento se realizar com a manifestação de vontade sendo expressa pelo mandatário que já não tinha mais poderes para tal, o casamento será anulável (CC, art. 1.550, V).

Atenção: o casamento não será anulado se houver posterior coabitação entre os cônjuges. Nesse caso é como se o cônjuge traído tivesse perdoado a deslealdade do outro que, tendo revogado o mandato, aceitou o casamento como se ele não tivesse defeito nenhum.

g) **Celebração por autoridade incompetente:**

Aqui trata-se de incompetência em razão do lugar (o celebrante é de outra circunscrição) e em razão da pessoa (o celebrante não é do local da residência dos noivos).

5. QUESTÕES PROCESSUAIS

Em sendo o casamento nulo ou anulável, existem algumas características processuais que são importantes destacar.

---

14. CC, Art. 1.559. Somente o cônjuge que incidiu em erro, ou sofreu coação, pode demandar a anulação do casamento; mas a coabitação, havendo ciência do vício, valida o ato, ressalvadas as hipóteses dos incisos III e IV do art. 1.557.

Assim, alguns aspectos como legitimidade ativa, foro competente e os efeitos da declaração variam conforme seja o casamento nulo ou anulável, senão vejamos.

5.1 Casamento nulo

Em se tratando de casamento nulo (CC, art. 1.548 – NR2), a ação para desconstituí-lo será a declaratória de nulidade que tem as seguintes características:

a) Legitimidade:

São legitimados para interpor ação declaratória de nulidade **quem tiver legítimo interesse moral** (o próprio cônjuge ou qualquer parente) **ou econômico** (os herdeiros e os credores), **além do Ministério Público** (em nome do interesse público). É possível legitimar até aqueles que tenham realizado algum tipo de negócio jurídico com o casal (CC, art. 1.549 – NR3).

b) Separação de corpos:

Pode ser proposta a ação cautelar de separação de corpos, antes da propositura da ação anulatória, quando as circunstâncias justificarem tal medida, que deverá ser concedida pelo juiz com a maior brevidade possível (CC, art. 1.562).[15] Isso se justifica porque mais das vezes os ânimos ficam acirrados entre o casal que está prestes a se separar, de sorte que, para evitar violências, especialmente físicas, a lei prevê essa medida preparatória que deve ser utilizada pelo cônjuge que se sinta ameaçado.

Importante: com a separação de corpos, o cônjuge não tem mais os deveres de coabitação e fidelidade, além de com isso evitar que o outro alegue abandono de lar.

c) Competência:

Competente será uma das varas de família e o foro será o do domicílio do guardião do filho incapaz; ou do último domicílio do casal, caso não haja filho incapaz; ou ainda, do domicílio do réu, se nenhuma das partes residir no antigo domicílio do casal (ver CPC, art. 53, I).

d) Prazo para propositura da ação:

Não há prazo porque sendo o ato nulo ele não se convalesce com o transcurso de tempo (ver CC, art. 169).

---

15. CC, Art. 1.562. Antes de mover a ação de nulidade do casamento, a de anulação, a de separação judicial, a de divórcio direto ou a de dissolução de união estável, poderá requerer a parte, comprovando sua necessidade, a separação de corpos, que será concedida pelo juiz com a possível brevidade.

e) Efeitos:

Retroagem à data da celebração *ex tunc*, quer dizer, é como se o casamento nunca tivesse existido. É importante lembrar que em se tratando de casamento putativo os efeitos serão *ex nunc*.

5.2 Casamento anulável

Se o caso for de casamento anulável, naquelas situações previstas no art. 1.550 do Código Civil,[16] cabe destacar os seguintes aspectos:

a) Legitimidade:

Só tem legitimidade para requerer a anulação do casamento as partes que tenham legítimo interesse nessa declaração. Assim, em se tratando de menor em idade núbil, somente ele mesmo, seus representantes legais ou seus herdeiros é que poderão requerer tal declaração (ver CC, art. 1.555 – NR11). Tratando-se de erro essencial sobre a outra pessoa ou mesmo em se tratando de coação, somente o cônjuge que incidiu em erro ou o coato é que tem legitimidade (CC, art. 1.559).[17]

b) Prazo para propositura da ação:

Os prazos para propositura da ação de anulação do casamento são decadenciais e não proposta a ação no prazo estabelecido em lei, não mais poderá ser proposta a ação e o defeito ficaria como se o tempo tivesse se encarregado de saná-lo. Isso se justifica porque os fatos que podem gerar anulação do casamento são indiferentes para a sociedade, de sorte que, se as partes interessadas preferirem manter o matrimônio, basta quedar-se silente e decorrido o prazo previsto em

---

16. CC, Art. 1.550. É anulável o casamento:

I – de quem não completou a idade mínima para casar;

II – do menor em idade núbil, quando não autorizado por seu representante legal;

III – por vício da vontade, nos termos dos arts. 1.556 a 1.558;

IV – do incapaz de consentir ou manifestar, de modo inequívoco, o consentimento;

V – realizado pelo mandatário, sem que ele ou o outro contraente soubesse da revogação do mandato, e não sobrevindo coabitação entre os cônjuges;

VI – por incompetência da autoridade celebrante.

§ 1º Equipara-se à revogação a invalidade do mandato judicialmente decretada.

§ 2º A pessoa com deficiência mental ou intelectual em idade núbia poderá contrair matrimônio, expressando sua vontade diretamente ou por meio de seu responsável ou curador. (Incluído pela Lei nº 13.146, de 2015).

17. CC, Art. 1.559. Somente o cônjuge que incidiu em erro, ou sofreu coação, pode demandar a anulação do casamento; mas a coabitação, havendo ciência do vício, valida o ato, ressalvadas as hipóteses dos incisos III e IV do art. 1.557.

lei, o casamento terá plena validade jurídica como se aquele defeito jamais tivesse existido.

Atenção: Os prazos são aqueles elencados no art. 1.560 do Código Civil, contados da data da celebração.[18]

6. EFEITOS DA SENTENÇA

Na ação que visa à nulidade do casamento, a sentença é de caráter declaratório, pois apenas reconhece um fato que invalida o casamento.

De outro lado, a ação anulatória de casamento tem caráter constitutivo, já que dissolve um matrimônio existente a partir de provas que revelem uma verdade que estava oculta.

7. REFLEXÕES SOBRE A ANULAÇÃO DO CASAMENTO PELA PRÁTICA DE CRIME

Este é um tema controverso porque alguns autores entendem que para pedir a anulação do casamento com base nesse permissivo o cônjuge inocente só o poderá fazer se houver sentença condenatória com trânsito em julgado (Roberto Senise Lisboa). Outros entendem que deve haver sentença confirmando o fato delituoso, ainda que não transitado em julgado (Paulo Lobo).

Maria Helena Diniz fica numa posição intermediária tendo em vista dizer textualmente: "Atualmente poder-se-á anular o casamento sem condenação criminal do cônjuge; mas há quem ache que, como só existe crime depois do trânsito em julgado da decisão condenatória, será preciso tal condenação, pois na pendência da decisão há a presunção constitucional de inocência em favor do acusado".[19]

---

18. CC, Art. 1.560. O prazo para ser intentada a ação de anulação do casamento, a contar da data da celebração, é de:

I – cento e oitenta dias, no caso do inciso IV do art. 1.550;

II – dois anos, se incompetente a autoridade celebrante;

III – três anos, nos casos dos incisos I a IV do art. 1.557;

IV – quatro anos, se houver coação.

§ 1º Extingue-se, em cento e oitenta dias, o direito de anular o casamento dos menores de dezesseis anos, contado o prazo para o menor do dia em que perfez essa idade; e da data do casamento, para seus representantes legais ou ascendentes.

§ 2º Na hipótese do inciso V do art. 1.550, o prazo para anulação do casamento é de cento e oitenta dias, a partir da data em que o mandante tiver conhecimento da celebração.

19. *Curso de direito civil* – direito de família, p. 292.

Outros autores entendem que não há necessidade de sentença, nem muito menos de trânsito em julgados, bastando o conhecimento do fato delituoso imputado ao outro cônjuge e, com estes, temos plena concordância (Carlos Roberto Gonçalves, Silvio Rodrigues, Sílvio Venosa e Washington de Barros Monteiro).

E temos esse entendimento porque pela dicção da lei não me parece que haja necessidade de sentença, nem muito menos de trânsito em julgado, pois, se atentarmos bem, o inciso II do art. 1.557 diz exatamente o seguinte: "**a ignorância de crime, anterior ao casamento, que, por sua natureza, torne insuportável a vida conjugal**". Pergunto onde está escrito que haveria necessidade de sentença, ou ainda, de trânsito em julgado da referida sentença?

Há ainda outras discussões sobre o tema, como, por exemplo, sobre se poderiam ser enquadradas como permissivo para a anulação de casamento as contravenções penais. Outro aspecto é com relação ao ato infracional praticado pelo outro cônjuge quando ainda era menor (o crime praticado por menores é chamado de ato infracional – ver art. 103 do ECA).

8. COMENTÁRIOS À LEI 13.811/19

Através dessa lei o legislador alterou o art. 1.520 do Código Civil para deixar assentado a proibição do casamento dos menores de 16 (dezesseis) anos em qualquer circunstância. Significa dizer que nem o juiz pode autorizar esse tipo de casamento, nem muito menos o Oficial de Registro Civil poderá realizá-lo sob pena de ser responsabilizado por falta administrativa disciplinar.

Contudo o legislador falhou pois deveria ter revogado expressamente os artigos do mesmo Código Civil que regulamentava matérias correlatas à previsão anterior do art. 1.520 que permitia a realização de casamento de pessoas abaixo da idade núbil como, por exemplo, as previsões abaixo:

a) No inciso I do art. 1.550 que diz ser anulável o casamento de quem não completou a idade mínima para casar. Se o art. 1.520 diz que não será permitido em qualquer caso, o casamento de quem não atingiu a idade núbil para casar, isto é 16 (dezesseis anos), por obvio que se esse casamento acontecer, ele será inexistente, jamais anulável como ainda consta do texto de lei.

b) Da mesma forma o contido no art. 1.551 ao estabelecer que não se anulará, por motivo de idade, o casamento de que resultou gravidez. Se não tem idade para casar, não se casará, logo não se poderá falar em anulação de algo que não ocorreu, já que vedado expressamente por lei.

LIÇÃO 4 • DA INVALIDADE DO CASAMENTO – NULIDADES ABSOLUTAS E RELATIVAS — 51

c) Também o art. 1.552 do referido Codex que trata dos legitimados a requerer a anulação do casamento dos menores de 16 (dezesseis) anos. Sob pena de redundância é preciso deixar claro: se não pode casar, não há falar-se em anulação de algo que não poderia ter acontecido.

Devemos destacar ainda o versado no art. 1.553 que trata das formas de convalidação do casamento realizado por menores que não tenham atingido a idade núbil que poderá, depois de completá-la, confirmar seu casamento, com a autorização de seus representantes legais, se necessária, ou com suprimento judicial. Outro absurdo, pois não se pode convalidar algo inexistente.

Assim, é importante os alunos ficarem atentos porque estes dispositivos, ainda que revogados tacitamente, permanecem formalmente com validade, pois ainda expressos no nosso Código Civil, de sorte que é perfeitamente possível que estas questões ainda caiam em provas e concursos.

Advirta-se por fim que essa modificação legislativa terá impacto também na questão da união estável do menor de 16 anos, isto porque, aparentemente a lei não proibiu o reconhecimento da família de fato.

Atenção: os comentários acima refletem a opinião do autor neste momento, porém a doutrina e a jurisprudência deverão ainda definir melhor estas questões, tendo em vista que muitos doutrinadores divergem do nosso posicionamento ao considerarmos o casamento inexistente (muitos consideram nulo).

Lição 5
DO CASAMENTO:
EFICÁCIA E EFEITOS JURÍDICOS

Sumário: 1. Efeitos jurídicos do casamento; 1.1 Efeitos sociais do casamento; 1.2 Efeitos pessoais do casamento; 1.3 Efeitos patrimoniais do casamento – 2. Deveres recíprocos dos cônjuges – 3. Direção da sociedade conjugal.

1. EFEITOS JURÍDICOS DO CASAMENTO

Do casamento decorrem inúmeros efeitos jurídicos, alguns de caráter social, outros de caráter pessoal e outros de caráter estritamente patrimonial.

Vale lembrar que o casamento, além de um fato jurídico, é essencialmente um fato social de grande relevância não só para os cônjuges, como também para a sociedade e o Estado.

A família é um fato natural e, conforme já mencionamos, ela existe antes mesmo do direito. Ocorre que pela sua importância o Estado passou a normatizar suas relações, estabelecendo normas aplicáveis aos cônjuges, à prole e ao patrimônio do casal, conforme veremos a seguir.

1.1 Efeitos sociais do casamento

O principal efeito social do casamento é a constituição da família que, neste caso, chama-se legítima ou matrimonial. Ao utilizarmos o termo "família legítima" não estamos com isso dizendo que as outras formas de família são ilegítimas. Isso deve ser entendido como a família decorrente do casamento civil, aquele com as formalidades da lei, apenas e tão somente para diferenciar dos outros tipos de família, tais como a convivencial ou mesmo a monoparental.

Além disso, o casamento legaliza as relações sexuais do casal ao prever a fidelidade recíproca (ver CC, art. 1.566, I);[1] faz presumir que os filhos nascidos na constância do casamento, sejam os naturais ou os por inseminação artificial, são do casal (CC, art. 1.597);[2] antecipa a maioridade (ver CC, art. 5º, parágrafo único, II) e estabelece o vínculo da afinidade entre o cônjuge e os parentes do outro cônjuge (CC, art. 1.595).[3]

Aqui se inclui também o planejamento familiar como um dos efeitos sociais do casamento (ver CF, art. 226, § 7º e CC art. 1.565, § 2º).

1.2 Efeitos pessoais do casamento

O principal efeito pessoal que decorre do casamento é o estabelecimento da comunhão plena de vida, com base na igualdade de direitos e deveres dos cônjuges (CC, art. 1.511).[4]

Por conseguinte, o primeiro dever do cônjuge é o de respeito à união exclusiva como decorrência da fidelidade recíproca (art. 1.566, I – ver NR1). Ademais, há ainda, como decorrência do princípio da igualdade entre os cônjuges, a responsabilidade conjunta pela direção da sociedade conjugal (CC, art. 1.567),[5] bem como a responsabilidade pelos encargos da família (ver CC, art. 1.565, *caput*).

---

1. CC, Art. 1.566. São deveres de ambos os cônjuges:

   I – fidelidade recíproca;

   II – vida em comum, no domicílio conjugal;

   III – mútua assistência;

   IV – sustento, guarda e educação dos filhos;

   V – respeito e consideração mútuos.

2. CC, Art. 1.597. Presumem-se concebidos na constância do casamento os filhos:

   I – nascidos cento e oitenta dias, pelo menos, depois de estabelecida a convivência conjugal;

   II – nascidos nos trezentos dias subsequentes à dissolução da sociedade conjugal, por morte, separação judicial, nulidade e anulação do casamento;

   III – havidos por fecundação artificial homóloga, mesmo que falecido o marido;

   IV – havidos, a qualquer tempo, quando se tratar de embriões excedentários, decorrentes de concepção artificial homóloga;

   V – havidos por inseminação artificial heteróloga, desde que tenha prévia autorização do marido.

3. CC, Art. 1.595. Cada cônjuge ou companheiro é aliado aos parentes do outro pelo vínculo da afinidade.

   § 1º O parentesco por afinidade limita-se aos ascendentes, aos descendentes e aos irmãos do cônjuge ou companheiro.

   § 2º Na linha reta, a afinidade não se extingue com a dissolução do casamento ou da união estável.

4. CC, Art. 1.511. O casamento estabelece comunhão plena de vida, com base na igualdade de direitos e deveres dos cônjuges.

5. CC, Art. 1.567. A direção da sociedade conjugal será exercida, em colaboração, pelo marido e pela mulher, sempre no interesse do casal e dos filhos.

   Parágrafo único. Havendo divergência, qualquer dos cônjuges poderá recorrer ao juiz, que decidirá tendo em consideração aqueles interesses.

LIÇÃO 5 • DO CASAMENTO: EFICÁCIA E EFEITOS JURÍDICOS

Outro aspecto dos efeitos pessoais é a possibilidade de qualquer dos nubentes, querendo, acrescer ao seu o sobrenome do outro (art. 1.565, § 1º).[6]

1.3 Efeitos patrimoniais do casamento

No tocante aos efeitos patrimoniais, podemos dizer que os principais efeitos são o dever conjunto de sustento da família (CC, art. 1.568);[7] o dever alimentar recíproco (CC, art. 1.694, *caput*);[8] e a forma de escolha quanto ao regime de bens que deve vigorar na constância do casamento (CC, art. 1.639, *caput*).[9]

Outro efeito patrimonial é a possibilidade de instituição do bem de família voluntário (CC, art. 1.711).[10]

Ainda com vista a proteger o patrimônio comum dos cônjuges e a condição de sobrevivência do sobrevivo, o Código estabelece algumas regras que visam garantir esses objetivos, que são as seguintes:

---

6. CC, Art. 1.565. Pelo casamento, homem e mulher assumem mutuamente a condição de consortes, companheiros e responsáveis pelos encargos da família.

§ 1º Qualquer dos nubentes, querendo, poderá acrescer ao seu o sobrenome do outro.

§ 2º O planejamento familiar é de livre decisão do casal, competindo ao Estado propiciar recursos educacionais e financeiros para o exercício desse direito, vedado qualquer tipo de coerção por parte de instituições privadas ou públicas.

7. CC, Art. 1.568. Os cônjuges são obrigados a concorrer, na proporção de seus bens e dos rendimentos do trabalho, para o sustento da família e a educação dos filhos, qualquer que o regime patrimonial.

8. CC, Art. 1.694. Podem os parentes, os cônjuges ou companheiros pedir uns aos outros os alimentos de que necessitem para viver de modo compatível com a sua condição social, inclusive para atender às necessidades de sua educação.

§ 1º Os alimentos devem ser fixados na proporção das necessidades do reclamante e dos recursos da pessoa obrigada.

§ 2º Os alimentos serão apenas os indispensáveis à subsistência, quando a situação de necessidade resultar de culpa de quem os pleiteia.

9. CC, Art. 1.639. É lícito aos nubentes, antes de celebrado o casamento, estipular, quanto aos seus bens, o que lhes aprouver.

§ 1º O regime de bens entre os cônjuges começa a vigorar desde a data do casamento.

§ 2º É admissível alteração do regime de bens, mediante autorização judicial em pedido motivado de ambos os cônjuges, apurada a procedência das razões invocadas e ressalvados os direitos de terceiros.

10. CC, Art. 1.711. Podem os cônjuges, ou a entidade familiar, mediante escritura pública ou testamento, destinar parte de seu patrimônio para instituir bem de família, desde que não ultrapasse um terço do patrimônio líquido existente ao tempo da instituição, mantidas as regras sobre a impenhorabilidade do imóvel residencial estabelecida em lei especial.

Parágrafo único. O terceiro poderá igualmente instituir bem de família por testamento ou doação, dependendo a eficácia do ato da aceitação expressa de ambos os cônjuges beneficiados ou da entidade familiar beneficiada.

a) Alienação de bens:

O Código Civil estabelece a necessidade de anuência do outro cônjuge para poder alienar, prestar fiança ou fazer doações (CC, art. 1.647).[11]

Atenção: essa imposição não se aplica aos casados pelo regime de separação absoluta de bens.

b) Herdeiro necessário:

O Código Civil elevou o cônjuge sobrevivo à condição de herdeiro necessário (CC, art. 1.845),[12] o que impede que o outro cônjuge possa dispor por testamento de mais da metade de seu patrimônio (ver CC, art. 1.789 e art. 1.846[13]).

c) Direito na sucessão do outro cônjuge:

Além de ter alçado o cônjuge à condição de herdeiro necessário, também lhe outorgou direito de participação, "por direito próprio", na sucessão do outro cônjuge.

Atenção: o cônjuge sobrevivente, na ausência de ascendentes e descentes herdará a totalidade da herança, independente do regime de bens (CC, art. 1.829, I, II e III).[14]

d) Direito real de habitação:

Visando garantir o direito de moradia e a dignidade do cônjuge supérstite, a lei estabelece que, qualquer que seja o regime de bens, o sobrevivente

---

11. CC, Art. 1.647. Ressalvado o disposto no art. 1.648, nenhum dos cônjuges pode, sem autorização do outro, exceto no regime da separação absoluta:

    I – alienar ou gravar de ônus real os bens imóveis;

    II – pleitear, como autor ou réu, acerca desses bens ou direitos;

    III – prestar fiança ou aval;

    IV – fazer doação, não sendo remuneratória, de bens comuns, ou dos que possam integrar futura meação.

    Parágrafo único. São válidas as doações nupciais feitas aos filhos quando casarem ou estabelecerem economia separada.

12. CC, Art. 1.845. São herdeiros necessários os descendentes, os ascendentes e o cônjuge.

13. CC, Art. 1.846. Pertence aos herdeiros necessários, de pleno direito, a metade dos bens da herança, constituindo a legítima.

14. CC, Art. 1.829. A sucessão legítima defere-se na ordem seguinte:

    I – aos descendentes, em concorrência com o cônjuge sobrevivente, salvo se casado este com o falecido no regime da comunhão universal, ou no da separação obrigatória de bens (art. 1.640, parágrafo único); ou se, no regime da comunhão parcial, o autor da herança não houver deixado bens particulares;

    II – aos ascendentes, em concorrência com o cônjuge;

    III – ao cônjuge sobrevivente;

    IV – aos colaterais;

LIÇÃO 5 • DO CASAMENTO: EFICÁCIA E EFEITOS JURÍDICOS

terá esse direito real de moradia desde que seja o único imóvel a inventariar (CC, art. 1.831).[15]

2. DEVERES RECÍPROCOS DOS CÔNJUGES

Os deveres de ambos os cônjuges estão estabelecidos no art. 1.566 do Código Civil e visam, primacialmente, a garantir a estabilidade do casamento.

A violação desses deveres poderá implicar em sérias consequências para o infrator, tais como a perda da guarda de filhos, suspensão ou mesmo perda do poder familiar, o pagamento de pensão alimentícia etc.

Embora os deveres conjugais possam ser vários, todos de cunho ético e social, o legislador procurou positivar aqueles que considerou principais, que estão previstos no art. 1.566 do Código Civil (ver NR-1), quais sejam:

a) **Fidelidade recíproca:**

A fidelidade recíproca decorre do caráter monogâmico do casamento no nosso sistema jurídico. Essa é uma típica obrigação de não fazer tendo em vista ser exigido de cada cônjuge que se abstenha de ter relações sexuais com outras pessoas durante a constância do casamento (ver CC, art. 1.566, I).

b) **Vida em comum no domicílio conjugal:**

Esta obrigação está intimamente ligada ao dever de coabitação, tendo em vista a necessidade de comunhão de vida e a perpetuação da família através de sua prole (ver CC, art. 1.566, II).

Atenção: este dever não é absoluto, tendo em vista que na atualidade muitas vezes o marido ou mesmo a esposa podem ter necessidade de se ausentar do lar conjugal por longos períodos, especialmente em razão de trabalho, de estudos ou mesmo em face de doenças, sem que isso implique na quebra do dever de vida em comum (CC, art. 1.569).[16]

c) **Mútua assistência:**

A mútua assistência deve ser entendida no seu sentido mais amplo, pois ela compreende tanto a assistência material, quanto a moral e a espiritual.

---

15. CC, Art. 1.831. Ao cônjuge sobrevivente, qualquer que seja o regime de bens, será assegurado, sem prejuízo da participação que lhe caiba na herança, o direito real de habitação relativamente ao imóvel destinado à residência da família, desde que seja o único daquela natureza a inventariar.

16. CC, Art. 1.569. O domicílio do casal será escolhido por ambos os cônjuges, mas um e outro podem ausentar-se do domicílio conjugal para atender a encargos públicos, ao exercício de sua profissão, ou a interesses particulares relevantes.

Assim, o que se espera dos cônjuges é que ambos se auxiliem reciprocamente em todos os momentos da vida em comum (ver CC, art. 1.566, III).

d) Sustento, guarda e educação dos filhos:

Este é um dever que existe durante o casamento e permanece mesmo após a separação ou o divórcio (ver CC, art. 1.579 e 1.632). Estes são deveres, mas ao mesmo tempo são também direitos, na exata medida em que os pais têm o direito de ter os filhos em sua companhia e isso não se modifica mesmo que sobrevenha um novo casamento (CC, art. 1.636).[17]

e) Respeito e consideração mútua:

É condição primeira da convivência do casal, pois não há como estabelecer uma comunhão plena de vida se não houver respeito e consideração mútua (ver CC, art. 1.511 – NR-4). Dessa forma, qualquer ato que importe desrespeito aos direitos da personalidade do outro cônjuge, poderão ser classificados como atentatórios à dignidade do outro cônjuge, sendo passível até de condenação do infrator por dano moral.

3. DIREÇÃO DA SOCIEDADE CONJUGAL

A direção da sociedade conjugal será exercida por ambos os cônjuges, um em colaboração com o outro, no interesse da própria família, nos termos da igualdade entre os cônjuges prevista na Constituição Federal de 1988, cabendo ao judiciário, na eventualidade de divergência, solucionar a controvérsia (ver CC, art. 1.567 – NR-5).

Essa regra comporta exceção quando houver provada impossibilidade que recaia sobre um dos cônjuges, quando então a responsabilidade pela direção e administração da família caberá exclusivamente ao outro (CC, art. 1.570).[18]

---

17. CC, Art 1.636. O pai ou a mãe que contrai novas núpcias, ou estabelece união estável, não perde, quanto aos filhos do relacionamento anterior, os direitos ao poder familiar, exercendo-os sem qualquer interferência do novo cônjuge ou companheiro.

    Parágrafo único. Igual preceito ao estabelecido neste artigo aplica-se ao pai ou à mãe solteiros que casarem ou estabelecerem união estável.

18. CC, Art. 1.570. Se qualquer dos cônjuges estiver em lugar remoto ou não sabido, encarcerado por mais de cento e oitenta dias, interditado judicialmente ou privado, episodicamente, de consciência, em virtude de enfermidade ou de acidente, o outro exercerá com exclusividade a direção da família, cabendo-lhe a administração dos bens.

LIÇÃO 6
DISSOLUÇÃO DA SOCIEDADE E DO VÍNCULO CONJUGAL

Sumário: 1. Do desquite ao divórcio: breve histórico – 2. A lei do divórcio – 3. Separação judicial ainda existe? – 4. Causas de extinção da sociedade conjugal – 5. O divórcio – 6. Especificidades sobre o divórcio.

1. DO DESQUITE AO DIVÓRCIO: BREVE HISTÓRICO

Ao tempo do Código Civil de 1916, o casamento era indissolúvel, isto é, as pessoas casavam e a lei garantia que "só a morte as separaria".

No Código Civil de 1916, para a separação do casal havia a figura do desquite, tanto amigável quanto litigioso, como forma de pôr fim à sociedade conjugal. Com o desquite, os cônjuges estavam autorizados a se separarem, acertavam a partilha de bens, resolviam a questão da guarda e alimentos com relação aos filhos, porém mantinham o vínculo conjugal intacto.

O casal que promovia o desquite ficava numa situação interessante, pois não eram casados nem eram solteiros, faziam parte de uma categoria diferente chamada desquitados, que, por sinal, não podiam casar novamente.

O vetusto *civile codex* previa em seu art. 317 as causas que seriam aptas a motivar o desquite: o adultério, a tentativa de morte, sevícia ou injúria grave e abandono voluntário do lar conjugal. Também havia a previsão do desquite por mútuo consentimento (art. 318).

Aliás, a indissolubilidade do casamento passou a ser matéria constitucional a partir da Constituição de 1934 e assim permaneceu até a Constituição de 1967 (alterada pela Emenda Constitucional nº 1 de 1969). Portanto, antes de aprovar a lei do divórcio no Brasil foi preciso alterar o texto constitucional vigente à época, o que ocorreu com a Emenda Constitucional nº 9, de 28 de junho de 1977.

Após a Emenda nº 9, o novo texto constitucional ficou assim redigido: "o casamento somente poderá ser dissolvido, nos casos expressos em lei, desde que haja prévia separação judicial por mais de três anos" (nova redação do art. 175, § 1º).

Com a previsão constitucional de dissolubilidade do casamento, passou às mãos do legislador ordinário a tarefa de regulamentar o texto constitucional, o que acabou acontecendo com a Lei nº 6.515, de 26 de dezembro de 1977, de autoria do Senador Nelson Carneiro.

> **Vale rememorar**: o desquite era um processo judicial pelo qual os côn-juges se separavam legalmente, partilhavam os bens, regulamentavam guarda, visita e alimentos para os filhos e outras questões, porém não dissolvia o casamento. Quer dizer, a pessoa que era casada depois do desquite passava a ser desquitada. Como o casamento não era dissolvido, a pessoa desquitada não podia realizar novo casamento.

2. A LEI DO DIVÓRCIO

O divórcio foi aprovado no Brasil pela Emenda Constitucional nº 9, de 28 de junho de 1977. Depois foi regulamentada pela Lei nº 6.515, de 26 de dezembro de 1977 (Lei do Divórcio), que disciplinou a forma de processamento da dissolução do casamento pelo divórcio.

Conforme o texto constitucional mencionado, instituiu-se o divórcio no Brasil, porém àquela época havia um estágio obrigatório para se chegar a ele – a prévia separação judicial. Quer dizer, se alguém não mais pretendesse perma-necer casado tinha que promover a ação de separação judicial para por fim aos deveres inerentes ao casamento, mas que não dissolvia o vínculo conjugal. Depois de passados três anos da decretação da separação, o interessado deveria pedir conversão da separação em divórcio e, agora sim, a pessoa estava completamente livre para casar-se novamente.

A Constituição de 1988 significou um avanço, pois embora tenha mantida a obrigatoriedade da separação como condição prévia para a obtenção do di-vórcio, trouxe modificação importante no prazo e na forma, estabelecendo que o divórcio podia ser concedido "após prévia separação judicial por mais de um ano nos casos expressos em lei, ou comprovada separação de fato por mais de dois anos" (CF, art. 226, § 6º, redação original).

Assim, a partir de 1988, para a concessão do divórcio, bastava um ano de separação judicial ou comprovar a separação de fato pelo lapso temporal de dois anos.

LIÇÃO 6 • DISSOLUÇÃO DA SOCIEDADE E DO VÍNCULO CONJUGAL

Em 2007 houve outra alteração importante, pois a Lei nº 11.441 instituiu o divórcio e a separação extrajudicial, isto é, pela via administrativa. O casal que estivesse de comum acordo e que não tivesse filhos menores ou incapazes não mais dependeria da via judicial como forma de se separar. Bastava comparecer no Cartório de Notas, acompanhado de um advogado, e apresentar o pedido de separação ou divórcio que seria lavrada a escritura pública com os mesmos efeitos de uma sentença judicial.

Por fim, em 14 de julho de 2010, entra em vigor a Emenda Constitucional nº 66,[1]1 que alterou o § 6º do art. 226, para dele suprimir qualquer referência a prazos e formas de concessão do divórcio, de sorte que a atual redação ficou assim: "o casamento civil pode ser dissolvido pelo divórcio".

Parece que referida emenda disse pouco, porém não é assim. O texto como ficou redigido acabou de uma só vez com a obrigatoriedade da separação prévia (judicial ou de fato) e com qualquer alusão a lapso temporal, como condição para ser pleiteado o divórcio.

Resumindo a importância da alteração legislativa causada pela Emenda nº 66, basta dizer que a pessoa pode casar hoje e pedir divórcio (judicial ou extrajudicial) amanhã sem necessidade de justificar absolutamente nada.

3. SEPARAÇÃO JUDICIAL AINDA EXISTE?

A quase unanimidade da doutrina e da jurisprudência diz não! Para essa unanimidade a separação judicial ou extrajudicial não teria mais nenhum sentido em existir e considera que os textos do Código Civil que a ela se referem restaram derrogados pela Emenda Constitucional nº 66, por total incompatibilidade com o novo texto Constitucional.[2]

Dessa forma, o art. 1.571, III; os arts. 1.572 a 1.578; o art. 1.580; e os arts. 1.702 e 1.704 do Código Civil estariam todos derrogados por incompatibilidade com o novo texto constitucional, partindo-se de uma interpretação histórica, sociológica, sistêmica e teleológica da questão.

O principal argumento a favor dessa tese é que a separação, de fato ou judicial, era um estágio para a obtenção do divórcio. Se agora se pode pedir o divórcio

---

1. A proposta do projeto de Emenda Constitucional foi de iniciativa do Instituto Brasileiro de Direito de Família (IBDFAM) e apresentada ao Congresso Nacional, primeiro pelo Deputado Antônio Carlos Biscaia (PEC 413/2005) e, posteriormente, reapresentada pelo Deputado Sérgio Barradas Carneiro (PEC 33/2007).

2. Apenas para registro, são defensores dessa tese os eminentes civilistas Carlos Roberto Gonçalves, Zeno Veloso, Paulo Lobo, Rodrigo da Cunha Pereira, Maria Berenice Dias e tantos outros.

sem nenhuma exigência de separação prévia (legal ou fática), tal instituto restaria uma inutilidade.

Aduzem ainda que a inovação trazida pela Emenda n° 66 aboliu também a necessidade de qualquer discussão subjetiva sobre a separação do casal, de sorte que não há mais espaço para a discussão acerca da culpa pelo término da relação conjugal. Se houver culpado e disso restaram danos a um dos cônjuges, a questão é de responsabilidade civil e se resolve através de ação própria de indenização por dano material ou moral, não mais atrelada ao divórcio.

Dentre os argumentos daqueles que ainda entendem que a separação judicial continua a existir, podemos destacar três dentre as hipóteses por eles aventadas: se o legislador desejasse expurgar do ordenamento jurídico a separação judicial teria feito constar expressamente no texto da Emenda n° 66; que o casal por ser religioso e em face da sua religião pode preferir a separação, porque o casamento segundo sua fé seria indissolúvel; e, finalmente, que a separação, de direito ou de fato, permitiria ao casal se reconciliar se assim o desejasse, mantendo o casamento.

Com todo o respeito que merecem os contrários, esses argumentos são pueris. Explico: a derrogação de lei não se dá somente de forma expressa, pois há a derrogação tácita e por incompatibilidade hierárquica; a questão religiosa embora importante é questão de foro íntimo e não argumento jurídico para justificar a manutenção da separação; e a possibilidade de reconciliação também não se sustenta porque se o casal que se divorciou quiser se reconciliar é só casar novamente.

Apesar desse nosso posicionamento é preciso alertar que o Superior Tribunal de Justiça (STJ), já decidiu, pelo voto da ministra Isabel Gallotti, que a única alteração promovida pela EC-66 foi a supressão do requisito temporal e do sistema bifásico para que o casamento pudesse ser dissolvido pelo divórcio. A quarta turma acompanhou esse entendimento pelo qual a separação judicial continuaria existindo sendo uma opção do casal.[3]

> **Atenção:** Essa matéria está em discussão no STF que irá dizer se a separação judicial como requisito para o divórcio e sua subsistência como figura autônoma no ordenamento jurídico brasileiro ainda deve existir mesmo após a promulgação da EC n° 66/2010 (Tema 1053).

---

3. STJ, Resp. n° 1247098 – MS (2011/0074787-0), relatora Ministra Maria Isabel Gallotti, j. 14/3/2017.

4. CAUSAS DE EXTINÇÃO DA SOCIEDADE CONJUGAL

As causas que determinam o término da sociedade conjugal se encontram elencadas no art. 1.571[4] do Código e, depois da EC nº 66, são as mesmas da dissolução do vínculo matrimonial, que são:

a) **Morte de um dos cônjuges:**

A primeira causa de dissolução do vínculo matrimonial é a morte, que pode ser real ou mesmo presumida nos casos em que a lei assim autorizar (ver CC, art. 1.571, § 1ª, parte final).

b) **Nulidade ou anulação do casamento:**

Se o casamento é nulo, ou sendo anulável, foi proposta ação que reconheceu sua imperfeição, o casamento está desfeito e as partes voltam ao *status quo ante* como se nunca tivessem casados (causas de anulação e de nulidade, ver a Lição 4).

c) **Divórcio:**

Que pode ser litigioso ou consensual, judicial ou extrajudicial, conforme veremos a seguir.

5. O DIVÓRCIO

Como visto acima é uma das causas de término da sociedade conjugal, dissolvendo o casamento e deixando inalteráveis os direitos e deveres dos pais em relação aos filhos (CC, art. 1.579),[5] podendo ser das seguintes espécies:

a) **Divórcio litigioso:**

Se não há acordo entre as partes e, portanto, o divórcio é litigioso, só se pode processar pela via judicial. Neste as partes não chegam a um acordo

---

4. CC, Art. 1.571. A sociedade conjugal termina:

I – pela morte de um dos cônjuges;

II– pela nulidade ou anulação do casamento;

III– pela separação judicial (derrogando pela EC-66, na nossa opinião);

IV – pelo divórcio.

§ 1º O casamento válido só se dissolve pela morte de um dos cônjuges ou pelo divórcio, aplicando-se a presunção estabelecida neste Código quanto ao ausente.

§ 2º Dissolvido o casamento pelo divórcio direto ou por conversão, o cônjuge poderá manter o nome de casado; salvo, no segundo caso, dispondo em contrário a sentença de separação judicial.

5. CC, Art. 1.579. O divórcio não modificará os direitos e deveres dos pais em relação aos filhos. Parágrafo único. Novo casamento de qualquer dos pais, ou de ambos, não poderá importar restrições aos direitos e deveres previstos neste artigo.

sobre a forma de separação, a destinação dos bens, guarda e regulação de visitas dos filhos, alimentos etc.

Ação cautelar: antes da ação de divórcio ou mesmo nela incidentalmente, pode a parte requerer a medida cautelar de separação de corpos, que será concedida pelo juiz com a máxima brevidade (CC, art. 1.562).[6]

Atenção: a falta de acordo com relação a partilha dos bens, assim como com relação à guarda e regulação de visitas, bem como outras pendências, não impede a concessão do divórcio (CC, art. 1.581).[7]

Competência: tanto para o divórcio litigioso quanto consensual, a competência para a propositura da demanda é a do foro do domicílio do guardião do filho incapaz; do último domicílio do casal, caso não haja filho incapaz; ou do domicílio do réu, se nenhuma das partes residir no antigo domicílio do casal (ver CPC, art. 53).

b) **Divórcio consensual judicial** (amigável):

Quando o casal está de comum acordo com relação ao divórcio, podem propor a ação judicial de divórcio consensual, mas é um contrassenso já que pode fazê-lo pela via extrajudicial. Porém se o casal possui filhos menores ou incapazes, ainda que estejam de acordo com o divórcio, a lei exige seja o divórcio realizado judicialmente em nome da preservação dos interesses dos incapazes envolvidos, inclusive com participação do MP. Nesse caso, não é opção do casal, é imposição de lei.

c) **Divórcio consensual extrajudicial:**

Se o casal está de comum acordo não só com o divórcio, mas também com relação às outras questões atinentes à dissolução da sociedade conjugal, poderá optar pelo divórcio extrajudicial, realizado mediante escritura pública, lavrada em cartório de nota, independe de homologação judicial e servirá como título hábil para as alterações junto ao registro civil e o registro de imóveis ou mesmo perante outras instituições.

Atenção: o procedimento consensual não pode ser realizado em cartório caso haja filhos do casal menores ou incapazes. Além disso, também não poderá utilizar esse procedimento se a esposa estiver grávida. Nesse

---

6. CC, Art. 1.562. Antes de mover a ação de nulidade do casamento, a de anulação, a de separação judicial, a de divórcio direto ou a de dissolução de união estável, poderá requerer a parte, comprovando sua necessidade, a separação de corpos, que será concedida pelo juiz a parte, comprovando sua necessidade, a separação de corpos, que será concedida pelo juiz com a possível brevidade.

7. CC, Art. 1.581. O divórcio pode ser concedido sem que haja prévia partilha de bens.

LIÇÃO 6 • DISSOLUÇÃO DA SOCIEDADE E DO VÍNCULO CONJUGAL **65**

sentido é o que prescreve o CPC e também a Resolução CNJ nº 220, de 26.04.2016.

Importante: mesmo sendo extrajudicial o divórcio, assistência de um advogado (ou defensor público) é obrigatória, podendo ser comum as partes ou um advogado para cada uma delas (CPC, art. 733, § 2º).[8]

6. ESPECIFICIDADES SOBRE O DIVÓRCIO

A **ação de divórcio é de caráter personalíssima**, portanto, compete somente aos próprios envolvidos, admitindo-se excepcionalmente que, na eventualidade de incapacidade de um dos cônjuges, possa fazê-lo o curador, o ascendente ou mesmo os irmãos, uns na falta dos outros (CC, art. 1.582).[9]

Ademais estabelece o nosso diploma civil que o divórcio em nada modificará os direitos e deveres dos pais em relação aos filhos, assim como o novo casamento de qualquer deles, ou mesmo de ambos, não poderá importar restrições aos direitos e deveres que lhes são próprios (ver CC, art. 1.579).

Pode ainda suscitar discussões a questão do uso do sobrenome de casado pelo cônjuge divorciado. Contudo, é preciso rememorar que o nome e o sobrenome são direitos personalíssimos, inerente à pessoa humana, de sorte a afirmar que a opção de manutenção do nome de casado, ou não, é do cônjuge divorciando (não esquecer que o art. 1.578 do Código Civil foi revogado por incompatibilidade com a EC nº 66).[10]

Atenção: assim como o casamento pode ser realizado por procuração, o divórcio também pode. Quer dizer, é perfeitamente possível fazer divórcio, judicial ou extrajudicial, por procuração com um dos cônjuges residindo no exterior ou em outro estado, devendo as partes, providenciar a procuração no cartório ou consulado.

---

8. CPC, Art. 733. O divórcio consensual, a separação consensual e a extinção consensual de união estável, não havendo nascituro ou filhos incapazes e observados os requisitos legais, poderão ser realizados por escritura pública, da qual constarão as disposições de que trata o art. 731.

   § 1º A escritura não depende de homologação judicial e constitui título hábil para qualquer ato de registro, bem como para levantamento de importância depositada em instituições financeiras.

   § 2º O tabelião somente lavrará a escritura se os interessados estiverem assistidos por advogado ou por defensor público, cuja qualificação e assinatura constarão do ato notarial.

9. CC, Art. 1.582. O pedido de divórcio somente competirá aos cônjuges.

   Parágrafo único. Se o cônjuge for incapaz para propor a ação ou defender-se, poderá fazê-lo o curador, o ascendente ou o irmão.

10. Essa é a nossa opinião, embora possa existir opiniões em contrário.

LIÇÃO 7
DA PROTEÇÃO
DA PESSOA DOS FILHOS

Sumário: 1. Da proteção da pessoa dos filhos – 2. Tipos de guarda – 3. Proteção dos filhos na separação ou no divórcio – 4. Situação do cônjuge culpado – 5. Direito de visita – 6. Síndrome da alienação parental – 7. Abandono moral ou afetivo – 8. Incapazes.

1. DA PROTEÇÃO DA PESSOA DOS FILHOS

O Código Civil, depois de regular as questões atinentes à separação judicial e ao divórcio, dedica um capítulo à proteção dos filhos, cujos interesses deverão prevalecer em relação aos pais, podendo o juiz adotar as medidas que melhor atendam aos interesses do menor.

Na eventual separação dos pais, seja de fato ou decorrente do divórcio, os filhos têm o direito de convivência com os dois. Quer dizer, a separação é do casal e não dos pais em relação aos seus filhos.

Muito embora o capítulo tenha o título "da proteção da pessoa dos filhos", a bem da verdade é um capítulo que somente trata da guarda da criança nos casos de separação de seus pais, conforme veremos a seguir.

2. TIPOS DE GUARDA

A guarda é a atribuição aos pais separados que lhes impõe o dever de cuidados, proteção, educação e convivência com os filhos menores ou incapazes.

A decisão concessiva da guarda pode ser modificada a qualquer tempo. Assim, o guardião de hoje não será necessariamente o de amanhã. O juiz, sempre em nome do melhor interesse da criança, poderá modificar a guarda quando ficar comprovado que aquele que detém a guarda não trata convenientemente a criança, assim também quando de alguma forma for constatado a ocorrência de abuso de direito.

Quando exercido somente por um dos pais, ou por terceiros, dizemos que a guarda é unilateral. Quando for possível estabelecer a guarda conjunta para ambos os pais, diremos que a guarda é compartilhada. Nessa perspectiva o Código Civil estabelece:

a) Guarda unilateral ou exclusiva:

Até o advento da Lei nº 13.058/14 o que prevalecia na prática forense era a guarda unilateral ou exclusiva que poderia ser fixada de comum acordo ou mesmo quando a separação era litigiosa. Nesse sistema a guarda é atribuída a um dos genitores, especialmente quando não há consenso entre os cônjuges ou companheiros (CC, art. 1583, § 1º, 1ª parte),[1] e que permite àquele que não fique com a guarda, o direito de supervisão dos interesses do filho (ver CC, art. 1583, § 5º),[2] bem como o direito de visita regulares, dentre outros (CC, art. 1.583[3] c/c art. 1.589[4]).

---

1. CC, Art. 1.583. A guarda será unilateral ou compartilhada.
   § 1º Compreende-se por guarda unilateral a atribuída a um só dos genitores ou a alguém que o substitua (art. 1.584, § 5º) e, por guarda compartilhada a responsabilização conjunta e o exercício de direitos e deveres do pai e da mãe que não vivam sob o mesmo teto, concernentes ao poder familiar dos filhos comuns.
   (omissis)...

2. A guarda unilateral obriga o pai ou a mãe que não a detenha a supervisionar os interesses dos filhos, e, para possibilitar tal supervisão, qualquer dos genitores sempre será parte legítima para solicitar informações e/ou prestação de contas, objetivas ou subjetivas, em assuntos ou situações que direta ou indiretamente afetem a saúde física e psicológica e a educação de seus filhos.

3. CC, Art. 1.583. A guarda será unilateral ou compartilhada.
   § 1º Compreende-se por guarda unilateral a atribuída a um só dos genitores ou a alguém que o substitua (art. 1.584, § 5º) e, por guarda compartilhada a responsabilização conjunta e o exercício de direitos e deveres do pai e da mãe que não vivam sob o mesmo teto, concernen-tes ao poder familiar dos filhos comuns.
   § 2º Na guarda compartilhada, o tempo de convívio com os filhos deve ser dividido de forma equilibrada com a mãe e com o pai, sempre tendo em vista as condições fáticas e os interesses dos filhos:
   § 3º Na guarda compartilhada, a cidade considerada base de moradia dos filhos será aquela que melhor atender aos interesses dos filhos.
   § 4º (VETADO pela lei no 11.698/08)
   § 5º A guarda unilateral obriga o pai ou a mãe que não a detenha a supervisionar os interesses dos filhos, e, para possibilitar tal supervisão, qualquer dos genitores sempre será parte legítima para solicitar informações e/ou prestação de contas, objetivas ou subjetivas, em assuntos ou situações que direta ou indiretamente afetem a saúde física e psicológica e a educação de seus filhos.

4. CC, Art. 1.589. O pai ou a mãe, em cuja guarda não estejam os filhos, poderá visitá-los e tê-los em sua companhia, segundo o que acordar com o outro cônjuge, ou for fixado pelo juiz, bem como fiscalizar sua manutenção e educação.
   Parágrafo único. O direito de visita estende-se a qualquer dos avós, a critério do juiz, observados os interesses da criança ou do adolescente.

LIÇÃO 7 • DA PROTEÇÃO DA PESSOA DOS FILHOS **69**

Atenção: atribuir a guarda unilateral a quem tenha melhores condições de exercê-la, não significa considerar somente as condições financeiras. O juiz deverá levar em conta os mais diversos fatores que possam influir no desenvolvimento psicossocial da criança, especialmente no que diz respeito ao afeto e à proximidade com o genitor escolhido e seu grupo familiar, considerando ainda outros fatores sociais, morais, educacionais e psicológicos que possam influir no desenvolvimento saudável da criança.

b) Guarda compartilhada:

Foi uma inovação introduzida timidamente pela Lei nº 11.698/08, que alterou o Código Civil naquela oportunidade para fazer constar a guarda compartilhada como "a responsabilização conjunta e o exercício de direitos e deveres do pai e da mãe que não vivam sob o mesmo teto, concernentes ao poder familiar dos filhos comuns". Em 2014 foi aprovado a Lei nº 13.058 que deu nova redação ao art. 1.584, passando a estabelecer que "quando não houver acordo entre a mãe e o pai quanto à guarda do filho, encontrando-se ambos os genitores aptos a exercer o poder familiar, será aplicada a guarda compartilhada, salvo se um dos genitores declarar ao magistrado que não deseja a guarda do menor" (CC, art. 1.584, § 2º).[5] Esse é o tipo de guarda ideal na linha do que já apontamos: quem se separa são os pais; não estes em relação aos seus filhos. É a opção preferencial

---

5. CC, Art. 1.584. A guarda, unilateral ou compartilhada, poderá ser:

I – requerida, por consenso, pelo pai e pela mãe, ou por qualquer deles, em ação autônoma de separação, de divórcio, de dissolução de união estável ou em medida cautelar;

II – decretada pelo juiz, em atenção a necessidades específicas do filho, ou em razão da distribuição de tempo necessário ao convívio deste com o pai e com a mãe.

§ 1º Na audiência de conciliação, o juiz informará ao pai e à mãe o significado da guarda compartilhada, a sua importância, a similitude de deveres e direitos atribuídos aos genitores e as sanções pelo descumprimento de suas cláusulas.

§ 2º Quando não houver acordo entre a mãe e o pai quanto à guarda do filho, encontrando-se ambos os genitores aptos a exercer o poder familiar, será aplicada a guarda compartilhada, salvo se um dos genitores declarar ao magistrado que não deseja a guarda do menor.

§ 3º Para estabelecer as atribuições do pai e da mãe e os períodos de convivência sob guarda compartilhada, o juiz, de ofício ou a requerimento do Ministério Público, poderá basear-se em orientação técnico-profissional ou de equipe interdisciplinar, que deverá visar à divisão equilibrada do tempo com o pai e com a mãe.

§ 4º A alteração não autorizada ou o descumprimento imotivado de cláusula de guarda unilateral ou compartilhada poderá implicar a redução de prerrogativas atribuídas ao seu detentor.

§ 5º Se o juiz verificar que o filho não deve permanecer sob a guarda do pai ou da mãe, deferirá a guarda a pessoa que revele compatibilidade com a natureza da medida, considerados, de preferência, o grau de parentesco e as relações de afinidade e afetividade.

§ 6º Qualquer estabelecimento público ou privado é obrigado a prestar informações a qualquer dos genitores sobre os filhos destes, sob pena de multa de R$ 200,00 (duzentos reais) a R$ 500,00 (quinhentos reais) por dia pelo não atendimento da solicitação.

adotada pelo legislador podendo o juiz impor esse tipo de guarda ao casal, quando não houver acordo entre ambos. Importa esclarecer que este tipo de guarda é a regra, mas como toda regra, comporta exceção, existem situações que acabam por impossibilitar a sua implementação, em face de peculiaridades fáticas que envolvam os pais e o filho. Nesse sentido decidiu recentemente o STJ que "impor aos pais a guarda compartilhada apenas porque atualmente se tem entendido que esse é o melhor caminho, quando o caso concreto traz informações de que os pais não têm maturidade para o exercício de tal compartilhamento, seria impor à criança a absorção dos conflitos que daí, com certeza, adviriam. E isso, longe de atender seus interesses, põe em risco seu desenvolvimento psicossocial".[6]

Importante: na guarda compartilhada poderá ser definido um lar preferencial onde a criança passará a viver, especialmente se os pais residirem em cidades ou estados diferentes. No entanto, nada obsta possa ser estabelecido que a criança residirá alternadamente na casa do pai e da mãe. Aqui o mais importante é que os pais possam decidir conjuntamente o futuro da criança, assumindo as responsabilidades pelo seu regular desenvolvimento e onde a convivência será simultânea.

Atenção: não se confunda guarda compartilhada com guarda alternada. A guarda alternada é aquela em que os pais acordam que o filho ficará com cada um deles em períodos alternados, como, por exemplo, o filho que fica com a mãe durante o período escolar e com o pai nos períodos de férias. A guarda alternada é exclusiva com os papéis dos guardiões se invertendo em cada período. Esse tipo de guarda não está regulamentado em nosso ordenamento jurídico, mas é bastante aceita pelos tribunais pátrios.

c) **Guarda atribuída a terceiros:**

Essa é também um tipo de guarda unilateral que consiste numa opção extremada que o juiz adotará quando se convencer, pelas circunstâncias do caso, de que o melhor para a criança é ficar longe da convivência com o pai e a mãe. Nesse caso, a guarda deverá ser preferencialmente deferida para aquela pessoa que revele compatibilidade com a natureza da medida, considerados, de preferência, o grau de parentesco e as relações de afinidade e afetividade com a criança (ver CC, art. 1.584, § 5º c/c art. 1.586[7]).

---

6. STJ, 3ª. Turma, rel. Min. João Otávio de Noronha, 3ª turma do STJ (o número do processo não é divulgado porque tramita em segredo de justiça). Fonte: Migalhas disponível em: <http://www.migalhas.com.br/Quentes/17,MI242332,91041-Guarda+compartilhada+e+negada+em+caso+de+desentendimento+dos+pais>.

7. CC, Art. 1.586. Havendo motivos graves, poderá o juiz, em qualquer caso, a bem dos filhos, regular de maneira diferente da estabelecida nos artigos antecedentes a situação deles para com os pais.

LIÇÃO 7 • DA PROTEÇÃO DA PESSOA DOS FILHOS **71**

Atenção: não se deve confundir a guarda regulada no Código Civil com aquela prevista no Estatuto da Criança e Adolescente (Lei nº 8.069/90). A guarda regulada no ECA é mais ampla, pois procura disciplinar a colocação de crianças abandonadas em lar substituto, regulando além da guarda os institutos da tutela e da adoção, implicando mais das vezes em perda do poder familiar para os pais (ver ECA, arts. 28 a 52).

3. PROTEÇÃO DOS FILHOS NA SEPARAÇÃO OU NO DIVÓRCIO

A separação de fato ou o divórcio dos pais em nada modificará os direitos dos filhos com relação aos seus genitores, bem como o eventual novo casamento de qualquer deles (CC, art. 1.579[8] e art. 1.588[9]).

Cabe advertir que, havendo filhos menores ou incapazes, o divórcio deverá ser obrigatoriamente judicial, tendo em vista a necessidade de maior proteção a essas pessoas indefesas.

Contudo, se a dissolução da união estável ou do casamento ocorrer de forma consensual ou de forma litigiosa, as consequências serão diferentes; vejamos:

a) **Divórcio por mútuo consentimento:**

Nesse caso o juiz homologará a vontade dos pais que, por óbvio, são os maiores interessados no bem-estar dos filhos, somente não o fazendo se o acordo for prejudicial aos interesses dos filhos menores ou incapazes. Nesse caso, o casal poderá, de comum acordo, pedir a homologação do acordo que regule tanto a guarda quanto as visitas aos filhos, bem como os alimentos e todas as demais questões que envolvam os interesses do incapaz.

Atenção: o Ministério Público auxiliará o juízo opinando no processo sobre a conveniência ou não do acordo proposto pelas partes.

b) **Divórcio litigioso:**

Não havendo acordo entre o casal, nem sendo possível a guarda compartilhada, tanto a doutrina quanto a jurisprudência se orientam no sentido de que o filho deve ser mantido com o genitor que melhores condições possa oferecer, tudo em nome de preservar os interesses do incapaz, ex-

---

8. CC, Art. 1.579. O divórcio não modificará os direitos e deveres dos pais em relação aos filhos. Parágrafo único. Novo casamento de qualquer dos pais, ou de ambos, não poderá importar restrições aos direitos e deveres previstos neste artigo.
9. CC, Art. 1.588. O pai ou a mãe que contrair novas núpcias não perde o direito de ter consigo os filhos, que só lhe poderão ser retirados por mandado judicial, provado que não são tratados convenientemente.

ceto se existir motivo grave em relação aos pais, quando então a guarda poderá ser deferida a outra pessoa (ver CC, art. 1.584, § 5º e art. 1586).

Atenção: deferir a guarda para terceiros é medida extrema que o juiz só deferirá se ficar cabalmente provado que existem motivos graves que impeçam os pais do exercício da guarda.

4. SITUAÇÃO DO CÔNJUGE CULPADO

Quando se trata da proteção aos interesses dos filhos, pouco importa indagar quem deu causa ao rompimento da convivência ou quem seja o inocente.

O que vai orientar a decisão do juiz é o princípio constitucional do "melhor interesse da criança" e da "prioridade absoluta" (CF, art. 227),[10] de sorte que a guarda poderá ser deferida até mesmo para aquele que seja culpado pela dissolução da união, se o juiz se convencer de que esta é a melhor solução.

5. DIREITO DE VISITA

O genitor que não detiver a guarda tem assegurado o direito de visita e de ter os filhos em sua companhia pela forma que seja consensualmente convencionado pelas partes no divórcio ou pela forma que tenha sido determinado pelo juiz no caso de falta de acordo entre os pais (CC, art. 1589).[11]

Esse é um direito não só dos pais que não detenham a guarda, mas também dos filhos que têm o sagrado direito de convivência com ambos os pais. Assim, a decisão que decidir a regulação de visita deverá estabelecer em que períodos o genitor não guardião ficará com a criança considerando períodos de férias e dias festivos.

O direito de visita deve ser entendido no sentido do direito que a lei assegura ao cônjuge que não tem a guarda à convivência e de ter a criança em sua companhia, bem como fiscalizar a manutenção e educação do infante (ver CC, art. 1.589).

---

10. CF, Art. 227. É dever da família, da sociedade e do Estado assegurar à criança, ao adolescente e ao jovem, com absoluta prioridade, o direito à vida, à saúde, à alimentação, à educação, ao lazer, à profissionalização, à cultura, à dignidade, ao respeito, à liberdade e à convivência familiar e comunitária, além de colocá-los a salvo de toda forma de negligência, discriminação, exploração, violência, crueldade e opressão.

11. CC, Art. 1.589. O pai ou a mãe, em cuja guarda não estejam os filhos, poderá visitá-los e tê-los em sua companhia, segundo o que acordar com o outro cônjuge, ou for fixado pelo juiz, bem como fiscalizar sua manutenção e educação.

    Parágrafo único. O direito de visita estende-se a qualquer dos avós, a critério do juiz, observados os interesses da criança ou do adolescente.

Esse também não é um direito absoluto, tendo em vista ser possível a sua limitação ou mesmo supressão toda vez que ficar comprovado de que a convivência é prejudicial ao saudável desenvolvimento da criança.

A doutrina já de longa data vinha preconizando que o direito de visitas deveria ser estendido aos avós e outros parentes próximos. Quer dizer, o direito de visitas não se esgota somente na figura do pai ou da mãe, podendo ser estendido aos demais parentes da criança e até mesmo à pessoa que não mantenha vínculo de parentesco, mas tenha afetividade com a criança. Nesse sentido o Enunciado nº 333 da IV Jornada de Direito Civil (2006): "O direito de visita pode ser estendido aos avós e pessoas com as quais a criança ou o adolescente mantenha vínculo afetivo, atendendo ao seu melhor interesse."

Por fim, a Lei nº 12.398/11 inovou acrescentando o parágrafo único ao art. 1.589 do Código Civil, que preceitua: "O direito de visita estende-se a qualquer dos avós, a critério do juiz, observados os interesses da criança ou do adolescente."

6. SÍNDROME DA ALIENAÇÃO PARENTAL

Em boa hora a Lei nº 12.318/10 positivou aquilo que a doutrina vinha denominado de síndrome de alienação parental (SAP), definindo o instituto como sendo "a interferência na formação psicológica da criança ou do adolescente promovida ou induzida por um dos genitores, pelos avós ou pelos que tenham a criança ou adolescente sob a sua autoridade, guarda ou vigilância para que repudie genitor ou que cause prejuízo ao estabelecimento ou à manutenção de vínculos com este" (art. 2º).

Nos casos de separação litigiosa, muitas vezes os ódios afloram e as pessoas envolvidas perdem a razão e com isso acabam por criar todo tipo de dificuldade com o intuito de prejudicar o ex-parceiro. Nessas circunstâncias os filhos acabam sendo usados como armas dessa disputa que visa tão somente satisfazer o desejo de vingança do cônjuge que se sentiu traído. Dessa forma é comum que o cônjuge que detém a guarda procure incutir na cabeça da criança que seu pai/mãe não presta, que não lhe dá atenção ou que lhe trocou por outra pessoa. O objetivo normalmente é conseguir que a criança passe a odiar o outro genitor.

Normalmente são adotadas outras posturas agressivas com relação ao ex--cônjuge que não detém a guarda. É muito comum sair com a criança no dia de visita, de sorte que quando o outro genitor chega à residência da criança não a encontra. Outras vezes até mudanças de cidade ou de estado ocorrem, tudo com o objetivo premeditado de impedir ou dificultar o acesso à criança por parte do outro genitor.

O legislador, ciente dessa realidade fática, definiu de forma exemplificativa as situações que podem caracterizar alienação parental (ver art. 2º, parágrafo único), sem prejuízo de que o juiz possa identificar outras formas que assim possam se enquadrar.

São formas exemplificativas de alienação parental, além dos atos assim declarados pelo juiz ou constatados por perícia, praticados diretamente ou com auxílio de terceiros: (I) realizar campanha de desqualificação da conduta do genitor no exercício da paternidade ou maternidade; (II) dificultar o exercício da autoridade parental; (III) dificultar contato de criança ou adolescente com genitor; (IV) dificultar o exercício do direito regulamentado de convivência familiar; (V) omitir deliberadamente a genitor informações pessoais relevantes sobre a criança ou adolescente, inclusive escolares, médicas e alterações de endereço; (VI) apresentar falsa denúncia contra genitor, contra familiares deste ou contra avós, para obstar ou dificultar a convivência deles com a criança ou adolescente; e (VII) mudar o domicílio para local distante, sem justificativa, visando a dificultar a convivência da criança ou adolescente com o outro genitor, com familiares deste ou com avós.

Nos demais artigos da referida lei encontramos também a regulação do procedimento judicial para apuração da ocorrência da síndrome de alienação parental (art. 4º),[12] bem como das sanções aplicáveis ao caso concreto (art. 6º).[13]

---

12. Lei nº 12.318/10, art. 4º: Declarado indício de ato de alienação parental, a requerimento ou de ofício, em qualquer momento processual, em ação autônoma ou incidentalmente, o processo terá tramitação prioritária, e o juiz determinará, com urgência, ouvido o Ministério Público, as medidas provisórias necessárias para preservação da integridade psicológica da criança ou do adolescente, inclusive para assegurar sua convivência com genitor ou viabilizar a efetiva reaproximação entre ambos, se for o caso. Parágrafo único. Assegurar-se-á à criança ou adolescente e ao genitor garantia mínima de visitação assistida, ressalvados os casos em que há iminente risco de prejuízo à integridade física ou psicológica da criança ou do adolescente, atestado por profissional eventualmente designado pelo juiz para acompanhamento das visitas.

13. Lei nº 12.318/10, art. 6º: Caracterizados atos típicos de alienação parental ou qualquer conduta que dificulte a convivência de criança ou adolescente com genitor, em ação autônoma ou incidental, o juiz poderá, cumulativamente ou não, sem prejuízo da decorrente responsabilidade civil ou criminal e da ampla utilização de instrumentos processuais aptos a inibir ou atenuar seus efeitos, segundo a gravidade do caso:
I – declarar a ocorrência de alienação parental e advertir o alienador;
II – ampliar o regime de convivência familiar em favor do genitor alienado;
III – estipular multa ao alienador;
IV – determinar acompanhamento psicológico e/ou biopsicossocial;
V – determinar a alteração da guarda para guarda compartilhada ou sua inversão;
VI – determinar a fixação cautelar do domicílio da criança ou adolescente;
VII – declarar a suspensão da autoridade parental.
Parágrafo único. Caracterizada mudança abusiva de endereço, inviabilização ou obstrução à convivência familiar, o juiz também poderá inverter a obrigação de levar para ou retirar a criança ou adolescente da residência do genitor, por ocasião das alternâncias dos períodos de convivência familiar.

LIÇÃO 7 • DA PROTEÇÃO DA PESSOA DOS FILHOS

Importante ainda esclarecer que a denúncia da ocorrência de alienação parental pode ser apresentada incidentalmente em processo já em andamento, bem como pode ser apresentada em ação autônoma. Se for apresentada em processo já em andamento, deverá ser processada em apartado em face do rito diferenciado.

Curiosidade: o termo Síndrome de Alienação Parental (SAP) foi criado pelo psiquiatra infantil Richard A. Gardner, para se referir às suas experiências clínicas no início de 1980, quando trabalhava com crianças que apresentavam como distúrbio a rejeição imotivada de um dos pais.

7. ABANDONO MORAL OU AFETIVO

Recentemente, o Judiciário foi instado a se manifestar sobre a questão de abandono moral, tendo surgido algumas decisões condenando pais que, independentemente de ter se desincumbido do ônus alimentar, faltaram com o dever de assistência moral aos seus filhos na exata medida em que se fizeram ausentes e, por via de consequência, não prestaram a devida assistência afetiva e amorosa durante o desenvolvimento da criança.[14]

Significa dizer que, além do dever alimentar, os pais têm em relação aos filhos menores o dever de assistência afetiva, emocional e de convivência, tendo em vista que a criança necessita para o seu desenvolvimento da presença de ambos os pais.

Assim, aqueles pais que vierem a descumprir com esta obrigação afetiva poderão ser responsabilizados civilmente por abandono moral nos termos da responsabilização civil em geral, prevista em nosso ordenamento jurídico (ver CC, art. 186 c/c art. 927, *caput*).

Advirta-se, contudo, que existem muitas divergências sobre a questão. Aliás, o Superior Tribunal de Justiça nas vezes que teve que decidir sobre o tema o fez de maneira diversa: em um dos casos o tribunal entendeu que não seria possível indenizar o dano moral afetivo porque, nas palavras do Min. Fernando Gonçalves, **"escapa ao arbítrio do Judiciário obrigar alguém a amar".**[15] Em outro, pelo voto da Ministra Nancy Andrighi, um pai foi condenado a pagar indenização no importe de R$ 200 mil, pois segundo a relatora **"amar é faculdade, cuidar é dever".**[16]

Recentemente, em fevereiro de 2022, o Superior Tribunal de Justiça voltou a apreciar o tema, dessa vez com relatoria da Ministra Nancy Andrighi que conde-

---

14. Para uma melhor compreensão do tema sugerimos a leitura da nossa obra *Da culpa e do risco*, na qual dedicamos um capítulo a essa matéria, além de colacionarmos jurisprudência.
15. Recurso Especial nº 757.411 - MG (2005/0085464-3); Rel. Min. Fernando Gonçalves; j. 29 de novembro de 2005.
16. Recurso Especial nº 1.159.242 - SP (2009/0193701-9); Rel. Min. Nancy Andrighi; j. 24 de abril de 2012.

nou um pai, por abandono afetivo, em cujo voto destacou que, se a parentalidade é exercida de maneira irresponsável, negligente ou nociva aos interesses dos filhos, e se dessas ações ou omissões decorrem traumas ou prejuízos comprovados, não há impedimento para que os pais sejam condenados a reparar os danos experimentados pelos filhos, uma vez que esses abalos morais podem ser quantificados como qualquer outra espécie de reparação moral indenizável.

Em conclusão a ministra ainda fez questão de deixar assentado que no caso concreto não se tratava de hipótese de dano presumido, mas, ao revés, de dano psicológico concreto e realmente experimentado pela recorrente, que, exclusivamente em razão das ações e omissões do recorrido, desenvolveu um trauma psíquico, inclusive com repercussões físicas, que evidentemente modificou a sua personalidade e, por consequência, a sua própria história de vida, conforme apontou o laudo pericial encartado aos autos.[17]

De toda sorte cumpre assinalar, que não se pode olvidar de que existe em nosso ordenamento jurídico uma cláusula geral de proteção à pessoa humana, que está contida no Inciso III, do artigo 1° da Constituição Federal – a dignidade humana. Além disso, a Carta Magna protege os direitos à personalidade ao estabelecer que são invioláveis os direitos à vida, à liberdade, à igualdade e à segurança (art. 5°, caput), declarando, ainda mais, que são invioláveis a intimidade, a vida privada, a honra e a imagem (art. 5°, inciso X) e que qualquer lesão a esses direitos se assegura o direito de resposta além da eventual indenização por dano material e moral (art. 5°, inciso V). Daí porque, os direitos da personalidade, enquanto atributos jurídicos merecem proteção e, se violados a partir de uma relação paterno-filial, deve ser indenizado nos termos do art. 186 c/c art. 927, *caput*, do Código Civil.

8. INCAPAZES

Obviamente tudo que se aplica aos filhos menores aplica-se também aos filhos maiores e incapazes, porém o legislador, para que dúvidas não restassem, fez constar claramente no Código Civil (CC, art. 1590)[18]

---

17. Nesse caso o número do processo não foi divulgado, mas consta das informações do site da assessoria de imprensa do Superior Tribunal de Justiça.
18. CC, Art. 1.590. As disposições relativas à guarda e prestação de alimentos aos filhos menores estendem-se aos maiores incapazes.

Capítulo 3
Do parentesco e do poder familiar

Lição 8
DAS RELAÇÕES DE PARENTESCO

Sumário: 1. Parentesco em sentido estrito – 2. Parentesco em sentido amplo – 3. Tipos de parentesco – 4. Marido e mulher – 5. Parentesco em linha reta e colateral – 6. Contagem dos graus de parentesco – 7. Parentesco entre irmãos – 8. Extinção do vínculo por afinidade – 9. Observações importantes.

1. PARENTESCO EM SENTIDO ESTRITO

Parentesco é o vínculo que une duas ou mais pessoas em face de descenderem de um tronco ancestral comum (consanguinidade).

Esse é o conceito popular de parentesco, quer dizer, aquele conceito que qualquer leigo conhece, que se forma a partir dos avós, pais, filhos e netos, por exemplo.

2. PARENTESCO EM SENTIDO AMPLO

Já em sentido amplo, parentesco é a relação que vincula entre si as pessoas que descendem de um mesmo ancestral comum (consanguinidade), que aproxima cada um dos cônjuges dos parentes do outro (afinidade), ou, que se estabelece por força da lei (adoção ou outra origem).

Esse é o parentesco que nos interessa estudar tendo em vista as várias implicações que decorrem dessa relação, não só no âmbito civil (direito a alimentos, direitos hereditários, proibição de casamento etc.), como também para outros ramos do direito, tais como o administrativo (ver nepotismo, por exemplo), processual (ver testemunhas, por exemplo), eleitoral (proibição de candidaturas de parentes), dentre outros.

3. TIPOS DE PARENTESCO

Advirta-se desde logo que a Constituição Federal equiparou de forma absoluta todos os filhos, independentemente de suas origens (CF, art. 227, § 6º).[1] Assim, a classificação que vamos expor, naquilo que pertine aos filhos, é tão somente para efeito de estudos.

No nosso sistema jurídico podemos identificar o parentesco **natural**, aquele decorrente dos vínculos de sangue (consanguinidade); o parentesco **por afinidade**, que decorre do casamento ou da união estável (parentes do outro cônjuge); o parentesco **civil**, decorrente da adoção; e o parentesco resultante de **outra origem** (CC, art. 1.593).[2] Vejamos cada um deles.

a) **Natural ou consanguíneos:**

É o parentesco biológico, aquele que se estabelece entre as pessoas cuja ascendência é comum (avós, pais, filhos, netos, tios, primos etc.).

b) **Afinidade:**

É o parentesco que se estabelece por determinação legal, cujo vínculo se origina do casamento ou da união estável que une os cônjuges ou conviventes aos parentes do outro (CC, art. 1.595).[3] Pode-se dar em **linha reta** tanto ascendente (sogro, sogra, padrasto e madrasta) quanto descendente (genro, nora, enteado e enteada), que são afins em primeiro grau. Pela dicção da lei, só existem afins na **linha colateral** em segundo grau, que são os irmãos do outro cônjuge ou convivente, isto é, os cunhados e as cunhadas (não existe parentesco entre as pessoas que se dizem concunhados).

c) **Civil:**

É o parentesco que decorre da adoção pela qual se cria um vínculo jurídico ligando a pessoa do adotante ao adotado que se estende aos parentes do adotante.

Atenção: a adoção atribui ao adotado a condição de filho do adotante, rompendo-se o vínculo de parentesco consanguíneo que o mesmo tinha com sua família de origem.

---

1. CF, Art. 227 (Omissis)

   § 6º Os filhos, havidos ou não da relação do casamento, ou por adoção, terão os mesmos direitos e qualificações, proibidas quaisquer designações discriminatórias relativas à filiação

2. CC, Art. 1.593. O parentesco é natural ou civil, conforme resulte de consanguinidade ou outra origem.

3. CC, Art. 1.595. Cada cônjuge ou companheiro é aliado aos parentes do outro pelo vínculo da afinidade.

   § 1º O parentesco por afinidade limita-se aos ascendentes, aos descendentes e aos irmãos do cônjuge ou companheiro.

   § 2º Na linha reta, a afinidade não se extingue com a dissolução do casamento ou da união estável.

LIÇÃO 8 • DAS RELAÇÕES DE PARENTESCO   **81**

d) **Outra origem:**

Este também é um vínculo que decorre da lei, porém, utilizando a mesma linguagem do Código Civil, preferimos colocá-la como uma categoria autônoma. Quando a lei menciona outra origem visa abarcar os casos futuros decorrentes, por exemplo, da reprodução heteróloga, bem como da inseminação artificial com sêmen de outra pessoa que não o marido, e até mesmo a filiação socioafetiva.

4. MARIDO E MULHER

Diga-se, desde logo, que **marido e mulher não são parentes**, apesar de formarem um núcleo familiar. A relação que se estabelece entre eles é de vínculo conjugal decorrente do casamento e este vínculo se extingue pelo divórcio, anulação do casamento ou morte de qualquer dos dois.

O cônjuge não é parente afim, embora desse vínculo decorra o parentesco por afinidade entre seus parentes e o outro cônjuge.

Esse fato serve para demonstrar que família e parente são coisa diferentes. Quer dizer, alguém pode fazer parte de sua família sem necessariamente ser parente seu ou de seus familiares.

5. PARENTESCO EM LINHA RETA E COLATERAL

O vínculo de parentesco é estabelecido por linhas e conta-se por graus. Conforme esteja uma pessoa em relação a outra podemos identificar duas linhas de parentesco; vejamos:

a) **Linha reta:**

Diz-se que o parentesco é em linha reta quando as pessoas estão umas para as outras na relação de ascendente ou descendente (CC, art. 1.591).[4] Assim, a linha reta **pode ser ascendente**, quando se toma alguém como referência e dela vai em busca de seus ascendentes (pai, avos, bisavós), **ou descendente**, quando da referência se procuram seus descendentes (filhos, netos, bisnetos).

Atenção: na linha ascendente todas as pessoas têm duas linhas de parentesco, uma pelo lado materno outra pelo lado paterno. Daí falar-se em árvore genealógica.

---

4. CC, Art. 1.591. São parentes em linha reta as pessoas que estão umas para com as outras na relação de ascendentes e descendentes.

b) Linha colateral, transversal ou oblíqua:

Ocorre quando as pessoas provêm de um mesmo tronco ancestral comum, porém não descendem umas das outras. Aqui se enquadram os irmãos (segundo grau); os tios e sobrinhos (terceiro grau); o tio-avô, sobrinho-neto e os primos (quarto grau). Todos são parentes consanguíneos na linha colateral.

Atenção: embora as pessoas tenham parentes na linha colateral até o infinito, para efeitos legais **só existem parentes na linha colateral até o quarto grau** (CC, art. 1.592).[5] Assim, o primo de seu pai não é juridicamente seu parente tendo em vista ser, em relação a você, um colateral de "quinto" grau.

6. CONTAGEM DOS GRAUS DE PARENTESCO

Grau é a distância em gerações que vai de um a outro parente, e conta-se em graus da seguinte forma:

a) Na linha reta:

Refere-se aos ascendentes e descendentes e conta-se para cada geração um grau. Assim, na linha descendente o Jojolino é parente em primeiro grau em relação a seu filho; será de segundo grau em relação ao seu neto; e será de terceiro grau em relação ao seu bisneto. Na linha ascendente o mesmo Jojolino será parente em primeiro grau em relação ao seu pai; de segundo grau em relação ao seu avô; e de terceiro grau em relação ao seu bisavô. Veja que a contagem é direta e será de tantos graus quanto existam parentes para contar, portanto, **a contagem é infinita** (CC, art. 1.594, 1ª parte).[6]

b) Na linha colateral ou transversal:

Conta-se também por gerações, porém com a peculiaridade de que se deve subir até o ancestral comum e depois descer até atingir o parente em questão (CC, art. 1.594, 2ª parte).

Para entender melhor: o tio em relação ao sobrinho é parente de terceiro grau na linha colateral. Vejamos como chegamos a essa con-

---

5. CC, Art. 1.592. São parentes em linha colateral ou transversal, até o quarto grau, as pessoas provenientes de um só tronco, sem descenderem uma da outra.
6. CC, Art. 1.594. Contam-se, na linha reta, os graus de parentesco pelo número de gerações, e, na colateral, também pelo número delas, subindo de um dos parentes até ao ascendente comum, e descendo até encontrar o outro parente.

clusão: vamos imaginar que Jojolino, filho de Alykathe, é sobrinho de Juka. Para fazer a contagem de graus, temos que subir do Jojolino até seu pai Alykathe, que é irmão de Juka (um grau); depois subir até o pai deles, ou seja, o avô de Jojolino (segundo grau); e, dele, descer até o tio Juka (terceiro grau).

Atenção: o primeiro parente na linha colateral é o irmão que, em verdade, é parente colateral em segundo grau, vejamos: partindo-se de um dos irmãos, vamos até o pai deles = um grau; depois descemos até o outro irmão = mais um grau; resultado = dois graus. Assim, não existe aquilo que popularmente você ouve nas ruas como, por exemplo, "esse é o meu primo de primeiro grau" (este primo que é filho de seu tio ou tia é na verdade um parente colateral de quarto grau). Repita-se: **não existe colateral de primeiro grau.**

7. PARENTESCO ENTRE IRMÃOS

No caso dos irmãos, o parentesco pode ser simples (unilaterais) ou duplo (bilateral), conforme derive de só um dos genitores ou dos dois.

Assim, os irmãos que são oriundos do mesmo pai e da mesma mãe são chamados de **irmãos germanos ou bilaterais**. Se o parentesco deriva somente do pai (consanguíneo) ou só da mãe (uterino), dizemos que são **irmãos unilaterais**.

8. EXTINÇÃO DO VÍNCULO POR AFINIDADE

O parentesco por afinidade, que pode derivar tanto do casamento quanto da união estável, conta-se da mesma forma que o parentesco natural e tem características diferentes quanto a sua extinção:

a) **Na linha reta:**

Quanto ao sogro e à sogra, que são afins de primeiro grau, o parentesco não se extingue mesmo com a dissolução do casamento, assim como não se extingue entre o padrasto/ madrasta e o enteado/enteada (CC, art. 1.595, § 2º).[7]

---

7. Art. 1.595. Cada cônjuge ou companheiro é aliado aos parentes do outro pelo vínculo da afinidade.

§ 1º O parentesco por afinidade limita-se aos ascendentes, aos descendentes e aos irmãos do cônjuge ou companheiro.

§ 2º Na linha reta, a afinidade não se extingue com a dissolução do casamento ou da união estável.

b) Na linha colateral:

Já quanto aos cunhados, parentes afins de segundo grau, o parentesco se extingue com a extinção do casamento ou da união estável (interpretação a contrário senso do que está previsto no art. 1.595, § 2º, do Código Civil).

Assim, o vínculo de afinidade em linha colateral (cunhado e cunhada) se desfaz tão logo seja desfeito o casamento ou a união estável de quem lhe deu origem.

Na linha reta esse vínculo não se dissolve, ele é permanente. Assim, **o sogro e a sogra, por exemplo, são parentes para sempre**, o que significa dizer que não existe ex-sogra ou ex-sogro. A pessoa poderá ter vários sogros e sogras, bastando para isso casar e se divorciar várias vezes.

9. OBSERVAÇÕES IMPORTANTES

a) Agnação (*agnatio*):

É o parentesco que se estabelece pelo lado masculino.

b) Cognação (*cognatio*):

É o parentesco que se estabelece pelo feminino.

Lição 9
DA FILIAÇÃO E DO RECONHECIMENTO DOS FILHOS

Sumário: 1. Conceito de filiação – 2. O princípio da igualdade entre os filhos – 3. Presunção legal de paternidade – 4. Presunção em face da reprodução assistida – 5. Presunção de paternidade na união estável – 6. Ação negatória de paternidade ou maternidade – 7. Ação de impugnação da paternidade ou da maternidade – 8. Prova da filiação – 9. Reconhecimento dos filhos havidos na constância do casamento – 10. Reconhecimento dos filhos havidos fora do casamento – 11. Reconhecimento voluntário incondicional – 12. Reconhecimento precedente e póstumo – 13. Efeitos decorrentes do reconhecimento – 14. Oposição ao reconhecimento – 15. Legitimação para a ação de investigação de paternidade – 16. Filiação socioafetiva – 17. Barriga de aluguel – 18. Filiação no caso de casal homoafetivo.

1. CONCEITO DE FILIAÇÃO

Filiação é a relação de parentesco, em primeiro grau e em linha reta, que se estabelece entre o filho e seus pais biológicos (parentesco natural) ou afetivos (parentesco civil).

Assim, a filiação não é mais somente a biológica, podendo se originar dos laços de afeto e carinho (adoção), bem como decorrer dos avanços da ciência (procriação assistida).

A partir desse conceito e tendo em vista a ordem ascensional dos filhos em relação aos pais, se podem identificar o estado de pai (paternidade) e o estado de mãe (maternidade).

Só por curiosidade, a palavra *filiação* deriva do vocábulo latino *filiatio*, cujo significado é descendência de pais e filhos.

2. O PRINCÍPIO DA IGUALDADE ENTRE OS FILHOS

A Constituição Federal de 1988 estabeleceu a total igualdade entre os filhos, não admitindo nenhuma forma de distinção entre os havidos do casamento ou fora dele, bem como em relação aos adotados (CF, art. 227, § 6º),[1] posicionamento este reafirmado pelo nosso Código Civil de 2002 (CC, art. 1.596).[2]

Hoje não mais se admite qualquer discriminação ou qualificação diferenciada com relação aos filhos: **filhos são filhos e pronto!...** Pouco importa se são filhos consanguíneos, se são oriundos de adoção (homoafetivas ou por casais heterossexuais), ou se são filhos decorrentes da inseminação artificial ou de qualquer outra espécie.

> **Curiosidade histórica:** no velho Código Civil de 1916, havia distinção entre os filhos, pois aqueles advindos do casamento eram chamados de legítimos; e os oriundos de fora do casamento eram chamados de ilegítimos, que eram classificados em naturais (gerados por pessoas que não eram casadas, mas que não havia nada que as impedissem de se casarem) e espúrios (gerados por pessoas que não podiam casar), que se dividia em incestuosos (o impedimento era decorrente do parentesco) ou adulterinos (quando o impedimento era o fato do genitor já ser casado). Existia ainda uma terceira categoria composta pelos legitimados que eram aqueles que haviam sido gerados fora do casamento, mas seus pais vieram a se casar posteriormente (tornavam-se legítimos pela superveniência do casamento); e uma quarta categoria formada pelos filhos adotivos.

3. PRESUNÇÃO LEGAL DE PATERNIDADE

O filho concebido na constância do casamento presume-se filho do marido da mulher que o gerou, inclusive os nascidos 180 dias após o início da convivência conjugal e os nascidos até 300 dias após o fim da sociedade conjugal (CC, art. 1.597, I e II). Esta é a presunção *pater is est*.

Além disso, o legislador fez presumir que também é do casal os filhos havidos por fecundação artificial homóloga; quando se tratar de embriões excedentários;

---

1. CF, art. 227. (Omissis)

    § 6º Os filhos, havidos ou não da relação do casamento, ou por adoção, terão os mesmos direitos e qualificações, proibidas quaisquer designações discriminatórias relativas à filiação.
2. CC, Art. 1.596. Os filhos, havidos ou não da relação de casamento, ou por adoção, terão os mesmos direitos e qualificações, proibidas quaisquer designações discriminatórias relativas à filiação.

LIÇÃO 9 • DA FILIAÇÃO E DO RECONHECIMENTO DOS FILHOS   **87**

e os havidos por inseminação artificial heteróloga, conforme veremos a seguir (CC, art. 1.597, III a V).[3]

> **Atenção:** todas as presunções de paternidade previstas no art. 1.597 são *juris tantum*, quer dizer, admitem prova em contrário através da ação negatória de paternidade.

4. PRESUNÇÃO EM FACE DA REPRODUÇÃO ASSISTIDA

Em face das novas técnicas de reprodução humana, o Código Civil, ainda que de maneira tímida, disciplinou três espécies de presunção quanto aos filhos nascidos na constância do casamento.[4]

Nessas circunstâncias, há também a presunção legal de paternidade para os filhos havidos pela mulher casada em face da reprodução assistida nas seguintes hipóteses:

a) **Filhos havidos por fecundação artificial homóloga:**

Neste caso, **o sêmen e o óvulo pertencem ao marido e a sua mulher**, respectivamente, e tanto pode ocorrer em vida quanto *post mortem*, tendo em vista poder ser realizado com embriões ou sêmen conservados após a morte do doador(a) (ver CC, art. 1.597, III).

b) **Filhos havidos a partir de embriões excedentários:**

Excedentários são os **embriões fecundados fora do corpo da mulher** (*in vitro*) e armazenados para futura utilização, somente podendo ser utilizados se originários de fecundação homóloga, isto é, do material genético da mãe e do pai, não podendo ser utilizado gametas de terceiros estranhos à relação matrimonial. Este tipo de fecundação pode até ocorrer *post mortem*, desde que o falecido tenha deixado autorização escrita (ver CC, art. 1.597, IV).

---

3. CC, Art. 1.597. Presumem-se concebidos na constância do casamento os filhos:
    I – nascidos cento e oitenta dias, pelo menos, depois de estabelecida a convivência conjugal;
    II – nascidos nos trezentos dias subsequentes à dissolução da sociedade conjugal, por morte, separação judicial, nulidade e anulação do casamento;
    III – havidos por fecundação artificial homóloga, mesmo que falecido o marido;
    IV – havidos, a qualquer tempo, quando se tratar de embriões excedentários, decorrentes de concepção artificial homóloga;
    V – havidos por inseminação artificial heteróloga, desde que tenha prévia autorização do marido.
4. Com relação as técnicas de reprodução assistida recomendamos a leitura da Res. CFM 2121/15 que estabelece normas éticas e bioéticas para os procedimentos, bem como o provimento da Corregedoria do CNJ nº 52/16.

c) Filhos havidos por inseminação artificial heteróloga:

Ocorre inseminação artificial heteróloga quando **o casal utiliza sêmen de outro doador** que não o marido, sendo necessária, neste caso, a prévia autorização do marido para a utilização de sêmen que não o seu (ver CC, art. 1.597, V). A paternidade, nesse caso, como diz Maria Helena Diniz, "apesar de não ter componente genético, terá fundamento moral, privilegiando-se a relação socioafetiva".[5]

5. PRESUNÇÃO DE PATERNIDADE NA UNIÃO ESTÁVEL

Como o legislador perdeu a oportunidade de incluir no texto legal a presunção quanto à união estável, fica a indagação: essa presunção prevista no art. 1.597 do Código Civil também vigora para a união estável?

Com relação ao tema, diverge tanto a doutrina quanto a jurisprudência. Há autores, e também encontramos julgados, que reconhecem a validade da presunção desde que previamente comprovada a união estável. Se não houver prova pré-constituída da união estável, essa presunção não valeria.

Aliás, uma interpretação sistêmica do nosso ordenamento jurídico levará a conclusão de que essa presunção é perfeitamente aplicável à união estável, notadamente se verificarmos que o texto constitucional admite a união estável e reconhece nela a existência de entidade familiar (CF, art. 226, § 3º),[6] e que a mesma Constituição proíbe a discriminação ou tratamento diferenciado com relação aos filhos (CF, art. 227,§ 6º – NR-1), de sorte a concluir que nada mais razoável do que conferir interpretação sistemática ao art. 1.597 do Código Civil, para que passe a contemplar, também, a presunção de concepção dos filhos na constância de união estável.[7]

> **Atenção:** quando se trata de concurso ou provas do exame da OAB, normalmente prevalece o texto frio da lei, que prevê a presunção somente para os filhos advindos do casamento; portanto, muito cuidado com esse tema.[8]

---

5. *Curso de direito civil brasileiro*, vol. V, p. 439.

6. CF, Art. 226. (Omissis)

    § 3º Para efeito da proteção do Estado, é reconhecida a união estável entre o homem e a mulher como entidade familiar, devendo a lei facilitar sua conversão em casamento; (...).

7. Nesse sentido, acessar o *site* do STJ e conferir julgado da relatoria do Ministro Massami Uyeda (REsp 1194059/SP, *DJe* 14/11/2012).

8. À guisa de exemplo, no exame da OAB 2111.2, a questão 33 foi formulada assim (a resposta considerada correta foi a letra "c"):

    Em relação à união estável, assinale a alternativa correta.

    (A) Para que fique caracterizada a união estável, é necessário, entre outros requisitos, tempo de convivência mínima de cinco anos, desde que durante esse período a convivência tenha sido pública e duradoura.

LIÇÃO 9 • DA FILIAÇÃO E DO RECONHECIMENTO DOS FILHOS **89**

6. AÇÃO NEGATÓRIA DE PATERNIDADE OU MATERNIDADE

Esta é a ação cabível para afastar a presunção legal de paternidade ou maternidade, e somente o marido ou a mulher é que são os legitimados para proporem referida ação que é imprescritível (CC, art. 1.601).[9]

Adverte o Código Civil que não basta a confissão da mulher para excluir a paternidade do marido (CC, art. 1.602).[10] Nem mesmo o adultério confessado teria essa prerrogativa (CC, art. 1.600),[11] tendo em vista que, tratando-se de direitos indisponíveis, a confissão não é admitida (ver CPC, art. 392).

Contudo, pode ser elemento de prova da negativa de paternidade o fato de o marido ser impotente para gerar filhos à época da concepção (CC, art. 1.599).[12]

Assevera ainda o nosso diploma civil que a maternidade que constar no registro de nascimento do filho, a mãe só poderá contestar provando a falsidade do registro ou a falsidade das declarações nele contidas (CC, art. 1.608).[13]

Só tem legitimidade para propor a ação negatória o marido (no caso de negatória de paternidade) ou a mulher (no caso de negatória de maternidade). Contudo, ressalva o Código Civil que iniciada a ação nela poderão prosseguir os herdeiros no caso de morte do autor da ação (CC, art. 1.601, parágrafo único – NR-8).

7. AÇÃO DE IMPUGNAÇÃO DA PATERNIDADE OU DA MATERNIDADE

Esta ação tem por objeto quebrar a presunção de que o filho havido durante a constância do casamento é do pai e da mãe que se encontram casados e que promoverem o registro de nascimento.

Quer dizer, a ação visa em última análise negar a própria concepção na sua origem, perfeitamente possível de acontecer como nos casos de trocas de crianças em maternidade ou mesmo nos casos de adoção à brasileira.

(B) Quem estiver separado apenas de fato não pode constituir união estável, sendo necessária, antes, a dissolução do anterior vínculo conjugal; nesse caso, haverá simples concubinato.

(C) Não há presunção legal de paternidade no caso de filho nascido na constância da união estável.

(D) O contrato de união estável é solene, rigorosamente formal e sempre público.

9. CC, Art. 1.601. Cabe ao marido o direito de contestar a paternidade dos filhos nascidos de sua mulher, sendo tal ação imprescritível.

Parágrafo único. Contestada a filiação, os herdeiros do impugnante têm direito de prosseguir na ação.

10. CC, Art. 1.602. Não basta a confissão materna para excluir a paternidade.

11. CC, Art. 1.600. Não basta o adultério da mulher, ainda que confessado, para ilidir a presunção legal da paternidade.

12. CC, Art. 1.599. A prova da impotência do cônjuge para gerar, à época da concepção, ilide a presunção da paternidade.

13. CC, Art. 1.608. Quando a maternidade constar do termo do nascimento do filho, a mãe só poderá contestá-la, provando a falsidade do termo, ou das declarações nele contidas.

Nesse caso têm legitimidade para propositura dessa ação tanto o próprio filho quanto os pais presumidos e também os pais verdadeiros, bem como quaisquer outras pessoas que comprovem legítimo interesse. Quer dizer, podem pleitear anulação do registro todas as pessoas afetadas, direta ou indiretamente, moral ou materialmente, pelo reconhecimento, inclusive os pais, se fundadas razões se apresentarem, como se foram ludibriados, ou induzidos em erro, ou obrigados por coação a registrar (CC, art. 1.604).[14]

Isso se justifica porque o direito não pode admitir a subsistência de um ato lastreado na falsidade.

8. PROVA DA FILIAÇÃO

A filiação prova-se pela certidão de nascimento expedida pelo cartório competente, pois este é o instrumento hábil para capacitar seu portador a se apresentar como tal na sociedade (CC, art. 1.603).[15]

Contudo, na falta da certidão ou se ela apresentar defeito, é admitido provar-se a filiação por qualquer outro meio de prova em direito admitida, especialmente quando houver prova escrita deixada pelos pais ou houverem indícios suficientes que provem os fatos (CC, art. 1.605).[16]

Pode parecer estranho essa previsão, porém mesmo nos dias atuais é perfeitamente possível que uma pessoa não tenha seu registro de nascimento ou porque seus pais não a registraram ou porque perderam seu registro e ela não sabe onde possa ter sido registrada.[17]

9. RECONHECIMENTO DOS FILHOS HAVIDOS NA CONSTÂNCIA DO CASAMENTO

Os filhos de pais casados não precisam de reconhecimento, pois há uma presunção legal de paternidade que decorre do próprio casamento, segundo o estabelecido no Código Civil (CC, art. 1.597, já citado).

---

14. CC, Art. 1.604. Ninguém pode vindicar estado contrário ao que resulta do registro de nascimento, salvo provando-se erro ou falsidade do registro.
15. CC, Art. 1.603. A filiação prova-se pela certidão do termo de nascimento registrada no Registro Civil.
16. CC, Art. 1.605. Na falta, ou defeito, do termo de nascimento, poderá provar-se a filiação por qualquer modo admissível em direito:
    I– quando houver começo de prova por escrito, proveniente dos pais, conjunta ou separadamente;
    II– quando existirem veementes presunções resultantes de fatos já certos.
17. Sobre o tema, ver Lei nº 6.015/73 (LRP), especialmente os arts. 50 a 66.

LIÇÃO 9 • DA FILIAÇÃO E DO RECONHECIMENTO DOS FILHOS

91

Se, por qualquer razão, os pais não providenciaram o registro, pode o filho intentar a ação de prova de filiação (CC, art. 1.606).[18]

10. RECONHECIMENTO DOS FILHOS HAVIDOS FORA DO CASAMENTO

Tendo em vista que os filhos havidos fora do casamento não gozam da presunção legal quanto à paternidade, a lei assegura ao pai biológico a possibilidade de **reconhecimento voluntário** (denominamos esse ato de **perfilhação**), que poderá fazê-lo sozinho ou em conjunto com a mãe (CC, art. 1.607).[19]

Na eventualidade do filho não ser reconhecido espontaneamente, a lei também lhe assegura a possibilidade de obter o **reconhecimento coativo ou forçado**, isto é, obtido **via judicial** através da ação de investigação de paternidade (ver ECA, art. 27).

Essa ação pode ser cumulada com outros pedidos, tais como alimentos, petição de herança etc.

O **reconhecimento voluntário é ato irrevogável** e poderá ser feito por comparecimento espontâneo do pai perante o oficial de cartório, quando então seu nome será colocando no assento do registro de nascimento da criança; por escritura pública ou qualquer espécie de documento particular; por qualquer forma de testamento, inclusive os especiais e o codicilo; e, finalmente, por manifestação em juízo em qualquer tipo de processo (equivale a confissão) de forma direta ou incidental, ainda que o assunto tratado nos autos não seja a filiação (CC, art. 1.609).[20]

Embora a lei nada fale, entendemos que o reconhecimento voluntário pode ser realizado através de procurador, com poderes especiais para esse fim,

---

18. CC, Art. 1.606. A ação de prova de filiação compete ao filho, enquanto viver, passando aos herdeiros, se ele morrer menor ou incapaz.
    Parágrafo único. Se iniciada a ação pelo filho, os herdeiros poderão continuá-la, salvo se julgado extinto o processo.
19. CC, Art. 1.607. O filho havido fora do casamento pode ser reconhecido pelos pais, conjunta ou separadamente.
20. CC, Art. 1.609. O reconhecimento dos filhos havidos fora do casamento é irrevogável e será feito:
    I– no registro do nascimento;
    II– por escritura pública ou escrito particular, a ser arquivado em cartório;
    III – por testamento, ainda que incidentalmente manifestado;
    IV – por manifestação direta e expressa perante o juiz, ainda que o reconhecimento não haja sido o objeto único e principal do ato que o contém.
    Parágrafo único. O reconhecimento pode preceder o nascimento do filho ou ser posterior ao seu falecimento, se ele deixar descendentes.

diretamente junto ao cartório de registro civil onde a criança foi registrada. A procuração pode ser pública ou mesmo particular. Nesse último caso, sugere-se seja feito o reconhecimento de firma do outorgante para que dúvidas não pairem quanto a origem do documento.

Na eventualidade do filho não ser reconhecido espontaneamente, a lei também lhe assegura a possibilidade de obter o reconhecimento coativo ou forçado, isto é, obtido via judicial através da ação de investigação de paternidade/maternidade que pode ser cumulada com outros pedidos, tais como alimentos, petição de herança etc. (ver Lei nº 8.560/92).

Visando facilitar o reconhecimento das milhares de crianças que não tem o nome do pai em seus respectivos registros de nascimento, a Corregedoria Nacional de Justiça, órgão do CNJ baixou o provimento 16, que cria, por assim dizer, uma parceria com todos os cartórios de registro civil do Brasil. Pela nova regra, as mães poderão procurar o cartório de registro civil mais próximo de sua residência para indicar o nome do suposto pai e dar início ao processo de reconhecimento. Para isso, basta preencher um termo com informações pessoais, do filho e do suposto pai, conforme modelo definido pela Corregedoria Nacional, além de apresentar a certidão de nascimento da criança ou do adolescente. Pessoas com mais de 18 anos que não têm o nome do pai na certidão também podem dar entrada no pedido diretamente nas serventias, sem a necessidade de estar acompanhadas da mãe. Recebido o formulário o cartório enviará ao juízo competente para as providências cabíveis.[21]

O reconhecimento da filiação é direito personalíssimo, indisponível e imprescritível, podendo ser exercitado contra os pais ou seus herdeiros, sem qualquer restrição, observado o segredo de Justiça.

> **Importante:** nos casos de reconhecimento voluntário o pai deve contar com 16 anos de idade e existe a necessidade de prévia anuência da mãe quando se tratar de filho menor. Se o filho for maior de idade ou emancipado, não há necessidade de concordância da mãe.

> **Atenção:** com relação ao tema de reconhecimento da filiação, sugerimos a leitura da Lei nº 8.560/92, especialmente os seguintes artigos: o que trata do reconhecimento voluntário, porém não espontâneo (art. 2º); da proibição de reconhecimento na ata de casamento (art. 3º); da proibição de menção a fatos no registro que possa discriminar o registrando (art. 5º); e, da proibição de constar na certidão de nascimento qualquer

---

21. Para mais informes acessar <http://www.cnj.jus.br/noticias/cnj/58299-corregedoria--facilita-reconhecimento-de-paternidade>

indício quanto à origem da concepção, qual o estado civil dos pais e o lugar do cartório de casamento (art. 6°); e também por regular a ação de investigação de paternidade.

11. RECONHECIMENTO VOLUNTÁRIO INCONDICIONAL

Não se pode reconhecer a paternidade/maternidade condicionada a termo ou condição tendo em vista que o genitor, pai ou mãe, mesmo sendo livre para fazê-lo, não poderá subordinar tal ato a determinada data ou período, bem como não poderá determinar em que condições o estará fazendo (CC, art. 1.613).[22]

Advirta-se ainda que tal ato tem validade *erga omnes* e, como já mencionado, é irrevogável (CC, art. 1.609 – NR-19), mesmo quando realizado por testamento (CC, art. 1.610).[23]

Atenção: o fato de o reconhecimento voluntário ser irrevogável não significa dizer que o ato de reconhecimento não poderá ser anulado. Se houver qualquer vício ou defeito que possa tornar o ato nulo ou anulável, os interessados poderão promover a ação anulatória do reconhecimento (ver LRP, art. 113).

12. RECONHECIMENTO PRECEDENTE E PÓSTUMO

O reconhecimento voluntário de filho pode ser realizado antes mesmo do nascimento do filho já gerado, bem como pode ser feito depois de sua morte.

No caso de filho ainda por nascer o reconhecimento é válido, ainda que a pessoa que a reconheceu não exista mais quando do nascimento. Basta lembrar a regra de proteção ao nascituro (CC, art. 2°).[24]

Quanto ao reconhecimento de filhos já falecidos, o Código Civil impõe uma condição: somente pode ser realizado nos casos em que o mesmo tenha deixado descendentes (CC, art. 1.609, parágrafo único – NR-17), regra essa que se justifica para coibir possíveis interesses hereditários do próprio reconhecente (se o falecido não deixou descendentes, o pai é seu sucessor).

---

22. CC, Art. 1.613. São ineficazes a condição e o termo apostos ao ato de reconhecimento do filho.
23. CC, Art. 1.610. O reconhecimento não pode ser revogado, nem mesmo quando feito em testamento.
24. CC, Art. 2° A personalidade civil da pessoa começa do nascimento com vida; mas a lei põe a salvo, desde a concepção, os direitos do nascituro.

13. EFEITOS DECORRENTES DO RECONHECIMENTO

Os efeitos do reconhecimento da paternidade são essencialmente patrimonial, social e moral, sendo o principal deles o de estabelecer o parentesco entre pai e filho.

Dentre os efeitos patrimoniais, cabe destacar que o reconhecido passa a ter direito à sucessão de seu pai (ver CC, art. 1.829), e entre pai e filho nasce o direito recíproco aos alimentos (ver CC, art. 1.696).

O filho nascido fora do casamento depois de reconhecido, se o seu pai for casado com outra pessoa que não sua mãe, não poderá residir no lar conjugal do pai, a não ser que o outro cônjuge consinta (CC, art. 1.611).[25]

De outro lado, enquanto menor o filho reconhecido deverá ficar sob a guarda do genitor que o reconheceu e, quando reconhecido por ambos e não houver acordo, deverá ficar com aquele que ofereça melhores condições de atender os interesses da criança (CC, art. 1.612).[26]

Advirta-se ainda que o reconhecimento retroage à data da concepção (*ex tunc*), mesmo quando tal fato ocorrer por decisão judicial (CC, art. 1.616).[27]

14. OPOSIÇÃO AO RECONHECIMENTO

O reconhecimento voluntário de filho maior somente pode ser processado com sua expressa anuência, bem como o filho menor que haja sido reconhecido pode impugnar este fato tão logo adquira a maioridade, desde que o faça nos quatros anos que se seguirem à maioridade ou a emancipação (CC, art. 1.614).[28]

15. LEGITIMAÇÃO PARA A AÇÃO DE INVESTIGAÇÃO DE PATERNIDADE

A legitimação ativa é do filho, tendo em vista o caráter de direito personalíssimo deste tipo de ação que é imprescritível.[29] Sendo menor, será representado

---

25. CC, Art. 1.611. O filho havido fora do casamento, reconhecido por um dos cônjuges, não poderá residir no lar conjugal sem o consentimento do outro.

26. CC, Art. 1.612. O filho reconhecido, enquanto menor, ficará sob a guarda do genitor que o reconheceu, e, se ambos o reconheceram e não houver acordo, sob a de quem melhor atender aos interesses do menor.

27. CC, Art. 1.616. A sentença que julgar procedente a ação de investigação produzirá os mesmos efeitos do reconhecimento; mas poderá ordenar que o filho se crie e eduque fora da companhia dos pais ou daquele que lhe contestou essa qualidade.

28. CC, Art. 1.614. O filho maior não pode ser reconhecido sem o seu consentimento, e o menor pode impugnar o reconhecimento, nos quatro anos que se seguirem à maioridade, ou à emancipação.

29. Ver art. 27 da Lei nº 8.069/90 (ECA).

LIÇÃO 9 • DA FILIAÇÃO E DO RECONHECIMENTO DOS FILHOS **95**

pela sua mãe ou tutor. Apesar de seu caráter personalíssimo, se já iniciada a ação sobrevier a morte do autor, seus herdeiros poderão dar continuidade a ação, salvo se já julgada extinta (CC, art. 1.606, parágrafo único – NR-17).

Já quanto à legitimação passiva, esta será sempre do suposto pai e no caso de já ser falecido ensejará o chamamento dos seus herdeiros para responder aos termos da ação.

Cabe advertir que, embora a propositura da ação seja privativa do filho que deseja o reconhecimento, qualquer pessoa poderá contestar a ação de investigação de paternidade, desde que demonstre seu legítimo interesse na solução da lide (art. 1.615).[30]

16. FILIAÇÃO SOCIOAFETIVA

Embora não exista no sistema jurídico brasileiro a "adoção de fato" nem a previsão de equiparação do "filho de criação" aos filhos biológicos, a jurisprudência tem entendido que a partir dos princípios constitucionais de proteção à criança (CF, art. 227 – NR-1), assim como da doutrina da integral proteção, consagrada na Lei nº 8.069/90 (ver ECA, arts. 4º e 6º), é possível extrair os fundamentos que, em nosso direito, conduzem ao reconhecimento da paternidade socioafetiva, revelada pela "posse do estado de filho", como geradora de efeitos jurídicos capazes de definir a filiação.

Maria Helena Diniz é enfática ao afirmar que o "filho de criação" pode, inclusive, pedir o reconhecimento judicial de sua filiação prelecionando: "Se em companhia do casal, há muito tempo, vive um filho, ter-se-á, então, a posse do estado do filho e, nela baseada, a pessoa criada pelo casal poderá, apoiada em prova testemunhal, indicar em juízo o reconhecimento de sua filiação."[31]

Fato novo que tem chamado a atenção da classe jurídica é a existência de várias decisões judiciais reconhecendo a possibilidade de coexistência de dois nomes de pais no registro de nascimento de filho: o pai biológico e o pai afetivo. Na falta de lei disciplinando a matéria, Supremo Tribunal Federal (STF), proferiu decisão em 2016, confirmando a possibilidade de manutenção do nome dos pais biológicos ao lado dos nomes dos pais afetivos, reconhecendo assim a **pluriparentalidade** no ordenamento jurídico brasileiro. Em síntese, é juridicamente possível a cumulação de vínculos de filiação derivados da afetividade e da consanguinidade, com responsabilização de ambos os pais em relação aos direitos

---

30. CC, Art. 1.615. Qualquer pessoa, que justo interesse tenha, pode contestar a ação de investigação de paternidade, ou maternidade.
31. *Código Civil anotado*. São Paulo: Saraiva, 1995, em nota 1 ao art. 349 (trata-se do Código Civil de 1916).

do filho, decorrente da filiação. Segundo o ministro Luiz Fux, a decisão também permite que uma pessoa inicialmente registrada com o nome do pai de criação possa escolher entre manter o sobrenome dele, trocá-lo pelo do pai biológico ou manter ambos em seu documento de identidade.[32]

> **Atenção**: está decisão foi proferida em caráter de **repercussão** geral o que significa dizer que ela é vinculante, mecanismo que obriga as demais instâncias a aplicar o mesmo entendimento.[33]

> **Importante**: tramita na Câmara dos Deputados o PL 5041/16 uma proposta de alteração do art. 1.596 do Código Civil para nele incluir os filhos por vínculo de socioafetividade, que não foram adotados formalmente pelos pais de criação.

17. BARRIGA DE ALUGUEL

Da mesma forma que o conceito de família mudou ao longo da história, especialmente após o século XX, o conceito e as formas de procriação também mudaram a partir de novas técnicas que permitem hoje seja um filho gerado não da forma tradicional.

Os avanços tecnológicos nos permitem atualmente considerar a hipótese de um casal manter relações sexuais sem riscos de reprodução, assim como é perfeitamente possível haver procriação sem que haja o contato sexual.

Com as novas técnicas de reprodução assistida, é possível ao casal desejar e ter um filho superando toda e qualquer impossibilidade física ou biológica, tanto de fecundação quanto de reprodução.

Não se pode olvidar de que a prole para um casal pode significar muito mais do que apenas o desejo de ter filhos. A procriação, embora não tenha mais as mesmas características e funções que tinha no passado, ainda representa a possibilidade de continuidade da família de sorte a perguntar: ter um filho é um direito ou uma faculdade?

Embora existam defensores das duas correntes, por óbvio que seria uma incoerência garantir-se o direito à constituição da família e ao mesmo tempo não garantir a procriação como forma de continuidade da mesma. Por isso entendemos que, mais que uma faculdade, procriar é um direito, independentemente de ser um ato que faz parte da própria natureza humana.

---

32. STF, RE 898060, Relator Ministro Luiz Fux, j. 21 de setembro de 2016.
33. O CNJ regulamentou o procedimento registral, através do Provimento nº 83 de 14/08/2019, para orientar todos os magistrados e cartórios de todo o Brasil no tocante a matéria (sugerimos a leitura).

Uma das formas de garantir ao casal o direito à procriação é a gestação por substituição, também chamada de gestação sub-rogada, locação de útero, cessão de útero, gestação por outrem ou, popularmente, "barriga de aluguel".

Nesse cenário, é perfeitamente possível que uma mulher, por qualquer imperfeição físico-biológica, não consiga desenvolver uma gestação com regularidade. Nessas circunstâncias só resta ao casal concretizar o sonho de ter filhos através da gestação por substituição, utilizando-se para isso do útero de outra mulher na qual seria inoculado o embrião constituído a partir do material genético do casal (**fecundação artificial homóloga**).

É também possível com essa técnica que o casal recorra a doador, seja de óvulos ou mesmo de sêmen, no caso de a mulher ou mesmo o marido ou companheiro não ser férteis (**fecundação artificial heteróloga**).

Advirta-se que no Brasil ainda não há legislação regulando a matéria. O primeiro dispositivo a tratar da matéria, assim mesmo sob o aspecto ético, foi a Resolução nº 1.358 de 1992 do Conselho Federal de Medicina, que depois foi reeditada em 2010 sob o nº 1.957. Atualmente vige a Resolução 2168/2017 que, dentre outros aspectos, considera importante tratar da infertilidade humana como um problema de saúde, com implicações médicas e psicológicas, e a legitimidade do anseio de superá-la; que o avanço do conhecimento científico permite solucionar vários dos casos de reprodução humana; que as técnicas de reprodução assistida têm possibilitado a procriação em diversas circunstâncias, o que não era possível pelos procedimentos tradicionais; a necessidade de harmonizar o uso dessas técnicas com os princípios da ética médica; editou diversos preceitos para delimitar o exercício dessa técnica.

O capítulo VII da Resolução 2168/2017 trata especificamente sobre a gestação de substituição (doação temporária do útero) prescrevendo que as clínicas, centros ou serviços de reprodução humana podem usar técnicas de reprodução assistida para criarem a situação identificada como gestação de substituição, desde que exista um problema médico que impeça ou contraindique a gestação na doadora genética. Preceitua também que as doadoras temporárias do útero devem pertencer à família da doadora genética, num parentesco até o quarto grau, sendo os demais casos sujeitos à autorização do Conselho Regional de Medicina. E, ainda, que a doação temporária do útero não poderá ter caráter lucrativo ou comercial.

Se o direito existe para regular o fato social, é inegável que a gestação por substituição é um fato que as técnicas científicas nos permitem cogitar.

Não é possível admitir-se que nos dias atuais, enquanto a biotecnologia possa propiciar meios e oportunidades para que as pessoas estéreis possam ter filhos, não exista regulamentação legal para essa prática, o que, a toda evidência, gera uma insegurança jurídica que inibe a utilização dessa prerrogativa em larga escala.

De sorte que, independentemente das questões morais e religiosas que o tema suscita, urge regulamentar o instituto da gestação por substituição como meio de permitir aos casais que estejam impossibilitados de terem filhos de forma natural, a possibilidade de optarem por essa forma de procriação, que lhes possam permitir constituir uma família na mais completa acepção da palavra.

18. FILIAÇÃO NO CASO DE CASAL HOMOAFETIVO

Tratando-se de casais homoafetivos a lógica indica que no registro de nascimento de seus filhos, sejam eles biológicos, afetivos ou adotados, deveria constar a dupla maternidade ou paternidade, conforme o caso.

Ocorre que por não ter lei regulamentando a homoparentalidade esta questão encontra-se ainda em discussão, sendo certo que os casais acabam por ter que recorrer ao judiciário para ter esse direito reconhecido.

Apesar da ausência de lei é importante louvar duas iniciativas com relação ao tema.

A primeira que merece destaque é a Resolução nº 2320/2022 do Conselho Federal de Medicina (CFM) que estabelece normas éticas e bioéticas para os procedimentos de gestação por substituição (barriga de aluguel). Essa Resolução substitui outra anterior que era do ano de 2015 (2121/15), adotando normas éticas para a utilização de técnicas de reprodução assistida – sempre em defesa do aperfeiçoamento das práticas e da observância aos princípios éticos e bioéticos que ajudam a trazer maior segurança e eficácia a tratamentos e procedimentos médicos, tornando-se o dispositivo deontológico a ser seguido pelos médicos brasileiros.

A segunda foi o provimento da Corregedoria do Conselho Nacional de Justiça (CNJ) de nº 63 de 14 de novembro de 2017 (substituiu o provimento 52/2016), que trouxe novas regras sobre o registro de nascimento e sobre a emissão da respectiva certidão dos filhos havidos por reprodução assistida, cabendo destacar alguns pontos importantes, vejamos:

a) O oficial de registro civil das pessoas naturais não poderá exigir a identificação do doador do material genético como condição para a lavratura do registro de nascimento de criança gerada mediante técnica de reprodução assistida.

b) O registro não depende de prévia autorização judicial.

c) É exigido o comparecimento de ambos os pais ao Cartório de Registro Civil, mas fica dispensado o comparecimento de ambos os pais, bastando o comparecimento de apenas um deles ao cartório, se eles forem casados entre si ou conviverem em união estável, hipótese em que deverá ser apresentada a documentação comprovatória.

d) Documentação hábil à comprovação do casamento/convivência será: certidão de casamento, certidão de conversão de união estável em casamento, escritura pública de união estável ou sentença em que foi reconhecida a união estável do casal.

e) Declaração, com firma reconhecida, do diretor técnico da clínica, centro ou serviço de reprodução humana em que foi realizada a reprodução assistida, indicando que a criança foi gerada por reprodução assistida heteróloga, assim como o nome dos beneficiários.

Lição 10
DO PODER FAMILIAR E DA ADMINISTRAÇÃO E USUFRUTO DOS BENS DOS FILHOS MENORES

Sumário: 1. Conceito de poder familiar – 2. Titularidade – 3. Divergência quanto ao exercício – 4. Exercício do poder familiar quanto aos filhos – 5. Exercício do poder familiar quanto aos bens dos filhos – 6. Suspensão do poder familiar – 7. Suspensão automática do poder familiar – 8. Perda do poder familiar – 9. Restabelecimento do poder familiar – 10. Extinção do poder familiar – 11. Carência de recurso – 12. Novas núpcias dos pais – 13. Comparativo entre suspensão, perda e extinção do poder familiar.

1. CONCEITO DE PODER FAMILIAR

Podemos conceituar poder familiar como sendo o conjunto de direitos e deveres atribuídos aos pais, em relação à pessoa e ao patrimônio dos filhos menores, que não estejam emancipados, com a intenção de protegê-los e representá-los, em juízo ou fora dele.

Esse poder já foi absoluto no Direito Romano, onde o *patria potestas* tinha o direito sobre a vida e a morte dos filhos e exercia esse poder em seu próprio interesse e não no interesse da prole.

Atualmente é mais um dever que o Estado atribui aos pais do que um poder propriamente dito, na linha da paternidade responsável insculpido na nossa Carta Magna (CF, art. 226, § 7º).[1] Assim, os pais têm o dever de cuidar, zelar, educar

---

1. CF, art. 226. (Omissis)

   § 7º Fundado nos princípios da dignidade da pessoa humana e da paternidade responsável, o planejamento familiar é livre decisão do casal, competindo ao Estado propiciar recursos educacionais e científicos para o exercício desse direito, vedada qualquer forma coercitiva por parte de instituições oficiais ou privadas.

e preparar os filhos para o futuro, sendo isso um *munus* público irrenunciável, indelegável e imprescritível.

2. TITULARIDADE

Os filhos estão sujeitos ao poder familiar, enquanto menores (CC, art. 1.630),[2] poder esse cujo titular são os pais em conjunto e igualmente, tanto no casamento quanto na união estável.

Mesmo fora do casamento ou da união estável, o poder familiar existe e será exercitado com exclusividade pelo genitor que haja reconhecido o filho, pois este instituto é fundamentalmente baseado no vínculo da filiação. Nessa linha de proceder diz o Código Civil que o filho não reconhecido pelo pai ficará sob o poder exclusivo da mãe (CC, art. 1.633, 1ª parte),[3] prestigiando-se assim o instituto da família monoparental (CF, art. 226, § 4º).[4]

Aliás, para que dúvidas não restem diz ainda o Código Civil que, na ausência, impedimento ou inexistência de um dos pais, o poder familiar será exercido de forma exclusiva pelo outro (CC, art. 1.631).[5]

> **Atenção:** o filho oriundo de relacionamento extramatrimonial ficará sob o poder familiar do genitor que o reconheceu. Se ambos reconheceram, ambos serão titulares desse direito/dever, porém a guarda ficará com quem tenha melhores condições de exercê-la (CC, art. 1.612).[6]

3. DIVERGÊNCIA QUANTO AO EXERCÍCIO

Na eventualidade de ocorrer divergência entre os pais quanto ao exercício do poder familiar, qualquer deles poderá recorrer ao juiz para resolver o desacordo (ver CC, art. 1.631, parágrafo único – NR-5).

---

2. CC, Art. 1.630. Os filhos estão sujeitos ao poder familiar, enquanto menores.
3. CC, Art. 1.633. O filho, não reconhecido pelo pai, fica sob poder familiar exclusivo da mãe; se a mãe não for conhecida ou capaz de exercê-lo, dar-se-á tutor ao menor.
4. CF, Art. 226. (*Omisis*)
   § 4º Entende-se, também, como entidade familiar a comunidade formada por qualquer dos pais e seus descendentes.
5. CC, Art. 1.631. Durante o casamento e a união estável, compete o poder familiar aos pais; na falta ou impedimento de um deles, o outro o exercerá com exclusividade.
   Parágrafo único. Divergindo os pais quanto ao exercício do poder familiar, é assegurado a qualquer deles recorrer ao juiz para solução do desacordo.
6. CC, Art. 1.612. O filho reconhecido, enquanto menor, ficará sob a guarda do genitor que o reconheceu, e, se ambos o reconheceram e não houver acordo, sob a de quem melhor atender aos interesses do menor.

LIÇÃO 10 • PODER FAMILIAR, ADMINISTRAÇÃO E USUFRUTO DOS BENS DOS FILHOS MENORES **103**

Nesse mesmo sentido também o Estatuto da Criança e do Adolescente que preceitua: "O poder familiar será exercido, em igualdade de condições, pelo pai e pela mãe, na forma que dispuser a legislação civil, assegurado a qualquer deles o direito de, em caso de discordância, recorrer à autoridade judiciária competente para a solução da divergência" (ECA, art. 21).

4. EXERCÍCIO DO PODER FAMILIAR QUANTO AOS FILHOS

Compete aos pais, enquanto titulares do poder familiar, dirigir a criação e a educação dos filhos, tê-los em sua companhia e guarda, bem como conceder-lhe ou negar-lhe consentimento para casarem (CC, art. 1.634, I a III).[7]

Compete ainda aos pais representar os filhos menores de 16 anos e assisti-los dos 16 até que atinja a maioridade, em todos os atos da vida civil, judicial e extrajudicialmente (ver CC, art. 1.634, VII e art. 1.690).

Além disso, poderá preventivamente lhe nomear tutor para a criança, por testamento ou documento autêntico, para a eventualidade de morrendo não lhe sobrevier o outro genitor, sendo aquilo que a doutrina denomina de **tutela testamentária** (ver CC, art. 1.634, VI).

Poderá ainda reclamá-los de quem quer que o ilegalmente detenha utilizando para isso, se necessário, do Poder Judiciário (ver CC, art. 1.634, VIII).

Por fim, podem os pais exigir dos filhos que lhes obedeçam e lhes prestem respeito. Podem também exigir dos filhos que prestem os serviços compatíveis com sua idade e desenvolvimento (ver CC, art. 1.634, IX). Para atingir esse desiderato, é admissível que os pais possam castigar os filhos, desde que o faça de forma moderada.

---

7. CC, Art. 1.634. Compete a ambos os pais, qualquer que seja a sua situação conjugal, o pleno exercício do poder familiar, que consiste em, quanto aos filhos:

I – dirigir-lhes a criação e a educação;

II – exercer a guarda unilateral ou compartilhada nos termos do art. 1.584;

III – conceder-lhes ou negar-lhes consentimento para casarem;

IV – conceder-lhes ou negar-lhes consentimento para viajarem ao exterior;

V – conceder-lhes ou negar-lhes consentimento para mudarem sua residência permanente para outro Município;

VI – nomear-lhes tutor por testamento ou documento autêntico, se o outro dos pais não lhe sobreviver, ou o sobrevivo não puder exercer o poder familiar;

VII – representá-los judicial e extrajudicialmente até os 16 (dezesseis) anos, nos atos da vida civil, e assisti-los, após essa idade, nos atos em que forem partes, suprindo-lhes o consentimento;

VIII – reclamá-los de quem ilegalmente os detenha;

IX – exigir que lhes prestem obediência, respeito e os serviços próprios de sua idade e condição.

5. EXERCÍCIO DO PODER FAMILIAR QUANTO AOS BENS DOS FILHOS

O poder familiar também atribui aos pais o direito/responsabilidade pela guarda, conservação, administração e usufruto dos bens de seus filhos (CC, art. 1.689).[8]

Quer dizer, é como se os pais tivessem uma procuração para em nome dos filhos administrarem seus bens. Essa responsabilidade compete aos dois conjuntamente e, na eventualidade de divergências, qualquer deles poderá recorrer ao judiciário para dirimir a controvérsia (CC, art. 1.690, parágrafo único).[9]

Os pais têm o poder de administração com relação ao patrimônio de seus filhos menores. Contudo, para alienar ou gravar de ônus reais os bens dos filhos, os pais devem pedir autorização judicial que somente será concedida se for provado que tal ato se faz necessário e é feito em benefício do menor. Se os pais promoverem a venda sem a respectiva autorização judicial, este ato é anulável cujo pedido de declaração tem legitimidade para pedir o próprio menor, seus herdeiros ou seu representante legal (CC, art. 1.691 *caput* e parágrafo único).[10]

De outro lado adverte o nosso Código Civil que, havendo conflito de interesse entre os interesses dos pais frente aos dos filhos, deverá o juiz nomear curador especialmente para esse fim (CC, art. 1.692).[11]

Assim, durante o exercício do poder familiar, os pais têm o direito de usufruir dos rendimentos e frutos dos bens dos filhos menores, como uma espécie de compensação pelos encargos que do poder familiar advém. Isso é o que a doutrina chama de **usufruto legal** (ver CC, art. 1.689, I – NR-10).

---

8. CC, Art. 1.689. O pai e a mãe, enquanto no exercício do poder familiar:
    I – são usufrutuários dos bens dos filhos;
    II – têm a administração dos bens dos filhos menores sob sua autoridade.
9. CC, Art. 1.690. Compete aos pais, e na falta de um deles ao outro, com exclusividade, representar os filhos menores de dezesseis anos, bem como assisti-los até completarem a maioridade ou serem emancipados.
    Parágrafo único. Os pais devem decidir em comum as questões relativas aos filhos e a seus bens; havendo divergência, poderá qualquer deles recorrer ao juiz para a solução necessária.
10. CC, Art. 1.691. Não podem os pais alienar, ou gravar de ônus real os imóveis dos filhos, nem contrair, em nome deles, obrigações que ultrapassem os limites da simples administração, salvo por necessidade ou evidente interesse da prole, mediante prévia autorização do juiz.
    Parágrafo único. Podem pleitear a declaração de nulidade dos atos previstos neste artigo:
    I – os filhos;
    II – os herdeiros;
    III – o representante legal.
11. CC, Art. 1.692. Sempre que no exercício do poder familiar colidir o interesse dos pais com o do filho, a requerimento deste ou do Ministério Público o juiz lhe dará curador especial.

LIÇÃO 10 • PODER FAMILIAR, ADMINISTRAÇÃO E USUFRUTO DOS BENS DOS FILHOS MENORES **105**

Embora os pais tenham como regra geral esse poder de administração e o direito de usufruto dos bens dos filhos menores, há situações em que, pelas suas peculiares, essa regra não se aplica. É o caso, por exemplo, dos bens adquiridos pelo filho havido fora do casamento, antes do reconhecimento ou os bens doados ao menor com a condição de não serem usufruídos ou administrados pelos pais, dentre outras (CC, art. 1.693).[12]

6. SUSPENSÃO DO PODER FAMILIAR

A suspensão do poder familiar é a interrupção do exercício do poder familiar pelo prazo determinado pelo juiz, em face de comprovado abuso de autoridade parental, representado pelo descaso com relação à criança ou a dilapidação dos seus bens (CC, art. 1.637).[13]

A suspensão é uma medida de certa gravidade e que somente deve ser aplicada por sentença, após procedimento judicial próprio, no qual seja assegurado ao genitor o princípio do contraditório e da ampla defesa (ECA, art. 24).[14]

Assim a suspensão só pode ocorrer em face de condutas graves dos pais representada por abuso de autoridade; falta quanto aos deveres, por negligência, incapacidade, impossibilidade de seu exercício, ou omissão habitual no cumprimento; e ainda ruína ou dilapidação dos bens dos filhos.

A Lei nº 12.318, de 26 de agosto de 2010 (Lei da Alienação Parental) criou mais uma hipótese de suspensão do poder familiar, dessa vez contra o genitor que tenha sido condenado pela prática de alienação parental, quando então o juiz da causa poderá incidentalmente determinar tal medida (art. 6º, VII).[15]

---

12. CC, Art. 1.693. Excluem-se do usufruto e da administração dos pais:

    I – os bens adquiridos pelo filho havido fora do casamento, antes do reconhecimento;

    II – os valores auferidos pelo filho maior de dezesseis anos, no exercício de atividade profissional e os bens com tais recursos adquiridos;

    III – os bens deixados ou doados ao filho, sob a condição de não serem usufruídos, ou administrados, pelos pais;

    IV – os bens que aos filhos couberem na herança, quando os pais forem excluídos da sucessão.

13. CC, Art. 1.637. Se o pai, ou a mãe, abusar de sua autoridade, faltando aos deveres a eles inerentes ou arruinando os bens dos filhos, cabe ao juiz, requerendo algum parente, ou o Ministério Público, adotar a medida que lhe pareça reclamada pela segurança do menor e seus haveres, até suspendendo o poder familiar, quando convenha.

    Parágrafo único. Suspende-se igualmente o exercício do poder familiar ao pai ou à mãe condenados por sentença irrecorrível, em virtude de crime cuja pena exceda a dois anos de prisão.

14. ECA, Art. 24. A perda e a suspensão do poder familiar serão decretadas judicialmente, em procedimento contraditório, nos casos previstos na legislação civil, bem como na hipótese de descumprimento injustificado dos deveres e obrigações a que alude o art. 22.

15. Lei nº 12.318/10, Art. 6º. Caracterizados atos típicos de alienação parental ou qualquer conduta que dificulte a convivência de criança ou adolescente com genitor, em ação autônoma ou incidental, o juiz poderá, cumulativamente ou não, sem prejuízo da decorrente responsabilidade civil ou criminal e da ampla utilização de instrumentos processuais aptos a inibir ou atenuar seus efeitos, segundo a gravidade do caso:

Com relação aos aspectos mais importantes referentes à suspensão do poder familiar, se pode resumir destacando os seguintes:

a) **Objetivo da medida:**

É fundamentalmente proteger o menor. Tanto é assim que, se os pais faltarem com os deveres insculpidos no art. 1.634 do Código Civil e houver fundada suspeita de que a permanência dos filhos com seus genitores pode lhe ser prejudicial, o juiz poderá decretar a suspensão liminar do poder familiar que vigorará até que sobrevenha decisão final no processo em questão (ECA, art. 157).[16] Para isso basta que o Ministério Público, ou qualquer familiar ou pessoa que tenha legítimo interesse, demonstre o *fumus boni iuris* e o *periculum in mora*.

b) **Depende de decisão judicial:**

A suspensão do poder familiar só pode ocorrer por decisão judicial fundamentada.

c) **Deve ser respeitado o princípio do devido processo legal:**

A medida somente deverá ser aplicada depois de garantido ao acusado o devido processo legal que lhes permita defender-se das acusações de descumprimento dos deveres que lhe seriam inerentes (ECA, art. 158).[17]

d) **Legitimidade para requerer:**

Têm legitimidade para requerer a medida tanto o Ministério Público quanto qualquer pessoa que demonstre ter legítimo interesse (ECA, 155).[18]

e) **Petição inicial:**

Deverá preencher, além dos requisitos do art. 319 do CPC, os requisitos específicos elencados no Estatuto da Criança e do Adolescente (ECA, art. 156).[19]

(omissis)...

VII – declarar a suspensão da autoridade parental.

16. ECA, Art. 157. Havendo motivo grave, poderá a autoridade judiciária, ouvido o Ministério Público, decretar a suspensão do poder familiar, liminar ou incidentalmente, até o julgamento definitivo da causa, ficando a criança ou adolescente confiado a pessoa idônea, mediante termo de responsabilidade. (omissis)...

17. ECA, Art. 158. O requerido será citado para, no prazo de dez dias, oferecer resposta escrita, indicando as provas a serem produzidas e oferecendo desde logo o rol de testemunhas e documentos. (omissis)...

18. ECA, Art. 155. O procedimento para a perda ou a suspensão do poder familiar terá início por provocação do Ministério Público ou de quem tenha legítimo interesse.

19. ECA, Art. 156. A petição inicial indicará:

I – a autoridade judiciária a que for dirigida;

LIÇÃO 10 • PODER FAMILIAR, ADMINISTRAÇÃO E USUFRUTO DOS BENS DOS FILHOS MENORES **107**

f) Momento da concessão da medida:

Poderá ser concedida provisoriamente como medida cautelar no início ou no curso do processo se provado a urgência da medida, caso contrário ao final do processo (ver ECA, art. 157 – NR-15).

g) Quanto à prole:

Pode se referir a toda a prole ou apenas a um dos filhos.

h) Quanto aos pais:

Pode ser dirigida contra um dos pais ou contra os dois. Se ambos forem suspensos, será nomeado um representante legal para o menor (ver ECA, art. 157, parte final – NR-15).

i) Duração:

É sempre temporária e pode ser revista a qualquer tempo desde que haja motivo que justifique.

7. SUSPENSÃO AUTOMÁTICA DO PODER FAMILIAR

Ocorre nos casos em que a mãe ou o pai venha a ser condenado ao cumprimento de pena de prisão que exceda a dois anos (ver CC, art. 1.637, parágrafo único – NR-13).

Vale registrar que se a condenação decorrer de conduta imputada aos pais que atente contra o estado de filiação ou à assistência familiar em face do filho, o próprio Código Penal prevê expressamente que a pessoa ficará incapacidade para o exercício do poder familiar, como efeito direto da condenação, ou seja, nesse caso haverá a perda do poder familiar (CP, art. 92, II).[20]

8. PERDA DO PODER FAMILIAR

Essa é uma medida mais drástica do que a suspensão porque implica na extinção do poder familiar e deve ser aplicada pelo juiz com a máxima prudência.

II – o nome, o estado civil, a profissão e a residência do requerente e do requerido, dispensada a qualificação em se tratando de pedido formulado por representante do Ministério Público;

III – a exposição sumária do fato e o pedido;

IV – as provas que serão produzidas, oferecendo, desde logo, o rol de testemunhas e documentos.

20. CP, Art. 92 – São também efeitos da condenação:

(Omissis)

II – a incapacidade para o exercício do pátrio poder, tutela ou curatela, nos crimes dolosos, sujeitos à pena de reclusão, cometidos contra filho, tutelado ou curatelado; (...).

Nesse caso, as causas que podem acarretar a perda do poder familiar são de maior gravidade e vêm elencadas no Código Civil, que são: castigar imoderadamente o filho; deixar o filho em abandono; praticar atos contrários à moral e aos bons costumes; e incidir reiteradamente nas faltas que autorizam a suspensão do poder familiar (CC, art. 1.638).[21]

Assim como no caso de suspensão, a perda do poder familiar somente pode ocorrer por decisão judicial, em cujo processo seja assegurado ao acusado todos os meios de defesa, em respeito ao princípio constitucional do contraditório e da ampla defesa (ver ECA, art. 24 – NR-14).

Embora possa haver divergências doutrinárias, entendemos que os aspectos mais importantes decorrentes da medida são as seguintes:

a) **Objetivo da medida:**

Assim como na suspensão é fundamentalmente proteger a criança e seus interesses.

b) **Depende de decisão judicial:**

A suspensão do poder familiar só pode ocorrer por decisão judicial fundamentada.

c) **Será sempre por prazo indeterminado:**

Diferentemente da suspensão, que é temporária, a perda do poder familiar tem caráter definitivo.

d) **Só se perfaz com o trânsito em julgado:**

O que significa dizer que os pais eventualmente destituídos do poder familiar por decisão de primeiro grau têm assegurado o direito de interpor todos os recursos cabíveis em respeito ao devido processo legal.

e) **Não acarreta o rompimento do vínculo de parentesco:**

A decisão judicial que determinar a perda do poder familiar não tem o condão de extinguir o parentesco existente entre a criança e os seus pais biológicos. Esse vínculo só será rompido se sobrevier uma adoção.

---

21. CC, Art. 1.638. Perderá por ato judicial o poder familiar o pai ou a mãe que:

I – castigar imoderadamente o filho;

II– deixar o filho em abandono;

III– praticar atos contrários à moral e aos bons costumes;

IV– incidir, reiteradamente, nas faltas previstas no artigo antecedente.

V – entregar de forma irregular o filho a terceiros para fins de adoção.

(omisis)...

LIÇÃO 10 • PODER FAMILIAR, ADMINISTRAÇÃ O E USUFRUTO DOS BENS DOS FILHOS MENORES · **109**

f) Direito de alimentos:

Durante o processo e mesmo após a decisão final decretando a perda do poder familiar, o filho continua tendo direito a alimentos.

g) Direito de visitas:

Esta é uma questão delicada, pois mais das vezes a conduta que autoriza a propositura da ação visando a destituição do poder familiar também aconselha que a criança seja afastada dos seus genitores. Nessas circunstâncias, a visitação pode ser uma medida prejudicial ao bem-estar da criança. Embora os laços familiares devam ser prestigiados, existem casos em que a visitação deve ser expressamente proibida pela justiça, especialmente quando os pais são violentos ou drogados, ou ainda nos casos em que o processo se originou em face de abuso sexual do menor.

h) Abrange toda a prole:

Embora haja divergências, somos de opinião de que a perda do poder familiar deve ser estendida a toda a prole do casal, até em face do caráter preventivo da medida. Quer dizer, se não serve para ser pai ou mãe de um, não deverá servir para ser pai ou mãe dos demais.

9. RESTABELECIMENTO DO PODER FAMILIAR

Como já vimos, a suspensão do poder familiar é uma medida temporária, de sorte que, terminado o prazo da determinação judicial e verificado que as causas que a motivaram não mais existem, o poder familiar será restaurado na sua integralidade.

Já com relação à perda do poder familiar, é diferente. A legislação brasileira é silente quanto à possibilidade dos pais recuperarem o poder familiar quando tenham sido destituídos. Outros países têm previsão clara com relação à restauração do poder familiar (Argentina, França, Itália etc.). No Brasil, o legislador foi omisso com relação a esta questão.

Alguns autores, para não dizer a maioria, defendem que a perda do poder familiar, embora permanente, não é definitiva, pois os pais poderiam recuperá-lo em procedimentos judicial no qual comprovem que as causa que justificaram a perda não mais existem.

Ousamos não concordar, tendo em vista tratar-se de uma modalidade de extinção do poder familiar (ver CC, art. 1.635, V), por decisão judicial baseada nos motivos do art. 1.638, logo é inequivocamente definitiva, não sendo possível seu restabelecimento, uma vez decretada.

Apesar desse nosso posicionamento é importante afirmar que tramita na Câmara dos Deputados o Projeto de Lei nº 2.285/2007 que dispõe sobre o Estatuto das Famílias e, nesse projeto, existe a previsão expressa de recuperação do poder familiar pelos pais que o perderam, desde que provem que as razões que motivaram a perda não mais subsistem.

10. EXTINÇÃO DO PODER FAMILIAR

A extinção do poder familiar, diferentemente da perda, ocorre por causas naturais e são aquelas previstas no art. 1.635[22] do Código Civil, quais sejam:

a) **Morte:**

Por óbvio que a morte dos pais ou dos filhos é um fato extintivo do poder familiar. Se somente um dos pais faleceu, o encargo continua com o sobrevivente, agora de forma exclusiva.

b) **Emancipação:**

Já vimos que a emancipação, seja voluntária, judicial ou legal, antecipa a maioridade civil. Ora, se a pessoa encontra-se apta para todos os atos da vida civil, não teria lógica permanecer sob a dependência jurídica de seus pais. Assim, a emancipação é também uma das causas de extinção do poder familiar.

c) **Maioridade civil:**

Essa é uma causa natural de extinção do poder familiar, tendo em vista que o múnus imposto aos pais é o de criar, educar e prover as necessidades dos filhos menores que estejam sob sua guarda, enquanto dure a menoridade.

d) **Adoção:**

Tendo em vista que a adoção rompe os vínculos de parentesco com os pais biológicos e atribui um novo parentesco ao adotado, conclusão lógica é que com relação aos pais biológicos o poder familiar não mais existe, passando a existir agora em face dos pais adotivos. Quando a adoção se processa com a anuência dos pais biológicos, temos por assim dizer uma

---

22. CC, Art. 1.635. Extingue-se o poder familiar:

I – pela morte dos pais ou do filho;

II– pela emancipação, nos termos do art. 5o, parágrafo único;

III – pela maioridade;

IV– pela adoção;

V– por decisão judicial, na forma do artigo 1.638.

espécie de transferência do poder familiar dos pais biológicos para os pais adotivos (ECA, art. 45).[23]

e) Decisão judicial:

A perda do poder familiar reconhecida em sentença transitada em julgado é causa de extinção do poder familiar, conforme já asseveramos.

11. CARÊNCIA DE RECURSO

A carência de recursos econômicos não é motivo, por si só, para decretar a perda ou suspensão do poder familiar (ECA, art. 23).[24]

Se o pai ou a mãe ou mesmo o casal não tem recursos materiais para criar o filho, deve-se buscar outra solução que não a perda ou a suspensão do poder familiar.

Nesse sentido determina o parágrafo único do aludido dispositivo que a criança deverá permanecer com sua família, devendo ser incluída em programas sociais de assistência, de sorte a receber os auxílios necessários à subsistência.

12. NOVAS NÚPCIAS DOS PAIS

O pai ou a mãe que venham a contrair novas núpcias ou estabelece nova união estável não perdem o poder familiar com relação aos filhos do relacionamento anterior (ver CC, art. 1.636).

Da mesma forma se o pai ou a mãe era solteiro quando do nascimento do filho e sobre ele exerce o poder familiar isolada ou conjuntamente, o fato de vir

---

23. ECA, Art. 45. A adoção depende do consentimento dos pais ou do representante legal do adotando.

§ 1º O consentimento será dispensado em relação à criança ou adolescente cujos pais sejam desconhecidos ou tenham sido destituídos do poder familiar.

§ 2º Em se tratando de adotando maior de doze anos de idade, será também necessário o seu consentimento.

24. ECA, Art. 23. A falta ou a carência de recursos materiais não constitui motivo suficiente para a perda ou a suspensão do poder familiar.

§ 1º Não existindo outro motivo que por si só autorize a decretação da medida, a criança ou o adolescente será mantido em sua família de origem, a qual deverá obrigatoriamente ser incluída em serviços e programas oficiais de proteção, apoio e promoção.

§ 2º A condenação criminal do pai ou da mãe não implicará a destituição do poder familiar, exceto na hipótese de condenação por crime doloso sujeito à pena de reclusão contra outrem igualmente titular do mesmo poder familiar ou contra filho, filha ou outro descendente. (Redação dada pela Lei nº 13.715, de 2018).

a contrair núpcias ou união estável não tem o condão de alterar o seu *status* em relação ao filho (CC, art. 1.636, parágrafo único).[25]

13. COMPARATIVO ENTRE SUSPENSÃO, PERDA E EXTINÇÃO DO PODER FAMILIAR

Na suspensão: o poder familiar fica suspenso, total ou parcialmente, e prevalece enquanto a causa que a determinou subsistir e é facultativa aplicando-se a um determinado filho ou a todos.

Na perda: a decisão é mais grave do que a suspensão porque o juiz determina que os pais não exerçam o poder familiar por nenhum modo, ou seja, é total. Além disso, é imperativa, pois abrange toda a prole e também é permanente.

Na extinção: não há nenhum caráter punitivo, tendo em vista que as causas extintivas do poder familiar são naturais e independem da vontade das partes ou de quem quer que seja.

---

25. CC, Art. 1.636. O pai ou a mãe que contrai novas núpcias, ou estabelece união estável, não perde, quanto aos filhos do relacionamento anterior, os direitos ao poder familiar, exercendo-os sem qualquer interferência do novo cônjuge ou companheiro.

Parágrafo único. Igual preceito ao estabelecido neste artigo aplica-se ao pai ou à mãe solteiros que casarem ou estabelecerem união estável.

CAPÍTULO 4
DO DIREITO PATRIMONIAL NAS RELAÇÕES DE FAMÍLIA

LIÇÃO 11
DO REGIME DE BENS
E DO PACTO ANTENUPCIAL

Sumário: I – Do regime de bens – 1. Regime de bens – 2. Liberdade de escolha dos noivos – 3. Regime obrigatório (limitação à liberdade de escolha) – 4. Espécies de regimes de bens – 5. Regime de comunhão parcial; 5.1 Bens que não se comunicam com o casamento; 5.2 Bens que se comunicam com o casamento; 5.3 Administração do patrimônio comum do casal – 6. Comunhão universal; 6.1 Bens excluídos da comunhão; 6.2 Administração dos bens; 6.3 Dissolução da comunhão – 7. Regime de participação final nos aquestos – 8. Regime de separação de bens – 9. Mutabilidade do regime de bens – II – Pacto antenupcial – 10. Conceito de pacto antenupcial – 11. Características do pacto – 12. Procedimento para realização do pacto – 13. Liberdade de estipulação – 14. Limites da liberdade dos nubentes – 15. Regime de separação obrigatória.

I – DO REGIME DE BENS

1. REGIME DE BENS

É o conjunto de normas que irá disciplinar as relações jurídico-econômicas entre os cônjuges e mesmo perante terceiro, pelo qual as partes estabelecem a forma de administração e titularidade dos bens (sejam os comuns ou mesmo os particulares), a contribuição do casal para o sustento do lar e, mais importante, define a responsabilidade para com terceiros pelas obrigações assumidas pelo casal.

2. LIBERDADE DE ESCOLHA DOS NOIVOS

Em princípio, os nubentes são livres para escolher um dos regimes e até fazer combinações entre os regimes existentes, como, por exemplo, casar pelo regime de separação total incluindo o imóvel que será moradia do casal como um bem comum (CC, art. 1.639, *caput*).[1]

Da leitura do artigo em comento se tem a impressão de que a liberdade de escolha é absoluta, porém não é assim. O casal não poderá fazer estipulação que contrarie disposição de lei, quer dizer, poderá até mesclar aspectos de um regime com o de outro, porém só no aspecto econômico, tendo em vista que não poderão estipular cláusulas que excluam, por exemplo, o poder familiar de um ou de outro em relação à futura prole, bem como o dever de fidelidade ou a mútua assistência ou excluir da sucessão herdeiro necessário (CC, art. 1.655).[2]

3. REGIME OBRIGATÓRIO (LIMITAÇÃO À LIBERDADE DE ESCOLHA)

Algumas pessoas não têm liberdade no que diz respeito à escolha do regime de bens, tendo em vista que a lei expressamente impõe que, em determinadas situações, o regime seja obrigatoriamente o de separação total de bens.

Assim o regime será de separação obrigatória de bens nas seguintes situações (CC, art. 1.641):[3]

a) **Inobservância das causas suspensivas:**

Determina a lei que aqueles que casarem com inobservância das causas suspensivas previstas no art. 1.523 do Código Civil deverão adotar o regime de separação obrigatória de bens, a exemplo do divorciado, enquanto não homologada ou decidida a partilha dos bens do casal (ver CC, art. 1.641, I).

Atenção: é permitido aos nubentes requerer ao juiz que não lhes sejam aplicadas as causas suspensivas (CC, art. 1.523, parágrafo único). Portanto, se o juiz deferir tal pedido, por consequência lógica estará afastando também a imposição do regime obrigatório de bens.

---

1. CC, Art. 1.639. É lícito aos nubentes, antes de celebrado o casamento, estipular, quanto aos seus bens, o que lhes aprouver.

   § 1º O regime de bens entre os cônjuges começa a vigorar desde a data do casamento.

   § 2º É admissível alteração do regime de bens, mediante autorização judicial em pedido motivado de ambos os cônjuges, apurada a procedência das razões invocadas e ressalvados os direitos de terceiros.
2. CC, Art. 1.655. É nula a convenção ou cláusula dela que contravenha disposição absoluta de lei.
3. CC, Art. 1.641. É obrigatório o regime da separação de bens no casamento:

   I – das pessoas que o contraírem com inobservância das causas suspensivas da celebração do casamento;

   II – da pessoa maior de 70 (setenta) anos;

   III – de todos os que dependerem, para casar, de suprimento judicial.

b) Idade superior a 70 anos:

Também as pessoas com idade superior a 70 anos não têm liberdade de escolha quanto ao regime de bens. Tal proibição tem a ver com a intenção do legislador de impedir casamento por interesse. Quer dizer, tem caráter protetivo com relação aos bens do idoso (ver CC, art. 1.641, II).

Atenção: advirta-se que boa parte da doutrina se posiciona contrariamente a essa norma, por entendê-la como uma intromissão indevida na liberdade de escolha individual de alguém que é capaz. Além do mais, essa intromissão fere o princípio da dignidade dos cônjuges, fazendo pressupor que aquele ou aquela que casa com alguém que tenha mais de 70 anos o faz por puro interesse patrimonial (ver CF, art. 1º, III).

c) Suprimento judicial para casar:

Todos aqueles que dependerem de suprimento judicial para casar, como, por exemplo, os menores que ainda não tenham autorização dos pais, não terão liberdade de escolha, porque a lei lhes impõe o regime de separação total de bens (ver CC, art. 1.641, III).

Atenção: não se confunda suprimento com autorização. O menor que foi autorizado a casar pelos pais, ou por seu representante legal, pode escolher livremente o regime de bens por meio do pacto antenupcial. A única diferença é que deverá ser assistido pelo seu representante na lavratura da respectiva escritura.

Em todos os casos de regime obrigatório, não há necessidade de pacto antenupcial, tendo em vista que esse regime é uma imposição de lei.

4. ESPÉCIES DE REGIMES DE BENS

Existe a previsão legal de quatro regimes de bens para o casamento, quais sejam: comunhão parcial; comunhão universal; separação de bens e participação final nos aquestos.

Se a opção dos nubentes for pelo regime de comunhão parcial de bens, bastará declarar isso ao oficial de cartório onde fizeram a habilitação que a reduzirá a termo sem maiores formalidades (CC, art. 1.640, parágrafo único).[4]

---

4. CC, Art. 1.640. Não havendo convenção, ou sendo ela nula ou ineficaz, vigorará, quanto aos bens entre os cônjuges, o regime da comunhão parcial.
   Parágrafo único. Poderão os nubentes, no processo de habilitação, optar por qualquer dos regimes que este código regula. Quanto à forma, reduzir-se-á a termo a opção pela comunhão parcial, fazendo-se o pacto antenupcial por escritura pública, nas demais escolhas.

Atenção: se o casal optar por outro regime de bens, que não a comunhão parcial, somente o poderá fazer através do pacto antenupcial, lavrado em Cartório de Notas, mediante escritura pública.

5. REGIME DE COMUNHÃO PARCIAL

É o regime que exclui da comunhão os bens que os cônjuges possuíam antes do casamento ou que venham a adquirir por causa estranha ou anterior ao casamento (como as doações e sucessões), entrando para a comunhão somente os bens adquiridos na constância do casamento (CC, art. 1.658).[5]

É o regime de bens que **podemos chamar de oficial ou legal**, porque essa opção não exige maiores formalidades, bastando aos nubentes simplesmente declarar perante o oficial do Registro Civil onde for feita a habilitação que é esse o regime desejado.

Aliás, tanto dispensa formalidades que ele é admitido até mesmo no silêncio das partes ou quando o pacto antenupcial realizado for nulo ou ineficaz (ver CC, art. 1.640 – NR-4).

Nesse regime, os bens que cada um tinha antes do casamento serão individualmente de cada um, não se comunicando. Só se comunicam, como regra geral, os bens adquiridos na constância do casamento, que serão os bens comuns do casal.

Assim, podemos dizer que teremos três categorias de bens: os do marido (representado pelos bens que ele tinha antes de casar); os da mulher (o que ela tinha antes de casar); e os que serão comuns ao casal (os bens adquiridos durante o período do casamento).

5.1 Bens que não se comunicam com o casamento

Além dos bens que cada um dos cônjuges possuía antes de casar, também não se comunicam (CC, art. 1.659):[6]

---

5. CC, Art. 1.658. No regime de comunhão parcial, comunicam-se os bens que sobrevierem ao casal, na constância do casamento, com as exceções dos artigos seguintes.

6. CC, Art. 1.659. Excluem-se da comunhão:

I – os bens que cada cônjuge possuir ao casar, e os que lhe sobrevierem, na constância do casamento, por doação ou sucessão, e os sub-rogados em seu lugar;

II – os bens adquiridos com valores exclusivamente pertencentes a um dos cônjuges em sub-rogação dos bens particulares;

III – as obrigações anteriores ao casamento;

IV – as obrigações provenientes de atos ilícitos, salvo reversão em proveito do casal;

V – os bens de uso pessoal, os livros e instrumentos de profissão;

VI – os proventos do trabalho pessoal de cada cônjuge;

a) Bens recebidos em doação ou por sucessão:

Os bens que forem conseguidos por qualquer dos cônjuges por doação ou sucessão, bem como os que forem sub-rogados em seu lugar, mesmo que isso ocorra na constância do casamento, não se comunicam (ver CC, art. 1.659, I, parte final).

b) Bens de sub-rogação nos bens particulares:

Se os bens adquiridos forem com valores exclusivamente de um dos cônjuges decorrentes de seus bens particulares, teremos o instituto da sub-rogação, ou seja, esses bens adquiridos agora irão substituir os anteriores que eram particularmente de um dos cônjuges, logo também não se comunicarão (ver CC, art. 1.659, II).

c) Obrigações anteriores ao casamento:

Assim como não se comunicam os bens anteriores ao casamento, também as obrigações de cada um dos cônjuges não se comunicam (ver CC, art. 1.659, III).

d) Obrigações provenientes de ato ilícito:

É regra geral da responsabilidade civil que somente responde pelos danos a própria pessoa que lhe deu causa. Logo, se um dos cônjuges comete algum ilícito, provando que tal fato não reverteu a favor do casal, somente quem praticou o ato é que responderá com seus bens particulares por eventual indenização (ver CC, art. 1.659, IV).

e) Bens de uso pessoal ou profissional:

Embora o Código Civil mencione os bens de uso pessoal, os livros e instrumentos de profissão, esse rol é meramente exemplificativo, devendo em cada situação concreta verificar o que pode ser incluído no conceito de "bens de uso pessoal" (ver CC, art. 1.659, V).

f) Os proventos do trabalho pessoal de cada cônjuge:

São os salários, os vencimentos, a aposentadoria que cada cônjuge possa ter direito. Quer dizer, o direito à percepção desses proventos é incomunicável (ver CC, art. 1.659, VI).

Atenção: a incomunicabilidade é com relação à percepção, tendo em vista que, depois de recebidos esses rendimentos ingressam na órbita da economia comum do casal e acabam por se comunicar.

VII – as pensões, meios-soldos, montepios e outras rendas semelhantes.

g) As pensões, meios-soldos, montepios e outras rendas semelhantes:

Vamos esclarecer por primeiro o que significa cada um desses termos. Pensão é uma contraprestação periódica, normalmente mensal, que alguém faz jus por força de decisão judicial ou mesmo por ato de vontade expressada em doação ou testamento; enquanto o meio-soldo é a metade do salário que o Estado pagaria ao militar reformado; e o montepio é um tipo de pensão que o Estado paga aos herdeiros de funcionários que faleceram. Nesses casos trata-se de direito personalíssimo, razão por que não se comunicam (ver CC, art. 1.659, VII).

Fora a enumeração acima, o Código Civil faz prever outra exclusão dizendo serem incomunicáveis os bens cuja aquisição tenha por motivo um fato anterior ao casamento (CC, art. 1.661).[7]

Para melhor entender: vamos imaginar que alguém ingressou com uma ação de usucapião para ver reconhecido seu direito sobre determinado imóvel. No curso da ação vem a se casar e só depois de casado obtém o reconhecimento judicial de sua titularidade sobre o imóvel. Nesse caso, ainda que tenha adquirido a propriedade pela sentença que foi prolatada depois de ele casado, esse bem não se comunica porque a causa que lhe deu origem era anterior ao casamento.

Vale registrar: há outra exclusão prevista em lei especial. Trata-se dos direitos patrimoniais do autor, exceto os rendimentos resultantes de sua exploração, que não se comunicam com o casamento, salvo se isso constar expressamente do pacto antenupcial (ver Lei nº 9.610/98, art. 39).

5.2 Bens que se comunicam com o casamento

O Código Civil também trata dos bens que se comunicam no regime de comunhão parcial de bens, quais sejam (CC, art. 1.660):[8]

---

7. CC, Art. 1.661. São incomunicáveis os bens cuja aquisição tiver por título uma causa anterior ao casamento.

8. CC, Art. 1.660. Entram na comunhão:

I– os bens adquiridos na constância do casamento por título oneroso, ainda que só em nome de um dos cônjuges;

II– os bens adquiridos por fato eventual, com ou sem o concurso de trabalho ou despesa anterior;

III– os bens adquiridos por doação, herança ou legado, em favor de ambos os cônjuges;

IV – as benfeitorias em bens particulares de cada cônjuge;

V – os frutos dos bens comuns, ou dos particulares de cada cônjuge, percebidos na cons tância do casamento, ou pendentes ao tempo de cessar a comunhão.

a) Os bens adquiridos na constância do casamento:

Aqui o legislador foi repetitivo, pois tal regra é da essência do próprio regime, conforme já abordado. Contudo, vale ressaltar que essa previsão parte do pressuposto de que houve esforço comum de ambos os cônjuges para a aquisição daquele determinado bem.

b) Os bens adquiridos por fato eventual:

É interessante a inclusão deste inciso porque fato eventual é coisa que pode acontecer em face do ocaso, tal como ganhar um prêmio de loteria. Se isso ocorrer, não se indaga se houve concurso, trabalho ou participação do outro cônjuge, o resultado concreto é que esse bem será comum do casal.

c) Os bens adquiridos por doação, herança ou legado em favor de ambos os cônjuges:

Os bens que forem doados a ambos os cônjuges por óbvio serão dos dois. Além disso, se ambos forem beneficiados por testamento como herdeiros testamentários de forma comum sobre a universalidade de bens ou sobre um bem determinado (legados), a situação será igual à doação, só que nesse caso só irá valer *post mortem*.

d) As benfeitorias em bens particulares de cada cônjuge:

São os acréscimos sobre os bens particulares de cada um. Aqui o legislador fez presumir que os acréscimos, com sua respectiva valorização do bem particular de um dos cônjuges, acabaram por acontecer como resultado do esforço comum.

e) Os frutos dos bens comuns, ou dos particulares de cada cônjuge, percebidos na constância do casamento, ou pendentes ao tempo de cessar a comunhão:

Nesse caso os ganhos são posteriores ao casamento, logo são acréscimo que a lei faz presumir resultar do esforço comum do casal, por isso se comunicam.

f) Bens móveis:

Os bens móveis, especialmente os que guarnecem a residência do casal, presumem-se terem sido adquiridos pelo esforço comum do casal. Essa presunção admite prova em contrário (CC, art. 1.662).[9]

---

9. CC, Art. 1.662. No regime da comunhão parcial, presumem-se adquiridos na constância do casamento os bens móveis, quando não se provar que o foram em data anterior.

5.3 Administração do patrimônio comum do casal

A administração dos bens comuns do casal cabe a qualquer um deles, repartindo-se as despesas contraídas no exercício da administração (CC, art. 1.663).[10]

É exigida a anuência de ambos os cônjuges para a prática de atos que impliquem possível prejuízo para o patrimônio comum do casal. Assim, atos, a título gratuito, que impliquem cessão ou uso gratuito dos bens comuns deverão ter participação de ambos os cônjuges (ver CC, art. 1.663, § 2º).

O Código Civil faz prever ainda que, havendo malversação dos bens que compõem o patrimônio comum, o cônjuge prejudicado poderá requerer ao juiz que lhe atribua a exclusividade na administração (ver CC, art. 1.663, § 3º).

Naturalmente que as dívidas assumidas em nome e no interesse da família, bem como aquelas contraídas para administração dos bens comuns, a ambos obrigam e, por conseguinte, os bens comuns responderão por essas dívidas (CC, art. 1.664).[11]

Já com relação aos bens particulares, tanto a administração quanto a disposição competem a cada cônjuge proprietário (CC, art. 1.665),[12] bem como as despesas realizadas com a administração desses bens não obrigarão os bens comuns do casal (CC, art. 1.666).[13]

6. COMUNHÃO UNIVERSAL

Trata-se do regime pelo qual todos os bens do casal, tanto os presentes quanto os futuros, passam a fazer parte de uma só massa, na qual marido e mulher vão ser condôminos, sendo atribuída a cada um dos cônjuges metade do patrimônio (CC, art. 1.667).[14]

---

10. CC, Art. 1.663. A administração do patrimônio comum compete a qualquer dos cônjuges.

    § 1º As dívidas contraídas no exercício da administração obrigam os bens comuns e particulares do cônjuge que os administra, e os do outro na razão do proveito que houver auferido.

    § 2º A anuência de ambos os cônjuges é necessária para os atos, a título gratuito, que impliquem cessão do uso ou gozo dos bens comuns.

    § 3º Em caso de malversação dos bens, o juiz poderá atribuir a administração a apenas um dos cônjuges.

11. CC, Art. 1.664. Os bens da comunhão respondem pelas obrigações contraídas pelo marido ou pela mulher para atender aos encargos da família, às despesas de administração e às decorrentes de imposição legal.

12. CC, Art. 1.665. A administração e a disposição dos bens constitutivos do patrimônio particular competem ao cônjuge proprietário, salvo convenção diversa em pacto antenupcial.

13. CC, Art. 1.666. As dívidas, contraídas por qualquer dos cônjuges na administração de seus bens particulares e em benefício destes, não obrigam os bens comuns.

14. CC, Art. 1.667. O regime de comunhão universal importa a comunicação de todos os bens presentes e futuros dos cônjuges e suas dívidas passivas, com as exceções do artigo seguinte.

LIÇÃO 11 • DO REGIME DE BENS E DO PACTO ANTENUPCIAL   **123**

Quer dizer, por esse regime forma-se uma universalidade composta por todos os bens presentes que cada um trouxe para o casamento, bem como a estes serão adicionados os que futuramente venham a ser adquiridos pelo casal.

Em regra, tudo o que entre para o acervo do casal passa a ser propriedade comum, por isso dizemos que os cônjuges são meeiros com reflexos importantes para a sucessão, pois se um deles morre somente a metade dos bens que era do casal é que irá ser inventariada, reservando-se a outra metade para o cônjuge sobrevivente.

> **Curiosidade:** esse era o regime mais utilizado até o advento da lei do divórcio (Lei nº 6.515/77), provavelmente em face do fato de que a lei vigente à época (Código Civil de 1916) previa que no silêncio dos nubentes aplicava-se tal regime e também pelo romantismo vigente à época que dificultava falar em separação de bens.

6.1   Bens excluídos da comunhão

Embora a regra seja a de que todos os bens presentes e futuros passem a integrar a comunhão, existem algumas exceções que se justificam por terem efeitos personalíssimos ou devido a sua própria natureza (CC, art. 1.668),[15] quais sejam:

a)   Os bens doados ou herdados com a cláusula de incomunicabilidade e os sub-rogados em seu lugar:

Se o testador ou mesmo o doador fizer a doação e nela impuser a cláusula de incomunicabilidade, esta cláusula por si só exclui a participação do outro cônjuge nesse bem. Isso vale inclusive para os bens que sejam depois adquiridos para substituir aqueles originalmente doados ou testados, em face do instituto da sub-rogação (ver CC, art. 1.668, I).

b)   Os bens gravados de fideicomisso e o direito do herdeiro fideicomissário, antes de realizada a condição suspensiva:

A lógica dessa previsão se assenta no fato de que a propriedade do fiduciário é resolúvel, pois depende de que a condição aconteça. Com o

---

15. CC, Art. 1.668. São excluídos da comunhão:

I – os bens doados ou herdados com a cláusula de incomunicabilidade e os sub-rogados em seu lugar;

II – os bens gravados de fideicomisso e o direito do herdeiro fideicomissário, antes de realizada a condição suspensiva;

III – as dívidas anteriores ao casamento, salvo se provierem de despesas com seus aprestos, ou reverterem em proveito comum;

IV – as doações antenupciais feitas por um dos cônjuges ao outro com a cláusula de incomunicabilidade;

V – Os bens referidos nos incisos V a VII do art. 1.659.

implemento da condição, esse bem passa a integrar a comunhão do casal (ver CC, art. 1.668, II).

c) **As dívidas anteriores ao casamento, salvo se provierem de despesas com seus aprestos, ou reverterem em proveito comum:**

Por óbvio que só respondem pelas dívidas contraídas antes do casamento os bens particulares do cônjuge que tenha assumido essas dívidas, a não ser que o credor prove que essas dívidas são oriundas de despesas com os aprestos do casamento, tais como os gastos com o enxoval, com a festa, com a mobília da casa; ou que reverteram em proveito comum do casal, como, por exemplo, o financiamento para a aquisição do imóvel que será a futura moradia do casal (ver CC, art. 1.668, III).

d) **As doações antenupciais feitas por um dos cônjuges ao outro com a cláusula de incomunicabilidade:**

Independentemente de quem fez a doação, se houve a cláusula de incomunicabilidade, esta deverá ser respeitada, por isso esse bem ficará excluído da meação (ver CC, art. 1.668, IV).

e) **Os bens referidos nos incisos V a VII do art. 1.659:**

São os bens de uso pessoal ou profissional; os proventos do trabalho pessoal de cada consorte; e, as pensões, meio-soldos, montepios e outras rendas semelhantes (ver CC, art. 1.659, V, VI e VII).

Finalmente, importa destacar que a incomunicabilidade dos bens referenciada nos itens acima não se estende aos frutos, quando se percebam ou vençam durante o casamento (ver CC, art. 1.669).

6.2 Administração dos bens

Manda o Código Civil que na comunhão universal de bens apliquem-se quanto à administração as mesmas regras que foram adotadas pela comunhão parcial (CC, art. 1.670).[16]

6.3 Dissolução da comunhão

A comunhão só irá se dissolver com a dissolução da sociedade conjugal, que pode ocorrer pela morte de um dos cônjuges (que pode ser real ou presumida), nulidade do casamento ou pelo divórcio (CC, art. 1.571).[17]

---

16. CC, Art. 1.670. Aplica-se ao regime da comunhão universal o disposto no Capítulo antecedente, quanto à administração dos bens.
17. CC, Art. 1.571. A sociedade conjugal termina:

I – pela morte de um dos cônjuges;

LIÇÃO 11 • DO REGIME DE BENS E DO PACTO ANTENUPCIAL **125**

Dissolvida a sociedade conjugal cessa a comunhão e agora cada um dos côn-juges, responde sozinho pelas suas dívidas e obrigações que passam a ser pessoais.

Atenção: embora o Código ainda fale em separação como causa da dis-solução da sociedade conjugal, é importante registrar que ela hoje não mais existe em face da Emenda Constitucional nº 66/10.

7. REGIME DE PARTICIPAÇÃO FINAL NOS AQUESTOS

É um sistema híbrido pelo qual se prevê a separação de bens anteriores ao casamento apurando-se os valores dos acréscimos ocorridos durante a vigência do casamento que serão repartidos entre os cônjuges, no caso de dissolução da sociedade conjugal (CC, art. 1.672).[18]

Nesse sistema integram o patrimônio próprio os bens que cada cônjuge possuía ao casar e os por ele adquiridos, a qualquer título, na constância do casa-mento. A administração desses bens é exclusiva de cada cônjuge, que os poderá livremente alienar, se forem móveis (ver CC, art. 1.673).

Isto é, sobrevindo a dissolução da sociedade conjugal, seja pelo divórcio ou pela morte, a participação de cada cônjuge se opera através dos acréscimos patrimoniais que tenham ocorrido durante o casamento, em razão do esforço comum do casal, excluídos de forma contábil os bens anteriores ao casamento e os que foram substituídos em seu lugar; os que cada cônjuge obteve por doação ou sucessão; e as dívidas relativas a esses bens (CC, art. 1.674).[19]

> **Entendendo melhor:** o conjunto de bens que cada cônjuge tinha ao se casar, bem como aqueles sub-rogados em seus lugares e os recebidos por doação ou sucessão, continuará sendo do cônjuge titular desses direitos, como ocorre no regime de separação total de bens. Os bens adquiridos

---

II– pela nulidade ou anulação do casamento;

III – pela separação judicial;

IV – pelo divórcio.

(omissis)...

18. CC, Art. 1.672. No regime de participação final nos aquestos, cada cônjuge possui patrimônio próprio, consoante disposto no artigo seguinte, e lhe cabe, à época da dissolução da sociedade conjugal, direito à metade dos bens adquiridos pelo casal, a título oneroso, na constância do casamento.

19. CC, Art. 1.674. Sobrevindo a dissolução da sociedade conjugal, apurar-se-á o montante dos aquestos, excluindo-se da soma dos patrimônios próprios:

I – os bens anteriores ao casamento e os que em seu lugar se sub-rogaram;

II – os que sobrevieram a cada cônjuge por sucessão ou liberalidade;

III – as dívidas relativas a esses bens.

Parágrafo único. Salvo prova em contrário, presumem-se adquiridos durante o casamento os bens móveis.

onerosamente na constância do casamento, desde que resultantes do esforço comum do casal, serão partilhados quando da dissolução da sociedade conjugal, guardando similaridade com o regime de comunhão parcial.

8. REGIME DE SEPARAÇÃO DE BENS

Nesse regime de bens, cada cônjuge conserva com exclusividade tanto o domínio quanto a posse, administração e disponibilidade de seus bens, podendo livremente gravá-los ou aliená-los, tanto os presentes quanto os futuros, como também respondem sozinhos pelas dívidas anteriores ou posteriores ao casamento (CC, art. 1.687).[20]

Os bens não se comunicam, nem aqueles que cada cônjuge já possuía quando se casou, bem como aqueles que venha a adquirir na constância do casamento.

Nesse regime os cônjuges são livres para gravar de ônus reais os seus bens, assim como aliená-los sem a necessidade de anuência do outro cônjuge.

9. MUTABILIDADE DO REGIME DE BENS

Admite a nossa legislação a alteração do regime de bens, porém somente com autorização judicial e, desde que comprovada a necessidade, ressalvando-se que tal alteração não poderá prejudicar direitos de terceiros (CC, art. 1.639, § 2o).[21]

Advirta-se que a regra é a imutabilidade, porém o nosso Código Civil admite, por exceção, a mutabilidade desde que motivada.

A alteração do regime de bens deve ser requerida em petição que deverá ser assinada pelo advogado e também pelos dois cônjuges, com a devida motivação. Nesse processo atua obrigatoriamente o Ministério Público que velará pelo interesse da sociedade (ver CPC, art. 734).

O legislador foi cuidadoso tendo em vista que as pessoas não podem mudar o regime de bens ao seu bel prazer, isto é, sem nenhuma razão que a justifique. A preocupação é com a possibilidade de fraude.

> **Atenção:** tramita no Congresso Nacional um projeto de lei (PLS no 470/13) que, dentre outras coisas, altera o Código Civil para permitir a alteração do regime de bens por escritura pública.

---

20. CC, Art. 1.687. Estipulada a separação de bens, estes permanecerão sob a administração exclusiva de cada um dos cônjuges, que os poderá livremente alienar ou gravar de ônus real.
21. CC, Art. 1.639. (Omissis)

    § 2o É admissível alteração do regime de bens, mediante autorização judicial em pedido motivado de ambos os cônjuges, apurada a procedência das razões invocadas e ressalvados os direitos de terceiros.

II – PACTO ANTENUPCIAL

10. CONCEITO DE PACTO ANTENUPCIAL

É o negócio jurídico solene e condicional, realizado antes do casamento, por meio do qual as partes estabelecem qual o regime de bens que irá vigorar entre eles, desde a data do matrimônio, caso não optem pelo regime legal, que é o da comunhão parcial de bens.

Se um ou ambos os nubentes forem menores de idade, o pacto só terá eficácia se aprovado pelo seu representante legal, salvo os casos em que o regime seja obrigatoriamente o de separação de bens (CC, art. 1.654).[22] Quer dizer, não basta o representante legal consentir com o casamento, deverá também assistir o menor quando da lavratura da escritura do pacto antenupcial.

Cabe ainda ressaltar que no silêncio das partes quanto ao regime escolhido ou na eventualidade de o pacto antenupcial se tornar nulo ou ineficaz, o regime que prevalecerá será o da comunhão parcial de bens (ver CC, art. 1.640 – NR-4).

11. CARACTERÍSTICAS DO PACTO

É **contrato solene**, pois a lei exige que seja realizado mediante escritura pública, sob pena de nulidade, e **condicional** porque sua eficácia fica subordinada à realização do casamento, operando-se com condição suspensiva, tendo em vista que, enquanto não ocorrer o casamento, o pacto não entrará em vigor (CC, art. 1.653).[23]

O pacto perderá sua eficácia se o casamento não lhe sobrevier (CC, art. 1.653, parte final). A lei não fixa o prazo para que o casamento deva ser realizado, contudo depreende-se que esse prazo deve ser razoável, cabendo ao interessado denunciá-lo no caso de não realização do enlace matrimonial.

O pacto também perderá sua eficácia automaticamente se um dos nubentes vier a se casar com outra pessoa ou mesmo se uma delas vier a falecer.

---

22. CC, Art. 1.654. A eficácia do pacto antenupcial, realizado por menor, fica condicionada à aprovação de seu representante legal, salvo as hipóteses de regime obrigatório de separação de bens.
23. CC, Art. 1.653. É nulo o pacto antenupcial se não for feito por escritura pública, e ineficaz se não lhe seguir o casamento.

12. PROCEDIMENTO PARA REALIZAÇÃO DO PACTO

O pacto antenupcial deverá ser realizado por escritura pública lavrada no tabelionato de notas, e posteriormente encaminhada ao Cartório de Registro Civil onde será realizado o casamento.

Além disso, para ter validade contra terceiros (efeito *erga omnes*), o pacto deve ser levado a registro no Cartório de registro de Imóveis da circunscrição onde os cônjuges têm domicílio (CC, art. 1.657).[24]

13. LIBERDADE DE ESTIPULAÇÃO

Os nubentes podem estipular o que lhes aprouver no que diz respeito aos bens, podendo adotar regras de um dos regimes estabelecidos no Código Civil, bem como fazer combinação entre eles, criando um regime híbrido (ver CC, art. 1.639 – NR-1).

14. LIMITES DA LIBERDADE DOS NUBENTES

Como já mencionado, os nubentes são livres para estipularem o que bem lhes aprouver, porém estas estipulações não podem contrariar expressa disposição de lei, nem a moral ou os bons costumes (CC, art. 1.655).[25]

Esclareça-se que nulas serão as cláusulas, não o pacto. Assim, serão nulas as cláusulas e convenções que contrariarem disposição de lei, como por exemplo, no caso de se estipular que o marido pode vender bens imóveis sem a anuência da mulher porque isso se choca com o que dispõe o art. 1.647, I, do Código Civil. Contudo, essa nulidade não contamina o pacto naquilo que ele esteja a regular.

15. REGIME DE SEPARAÇÃO OBRIGATÓRIA

Nesse caso, não há necessidade de lavratura do pacto antenupcial, pois independe da vontade das partes, decorrendo da vontade da lei essa imposição (ver CC, art. 1.641 – NR-3).

---

24. CC, Art. 1.657. As convenções antenupciais não terão efeito perante terceiros senão depois de registradas, em livro especial, pelo oficial do Registro de Imóveis do domicílio dos cônjuges.
25. CC, Art. 1.655. É nula a convenção ou cláusula dela que contravenha disposição absoluta de lei.

Lição 12
DOS ALIMENTOS[1]

Sumário: 1. Conceito – 2. Fundamentos – 3. Classificação dos alimentos; 3.1 Quanto à natureza; 3.2 Quanto à causa jurídica; 3.3 Quanto ao momento da reclamação – 4. Anotações sobre a execução de alimentos; 4.1 Cumprimento de sentença com pedido de prisão; 4.2 Cumprimento de sentença como execução por quantia certa; 4.3 Obrigação decorrente de título extrajudicial; 4.4 Execução contra funcionário público e outros empregados regulares – 5. Prisão civil do devedor – 6. A obrigação alimentar – 7. Características próprias do direito a alimentos – 8. Pressupostos da obrigação alimentar – 9. Causas de extinção da obrigação alimentar – 10. Maioridade do alimentando – 11. Alimentos avoengos – 12. Alimentos entre ex-cônjuges e ex-companheiros – 13. Alimentos provisórios, provisionais e definitivos.

1. CONCEITO

Em direito de família, alimentos significa prover, em virtude das relações parentais, para quem não pode provê-los por si mesmo, todos os recursos necessários à sua subsistência, neles compreendidos não só o que é imprescindível à vida, mas também às necessidades de educação, vestuário, habitação, assistência médica e lazer (CC, art. 1.694).[2]

Podem pedir alimentos os parentes, aqueles que já foram unidos pelo vínculo matrimonial e pela união estável. São devidos de forma recíproca entre pais e filhos, podendo ser exigidos de forma extensiva a todos os ascendentes, recaindo a obrigação nos mais próximos em grau, uns em falta de outros.

---

1. Com relação aos procedimentos para pedir alimentos e da defesa do executado, inclusive modelos de petição, sugerimos a leitura da nossa obra Manual de Prática Jurídica Civil, Ed. Foco.
2. CC, Art. 1.694. Podem os parentes, os cônjuges ou companheiros pedir uns aos outros os alimentos de que necessitem para viver de modo compatível com a sua condição social, inclusive para atender às necessidades de sua educação.
   § 1º Os alimentos devem ser fixados na proporção das necessidades do reclamante e dos recursos da pessoa obrigada.
   § 2º Os alimentos serão apenas os indispensáveis à subsistência, quando a situação de necessidade resultar de culpa de quem os pleiteia.

Se o parente que deve alimentos em primeiro lugar não estiver em condições de suportar totalmente o encargo, serão chamados a concorrer os de grau imediato. Se vários forem os parentes na mesma linha, todos concorrerão na proporção de seus recursos, e aquele que for demandado judicialmente poderá chamar os demais para integrar a lide.

A principal regra que norteia o pedido de prestação alimentar é a de que sua fixação deve ser realizada na proporção das necessidades do alimentando e dos recursos da pessoa obrigada.[3]

2. FUNDAMENTOS

O dever alimentar tem como fundamento jurídico os princípios constitucionais da dignidade da pessoa humana (ver CF, art. 1º, III) e da solidariedade (ver CF, art. 3º).

De outro lado, tem forte conteúdo moral e ético e é um típico direito natural que deveria ser cumprido espontaneamente em razão da solidariedade que deveria existir entre os parentes. Contudo, como isso não ocorre, foi preciso que o Estado legislasse impondo esse dever entre os parentes, os cônjuges ou conviventes.

3. CLASSIFICAÇÃO DOS ALIMENTOS

Conforme seja a origem dos alimentos, a doutrina os classifica de várias formas, vejamos.

3.1 Quanto à natureza

Quanto à natureza, os alimentos podem ser classificados em naturais (necessários) ou civis (côngruos), conforme seja sua destinação.

a) **Naturais ou necessários:**

Serão considerados naturais ou necessários aqueles destinados fundamentalmente à sobrevivência da pessoa, tais como a alimentação, a saúde e a moradia, por exemplo.

b) **Civis ou côngruos:**

Os civis ou côngruos são também necessários, porém por outra razão, qual seja, a necessidade de desenvolvimento intelectual da pessoa alimentada, tais como a educação, assistência, lazer etc.

---

3. Importante deixar registrado que não existe lei estabelecendo percentuais sobre o salário do pai/mãe para a fixação da verba alimentar. Sabemos que na vida prática muitos magistrados acabam utilizando esse critério e fixam 20% ou 30% sobre o salário do alimentante, mas não deveria ser assim.

3.2 Quanto à causa jurídica

Quanto à causa que dá origem ao dever alimentar, podemos classificar o dever alimentar em **legais** (legítimos), **voluntários** (convencionais), **indenizatórios** (ressarcitórios), vejamos.

a) Legais ou legítimos:

São aqueles devidos em decorrência das relações de família (parentesco, casamento ou união estável) e são impostos por força de lei, isto é, independem da vontade das partes (ver CC, art. 1.694).

Importante: em 2008 foi aprovada a Lei nº 11.804/08 que instituiu os **alimentos gravídicos.** Tal fato representou uma inovação em relação ao direito que vigia à época. A referida lei empresta legitimidade à mãe de propor a ação visando obter o necessário ao seu sustento (art. 2º) e, por vias transversas ao nascituro, que depois de fixados, perdurarão até o nascimento da criança (art. 6º). Devem ser fixados levando-se em consideração as necessidades da gestante com alimentação especial, mas também com assistência médica e psicológica, exames complementares, internações, parto, medicamentos e outras eventuais necessidades de acordo com as prescrições médicas. Segundo o STJ converte-se os alimentos gravídicos em pensão alimentícia em favor do recém-nascido automaticamente, isto é, independente de pedido ou de pronunciamento judicial.

Atenção: Entendemos que os alimentos gravídicos se encaixam no conceito de alimentos legais ou legítimos. Quer dizer, não é uma categoria própria.

b) Voluntários ou convencionais:

São os alimentos que se originam a partir de uma declaração de vontade tanto *inter vivos* (obrigações) quanto *causa mortis* (sucessão). No primeiro caso, alguém pode assumir a obrigação alimentar espontaneamente, como ocorre no divórcio consensual, em que o marido assume a obrigação de prestar alimentos à mulher, independentemente de qualquer causa ou justificativa. Na assunção de obrigação para valer depois da morte, o testador pode instituir o legado de alimentos em favor de alguém (CC, art. 1.920).[4]

---

4. CC, Art. 1.920. O legado de alimentos abrange o sustento, a cura, o vestuário e a casa, enquanto o legatário viver, além da educação, se ele for menor.

c) Indenizatórios ou ressarcitórios:

Esses **visam indenizar a vítima de um ato ilícito** e pertencem ao direito das obrigações. É exemplo dessa categoria a indenização que o autor de homicídio está obrigado em razão das pessoas às quais o morto devia alimentos (CC, art. 948, II)[5] ou aquela que obriga o ofensor em face de acidente que tenha dado causa e dele resulte incapacidade laboral para o ofendido (CC, art. 950).[6]

3.3   Quanto ao momento da reclamação

Nessa classificação temos os alimentos atuais, pretéritos e futuros. Advirta-se desde logo que somente são exigíveis os alimentos atuais e os futuros.

a) Atuais:

Serão aqueles pedidos com a petição inicial e que podem ser concedidos cautelarmente pelo magistrado oficiante.

b) Pretéritos:

São aqueles relativos à data anterior ao ajuizamento da ação e não têm o caráter de indispensáveis à sobrevivência, por isso mesmo indevidos, tendo em vista que, de alguma forma, o alimentado sobreviveu até aquele momento sem eles.

Atenção: não confundir alimentos pretéritos com prestações alimentares pretéritas, pois estas referem-se à pensão alimentícia já fixada e não adimplida a seu tempo.

c) Futuros:

São os alimentos que serão devidos a partir de sua fixação em definitivo pela sentença ou concedidos provisoriamente com a citação inicial.

---

5. CC, Art. 948. No caso de homicídio, a indenização consiste, sem excluir outras reparações:

   I – no pagamento das despesas com o tratamento da vítima, seu funeral e o luto da família;

   II – na prestação de alimentos às pessoas a quem o morto os devia, levando-se em conta a duração provável da vida da vítima.

6. CC, Art. 950. Se da ofensa resultar defeito pelo qual o ofendido não possa exercer o seu ofício ou profissão, ou se lhe diminua a capacidade de trabalho, a indenização, além das despesas do tratamento e lucros cessantes até ao fim da convalescença, incluirá pensão correspondente à importância do trabalho para que se inabilitou, ou da depreciação que ele sofreu.

   Parágrafo único. O prejudicado, se preferir, poderá exigir que a indenização seja arbitrada e paga de uma só vez.

4. ANOTAÇÕES SOBRE A EXECUÇÃO DE ALIMENTOS

O Código de Processo Civil prevê 4 (quatro) modalidades de execução de alimentos, quais sejam:

4.1 Cumprimento de sentença com pedido de prisão

Quando o título que amparar a execução for uma sentença, que reconheça a exigibilidade de obrigação de prestar alimentos, ou até mesmo uma decisão interlocutória que fixe a verba alimentar provisória, o legislador prevê a apresentação pelo credor de cumprimento de sentença, nos moldes como disciplinado no art. 528 e seguintes do CPC.

Nesse caso o cumprimento de sentença será apresentado ao juiz que decidiu à causa no primeiro grau de jurisdição. Contudo, o exequente poderá optar pelo juízo atual do executado ou pelo juízo do local onde se encontrem os bens sujeitos à execução. A lei ordena que o cumprimento de sentença seja oferecido no juízo que decidiu à causa com pedido de remessa dos autos ao "novo" juízo.

O executado será intimado pessoalmente para, em 03 (três) dias, pagar o débito, provar que o fez ou justificar a impossibilidade de efetuá-lo.

Caso o executado, no prazo referido, não efetue o pagamento, não prove o efetuou, ou não apresente justificativa plausível, o juiz mandará **protestar o débito**, lançando-se o nome do executado no rol dos maus pagadores.

Além do protesto, o juiz poderá ordenar a prisão civil do executado pelo prazo de 1 (um) a 3 (três) meses, no regime fechado, sendo certo que o cumprimento da pena não exime o executado do pagamento das prestações, conforme veremos a seguir.

4.2 Cumprimento de sentença como execução por quantia certa

O Exequente pode optar por promover o cumprimento de sentença embasado em obrigação de pagar quantia certa, conforme disciplinado no Código de Processo Civil, a partir do art. 523.

Neste caso, o pedido terá como objeto a expropriação de bens do executado para o cumprimento da obrigação, não cabendo o pedido de prisão.

4.3 Obrigação decorrente de título extrajudicial

Se o título que ampara a obrigação alimentar for um título executivo extrajudicial, o juiz mandará citar o executado para em 3 (três) dias, efetuar o pagamento das parcelas anteriores ao início da execução, e aquelas que se vencerem no seu curso (ver CPC, art. 911).

4.4 Execução contra funcionário público e outros empregados regulares

Se o executado for funcionário público, militar, diretor ou gerente de empresa, bem como empregado sujeito à legislação trabalhista, o Código de Processo Civil autoriza que o exequente pleiteie o desconto em folha de pagamento, da importância das prestações alimentícia vencidas (CPC, art. 529.[7]

> **Atenção**: qualquer que seja o caso, se o juiz se convencer de que a conduta do devedor é procrastinatória, deverá oficiar ao Ministério Público para que seja enquadrada a conduta do devedor pela prática de crime de abandono material (ver CPC, art. 532).

5. PRISÃO CIVIL DO DEVEDOR

Somente os alimentos do tipo legais ou legítimos (definitivos ou provisório) é que autorizam a prisão civil do devedor (ver CF, art. 5º, LXVII), e assim mesmo se a sua recusa ao cumprimento for inescusável, isto é, se a justificativa pelo não pagamento não for razoável.

> **Entendendo melhor**: vamos imaginar que alguém deve pensão alimentícia e trabalha como autônomo, é pedreiro por exemplo. Digamos que ele sofra um acidente e fique internado por mais de 30 (trinta) dias e em razão do acidente, não tendo realizado o pagamento das prestações alimentares que se venceram enquanto estava em recuperação. Se for pedida a prisão dele pelo inadimplemento, ele terá uma boa justificativa para apresentar ao juiz e, certamente, não terá a prisão decretada.

---

7. CPC, Art. 529. Quando o executado for funcionário público, militar, diretor ou gerente de empresa ou empregado sujeito à legislação do trabalho, o exequente poderá requerer o desconto em folha de pagamento da importância da prestação alimentícia.

§ 1º Ao proferir a decisão, o juiz oficiará à autoridade, à empresa ou ao empregador, determinando, sob pena de crime de desobediência, o desconto a partir da primeira remuneração posterior do executado, a contar do protocolo do ofício.

§ 2º O ofício conterá o nome e o número de inscrição no Cadastro de Pessoas Físicas do exequente e do executado, a importância a ser descontada mensalmente, o tempo de sua duração e a conta na qual deve ser feito o depósito.

§ 3º Sem prejuízo do pagamento dos alimentos vincendos, o débito objeto de execução pode ser descontado dos rendimentos ou rendas do executado, de forma parcelada, nos termos do caput deste artigo, contanto que, somado à parcela devida, não ultrapasse cinquenta por cento de seus ganhos líquidos.

Ademais, antes de ser decretada a prisão o devedor será intimado para no prazo de 3 (três) dias realizar o pagamento das prestações vencidas ou apresentar justificativa plausível. Somente se não pagar ou não justificar neste prazo é que o juiz determinará a prisão que, *in casu*, deverá ser cumprida em regime diferenciado (CPC, art. 528).[8]

Advirta-se ainda que somente o não pagamento das 3 (três) últimas mensalidades anteriores ao ajuizamento da ação, ou as que se vencerem no curso da execução, é que autoriza o pedido de prisão, nos termos do art. 528, § 7º, do CPC que recepcionou orientação jurisprudencial já consolidada pela Súmula no 309 do Superior Tribunal de Justiça.

Quanto as parcelas vencidas há mais de três meses, o credor poderá cobrar, porém pela via do cumprimento de sentença, como uma execução por quantia certa com pedido de penhora de bens, inclusive, porém não poderá pedir a prisão civil do devedor (ver CPC, art. 528, § 8º).

Curiosidade: foi apresentado um projeto de lei no Senado que, dentre outras coisas, previa a hipótese de suspensão da Carteira Nacional de Habilitação (carteira de motorista) e a apreensão do passaporte do devedor que não pagasse a prestação alimentícia (PLS 427/2016).

---

8. CPC, Art. 528. No cumprimento de sentença que condene ao pagamento de prestação alimentícia ou de decisão interlocutória que fixe alimentos, o juiz, a requerimento do exequente, mandará intimar o executado pessoalmente para, em 3 (três) dias, pagar o débito, provar que o fez ou justificar a impossibilidade de efetuá-lo.

§ 1º Caso o executado, no prazo referido no caput, não efetue o pagamento, não prove que o efetuou ou não apresente justificativa da impossibilidade de efetuá-lo, o juiz mandará protestar o pronunciamento judicial, aplicando-se, no que couber, o disposto no art. 517.

§ 2º Somente a comprovação de fato que gere a impossibilidade absoluta de pagar justificará o inadimplemento.

§ 3º Se o executado não pagar ou se a justificativa apresentada não for aceita, o juiz, além de mandar protestar o pronunciamento judicial na forma do § 1o, decretar-lhe-á a prisão pelo prazo de 1 (um) a 3 (três) meses.

§ 4º A prisão será cumprida em regime fechado, devendo o preso ficar separado dos presos comuns.

§ 5º O cumprimento da pena não exime o executado do pagamento das prestações vencidas e vincendas.

§ 6º Paga a prestação alimentícia, o juiz suspenderá o cumprimento da ordem de prisão.

§ 7º O débito alimentar que autoriza a prisão civil do alimentante é o que compreende até as 3 (três) prestações anteriores ao ajuizamento da execução e as que se vencerem no curso do processo.

§ 8º O exequente pode optar por promover o cumprimento da sentença ou decisão desde logo, nos termos do disposto neste Livro, Título II, Capítulo III, caso em que não será admissível a prisão do executado, e, recaindo a penhora em dinheiro, a concessão de efeito suspensivo à impugnação não obsta a que o exequente levante mensalmente a importância da prestação.

§ 9º Além das opções previstas no art. 516, parágrafo único, o exequente pode promover o cumprimento da sentença ou decisão que condena ao pagamento de prestação alimentícia no juízo de seu domicílio.

Atenção: decretada a prisão do devedor, que poderá ser de até três meses, o cumprimento da pena não quita aquele débito que autorizou a prisão. Quer dizer, cumprida a pena o devedor ainda estará devendo as prestações, só que por essas já não mais caberá nova prisão.

6. A OBRIGAÇÃO ALIMENTAR

A obrigação alimentar quando derivada das relações familiares possui características próprias cujos fundamentos vamos abordar em seguida. Vejamos:

a) **Transmissível:**

Prevê o nosso Código Civil que a obrigação de prestar alimentos transmite-se aos herdeiros do devedor (CC, art. 1700).[9] Essa regra só é válida para as situações em que os alimentos já estavam fixados por acordo ou sentença, à época do falecimento do devedor. Ademais, os alimentos serão devidos até o limite máximo da herança deixada pelo *de cujus* (CC, art. 1.792).[10]

Atenção: essa regra e as seguintes somente valem para os alimentos derivados das relações familiares.

b) **Divisível:**

O dever alimentar é uma típica obrigação divisível, tendo em vista a previsão de lei de que, se o devedor principal não puder suportar esse ônus sozinho, deverão ser chamados os demais parentes para concorrerem na prestação, os quais poderão ser denunciados à lide (CC, art. 1.698).[11]

c) **Condicional:**

É também uma obrigação condicional na medida em que será fixado o seu montante tendo em conta a proporcionalidade entre as necessidades de quem pede e as possibilidades da pessoa obrigada (CC, art. 1.694, § 1º – ver NR-2).

---

9. CC, Art. 1.700. A obrigação de prestar alimentos transmite-se aos herdeiros do devedor, na forma do art. 1.694.

10. CC, Art. 1.792. O herdeiro não responde por encargos superiores às forças da herança; incumbe-lhe, porém, a prova do excesso, salvo se houver inventário que a escuse, demonstrando o valor dos bens herdados.

11. CC, Art. 1.698. Se o parente, que deve alimentos em primeiro lugar, não estiver em condições de suportar totalmente o encargo, serão chamados a concorrer os de grau imediato; sendo várias as pessoas obrigadas a prestar alimentos, todas devem concorrer na proporção dos respectivos recursos, e, intentada ação contra uma delas, poderão as demais ser chamadas a integrar a lide.

Atenção: a obrigação alimentar somente existirá enquanto for possível provar o binômio necessidade-capacidade (o filho menor de idade presume-se necessitado).

d) Recíproco:

É dever recíproco entre os pais e filhos, e extensivo aos ascendentes, recaindo a obrigação nos mais próximo em graus, uns na falta dos outros (CC, art. 1.696).[12] Na falta dos ascendentes, cabe a obrigação aos descendentes, guardada a ordem de sucessão e, faltando estes, aos irmãos, assim germanos como unilaterais (CC, art. 1.697).[13]

Para entender melhor: o filho menor de idade que pede hoje alimentos para seu pai poderá vir no futuro a ser devedor desse mesmo tipo de alimentos para o seu pai, quando na velhice dele.

e) Mutável:

Outra característica da obrigação alimentar é a sua mutabilidade, tendo em vista que, se houver mudança da situação financeira do alimentante ou do alimentando, conforme as circunstâncias do caso, será sempre possível pedir ao juiz a exoneração, redução ou majoração do encargo (CC, art. 1.699).[14]

Entendendo melhor: uma pessoa fica obrigada por sentença a pagar três salários mínimos de pensão alimentícia para seu filho menor. Quando o menino atinge a maioridade já cursando uma faculdade, o pai descobre que ele começou a trabalhar ganhando o equivalente a dez salários mínimos. Ora, nestas circunstâncias o pai está autorizado juridicamente a pedir a exoneração, tendo em vista que o filho já ganha o suficiente para seu próprio sustento.

Atenção: a redução, majoração ou exoneração da pensão alimentícia somente ocorrerá mediante decisão judicial, garantindo-se o contraditório (ver súmulas 358 e 621 do STJ).

---

12. CC, Art. 1.696. O direito à prestação de alimentos é recíproco entre pais e filhos, e extensivo a todos os ascendentes, recaindo a obrigação nos mais próximos em grau, uns em falta de outros.
13. CC, art. 1.697. Na falta dos ascendentes cabe a obrigação aos descendentes, guardada a ordem de sucessão e, faltando estes, aos irmãos, assim germanos como unilaterais.
14. CC, Art. 1.699. Se, fixados os alimentos, sobrevier mudança na situação financeira de quem os supre, ou na de quem os recebe, poderá o interessado reclamar ao juiz, conforme as circunstâncias, exoneração, redução ou majoração do encargo.

7. CARACTERÍSTICAS PRÓPRIAS DO DIREITO A ALIMENTOS

O direito à prestação de alimentos tem características próprias e, por ser norma de ordem pública, elas são imperativas, isto é, não podem ser derrogadas pela vontade das partes.

Dentre as várias características desse direito, vamos ver as principais:

a) **Personalíssimo:**

Seu principal objetivo é custear as condições de vida de quem tem esse direito, logo não se pode cogitar que possa ser transferida a sua titularidade.

b) **Irrenunciável:**

Pode não ser exercido o direito de alimentos, porém esse direito não pode ser renunciado por expressa determinação de lei. Quer dizer, pode-se renunciar ao exercício desse direito, não ao próprio direito (CC, art. 1.707).[15]

Atenção: há entendimentos doutrinários e jurisprudenciais que admitem a renúncia dos alimentos entre os cônjuges e companheiros, especialmente quando isso é realizado mediante acordo no divórcio ou dissolução da união estável consensual, ao argumento de que a renúncia só não seria admitida nos casos de vínculo familiar permanente.[16]

c) **Incessível:**

O crédito de alimentos não pode ser objeto de cessão a terceiros. Se isso fosse possível, desnaturaria o próprio objetivo do instituto, que visa garantir a subsistência daquele que recebe esse crédito (ver CC, art. 1.707, parte final).

d) **Incompensável:**

Também não se pode cogitar de que o crédito alimentar possa ser compensado em face de outra dívida que o alimentado tenha com relação ao alimentante (ver CC, art. 1.707, parte final).

e) **Impenhorável:**

A penhora pressupõe a perda subsequente do direito penhorado, que será transferido ao credor se for arrematado em hasta pública. Assim, o instituto da penhora mostra-se incompatível com o direito à prestação alimentar, porquanto esta se destina a prover a manutenção do alimentan-

---

15. CC, Art. 1.707. Pode o credor não exercer, porém lhe é vedado renunciar o direito a alimentos, sendo o respectivo crédito insuscetível de cessão, compensação ou penhora.

16. Enunciado 263 – Art. 1.707: O art. 1.707 do Código Civil não impede seja reconhecida válida e eficaz a renúncia manifestada por ocasião do divórcio (direto ou indireto) ou da dissolução da "união estável". A irrenunciabilidade do direito a alimentos somente é admitida enquanto subsista vínculo de Direito de Família (enunciado aprovado na III Jornada de Direito Civil do Conselho da Justiça Federal).

te, não podendo ser constrito judicialmente para pagamento de dívidas (ver CC, art. 1.707, parte final).

f) Imprescritível:

Pelo próprio caráter protecionista do instituto, não se pode admitir que a prescrição pudesse fulminar esse direito. Mesmo que a pessoa não exerça esse direito por longo tempo, jamais o perderá.

Atenção: não prescreve o direito de pedir alimentos, mas prescreve o direito de cobrar as prestações vencidas em 2 (dois) anos. Quer dizer, se já houve sentença fixando os alimentos e o devedor não pagou as prestações mensais, estas prescrevem. Vejam bem, não é o direito a alimentos que está prescrevendo, mas sim o direito de cobrar os alimentos já fixados e vencidos (ver CC, art. 206, § 2º). Advirta-se ainda que não corre a prescrição contra menor absolutamente incapaz em execução de alimentos, em vista do disposto no art. 197, II c/c art. 198, I, ambos do Código Civil.

g) Intransacionável:

Não se pode fazer transação com o direito a alimentos. Quanto às prestações vencidas ou mesmo as vincendas, é possível transacionar.

h) Irrepetível ou irrestituível:

Quer dizer, uma vez pago, não se poderá pedir de volta jamais, mesmo que a ação de quem pleiteou liminarmente os alimentos e os obteve venha a ser julgada improcedente.

Exemplo: numa ação de alimentos na qual se pediu liminarmente a fixação de alimentos provisionais e foi fixado pelo juiz, ainda que a ação venha a ser julgada improcedente ao final, o réu não poderá pedir de volta o que pagou "indevidamente" durante a tramitação do processo.

8. PRESSUPOSTOS DA OBRIGAÇÃO ALIMENTAR

Se atentarmos para o contido no art. 1.695[17] do Código Civil, bem como no que consta do art. 1.694,[18] parágrafo único, encontraremos os pressupostos da obrigação alimentar, que são:

---

17. CC, Art. 1.695. São devidos os alimentos quando quem os pretende não tem bens suficientes, nem pode prover, pelo seu trabalho, à própria mantença, e aquele, de quem se reclamam, pode fornecê-los, sem desfalque do necessário ao seu sustento.

18. CC, Art. 1.694. Podem os parentes, os cônjuges ou companheiros pedir uns aos outros os alimentos de que necessitem para viver de modo compatível com a sua condição social, inclusive para atender às necessidades de sua educação.

a) Existência de vínculo familiar:

Só pode pedir alimentos os parentes entre si, os cônjuges e os companheiros, portanto um dos pressupostos é que haja vínculo familiar.

b) Necessidade do alimentado:

Para fazer jus aos alimentos, o necessitado deverá provar que não tem condições de se manter por si mesmo.

Atenção: com relação aos filhos menores, existe a presunção de necessidade, tendo em vista que a criança, e mesmo os adolescentes, não têm condições de se manterem sozinhos.

c) Possibilidade econômica do alimentante:

Aquele que pede alimentos deve provar que o montante que está pedindo é razoável em face da capacidade econômica da pessoa contra o qual está dirigido o seu pedido. Quer dizer, quem pede deve provar que aquele contra o qual dirigiu seu pedido tem condições de prestar os alimentos sem risco para a sua própria sobrevivência.

Atenção: quando o réu é uma pessoa desprovida de recurso, isto é, não tem emprego regular ou mesmo é um desempregado, ainda assim não estará isento do pagamento de pensão alimentícia que, neste caso, será fixada levando em conta as peculiaridades do caso, em valor normalmente irrisório (um terço ou metade do salário mínimo, por exemplo).

d) Proporcionalidade na sua fixação do montante:

Caberá ao juiz fazer um balanço entre as necessidades de quem pede e as possibilidades daquele ao qual se pede, de sorte a fixar um valor que guarde relação de razoabilidade e proporcionalidade frente ao caso concreto.

9. CAUSAS DE EXTINÇÃO DA OBRIGAÇÃO ALIMENTAR

Não existe obrigação que seja eterna. Todas as obrigações extinguem-se depois de um determinado tempo. Mesmo a obrigação de prestar alimentos se insere nisso.

Dessa forma, vejamos quais são as formas normais de extinção do dever alimentar:

---

§ 1º Os alimentos devem ser fixados na proporção das necessidades do reclamante e dos recursos da pessoa obrigada.

§ 2º Os alimentos serão apenas os indispensáveis à subsistência, quando a situação de necessidade resultar de culpa de quem os pleiteia.

a) Morte do alimentando:

Sendo um direito personalíssimo, o direito de alimentos assim como a pensão já anteriormente fixada não se transfere, de sorte que, morrendo o beneficiário, morre também o dever de pagamento, liberando o devedor.

b) Fim da necessidade do alimentando:

Essa é também uma causa frequente nas relações diárias. Se o alimentando passa a trabalhar e ganha o suficiente para sua sobrevivência, não haverá mais razão para que alguém lhe pague alimentos. Dessa forma, o credor está autorizado a ingressar com ação de exoneração na qual pedirá a extinção do dever alimentar provando que o alimentante já tem condições de se manter por si mesmo.

c) Falta de capacidade do alimentante:

Vale lembrar que o dever alimentar se assenta no binômio necessidade-capacidade. Se o alimentante, por qualquer que seja a razão, se encontrar em condições precárias, na qual não lhe reste nem condições de sua própria mantença, por óbvio que obterá a exoneração do dever alimentar se requerer e provar isso em juízo.

d) Pelo casamento, união estável ou concubinato do alimentando:

Estabelece o Código Civil que o casamento ou a constituição de união estável pelo credor de alimentos faz cessar o dever do alimentante (CC, art. 1.708).[19]

e) Pela indignidade do alimentando:

Nosso Código Civil prevê também que o procedimento indigno do alimentando em face do alimentante pode ser causa de exclusão do dever alimentar (ver CC, art. 1.708, parágrafo único).

Atenção: como não há menção ao que seja indignidade, poderemos nos servir, por analogia, do que prevê o art. 1.814 do Código Civil,[20]

---

19. CC, Art. 1.708. Com o casamento, a união estável ou o concubinato do credor, cessa o dever de prestar alimentos.

    Parágrafo único. Com relação ao credor cessa, também, o direito a alimentos, se tiver procedimento indigno em relação ao devedor.

20. CC, Art. 1.814. São excluídos da sucessão os herdeiros ou legatários:

    I – que houverem sido autores, co-autores ou partícipes de homicídio doloso, ou tentativa deste, contra a pessoa de cuja sucessão se tratar, seu cônjuge, companheiro, ascendente ou descendente;

    II – que houverem acusado caluniosamente em juízo o autor da herança ou incorrerem em crime contra a sua honra, ou de seu cônjuge ou companheiro;

    III – que, por violência ou meios fraudulentos, inibirem ou obstarem o autor da herança de dispor livremente de seus bens por ato de última vontade.

que refere-se à sucessão e considera indignos, portanto, excluídos da sucessão: I) os que houverem sido autores, coautores ou partícipes de homicídio doloso, ou tentativa deste, contra a pessoa de cuja sucessão se tratar, seu cônjuge, companheiro, ascendente ou descendente; II) os que houverem acusado caluniosamente em juízo o autor da herança ou incorrerem em crime contra a sua honra, ou de seu cônjuge ou companheiro; III) os que, por violência ou meios fraudulentos, inibirem ou obstarem o autor da herança de dispor livremente de seus bens por ato de última vontade.

10. MAIORIDADE DO ALIMENTANDO

A maioridade do alimentando por si só não é causa exonerativa do dever alimentar e nem se dá de forma automática. Mesmo o filho atingindo a maioridade civil pode, em determinadas circunstâncias continuar com o direito de receber a pensão alimentícia de seus pais.

Para a exoneração do dever alimentar é necessário que o devedor promova uma ação própria para isso, distribuída por dependência da ação originária, na qual será garantido o devido contraditório (STJ Sum. 358).[21]

Quer dizer, se o devedor de alimentos pretender se ver livre do dever alimentar quando o filho atingiu a maioridade, deverá mover uma **ação de exoneração de alimentos** e juntamente com o seu petitório apresentar as provas da capacidade econômica do filho ou da sua impossibilidade de continuar pagando as prestações alimentícias, nos termos do art. 1.699 do Código Civil.[22]

Existem duas situações peculiares com relação a questão dos alimentos para os filhos maiores de idade:

a) **Filho maior e incapaz:**

Mesmo tendo ocorrido a maioridade civil é óbvio que o filho incapaz continuará ser credor de alimentos em relação a seus pais pelo tempo que durar as causas da incapacidade. Aliás, nesse sentido o Código Civil é expresso (CC, art. 1.590).[23]

---

21. STJ, súmula nº. 358: "O cancelamento de pensão alimentícia de filho que atingiu a maioridade está sujeito à decisão judicial, mediante contraditório, ainda que nos próprios autos"
22. CC, Art. 1.699. Se, fixados os alimentos, sobrevier mudança na situação financeira de quem os supre, ou na de quem os recebe, poderá o interessado reclamar ao juiz, conforme as circunstâncias, exoneração, redução ou majoração do encargo.
23. CC, Art. 1.590. As disposições relativas à guarda e prestação de alimentos aos filhos menores estendem-se aos maiores incapazes.

b) Filho maior matriculado em curso técnico ou superior:

Embora não exista previsão no Código Civil de que o filho maior tem direito a alimentos até os 24 (vinte e quatro) anos ou até a conclusão do curso, se estiver matriculado em curso técnico ou de ensino superior, os nossos tribunais tem aceitado esta condição como forma de impor aos pais a permanência da obrigação alimentar para além da maioridade civil do alimentado.

11. ALIMENTOS AVOENGOS

Cabe desde logo advertir que a obrigação alimentar dos avós em relação aos seus netos é subsidiária, tendo em vista que a responsabilidade principal é dos pais. Aliás, esse entendimento encontra-se pacificado no STJ (ver súmula 596).

Os casos mais comuns envolvem a morte ou a insuficiência financeira dos pais em relação aos seus filhos, quando então transfere-se aos avós a responsabilidade do pagamento de pensão para seus netos. Assim já se manifestou o ilustre ministro João Otávio de Noronha que, de forma objetiva, resumiu o assunto: "A responsabilidade dos avós de prestar alimentos é subsidiária e complementar à responsabilidade dos pais, só sendo exigível em caso de impossibilidade de cumprimento da prestação – ou de cumprimento insuficiente – pelos genitores".[24]

Advirta-se ainda que não é possível demandar diretamente os avós antes de buscar o cumprimento da obrigação por parte dos pais, bem como não é possível transferir automaticamente de pai para avô a obrigação do pagamento nos casos de morte ou desaparecimento.

Além do acima exposto, é necessário que o pretendente prove a impossibilidade de pagamento por parte dos seus pais; prove também a sua necessidade; e, a suficiência dos avós.

12. ALIMENTOS ENTRE EX-CÔNJUGES E EX-COMPANHEIROS

O dever alimentar entre ex-cônjuges e entre ex-companheiros deve ter caráter temporário, cujo prazo deverá ser fixado tendo em vista as peculiaridades de cada caso concreto. Isto se justifica porque se espera que o cônjuge necessitado busque se requalificar para voltar ao mercado de trabalho e assim prover seu próprio sustento.

---

24. Com informações da Assessoria de Imprensa do STJ.

Nesse sentido tem se manifestado a jurisprudência do Superior Tribunal de Justiça (STJ) e por oportuno, transcrevemos trecho do posicionamento do ilustre Ministro Villas Bôas Cueva, para quem, "os alimentos devidos a ex-cônjuge devem apenas assegurar tempo hábil para sua inserção, recolocação ou progressão no mercado de trabalho, que lhe possibilite manter, pelas próprias forças, status social similar ao período do relacionamento.[25]

Quer dizer, o fim do relacionamento conjugal ou convivencial não deve ser visto como uma espécie de aposentadoria permanente, pois isto estimularia o ócio. O dever de prestar alimentos entre ex-cônjuges ou ex-companheiros é regra excepcional que desafia interpretação restritiva, ressalvadas as peculiaridades do caso concreto, tais como a impossibilidade de o beneficiário laborar ou eventual acometimento de doença incapacitante.

13. ALIMENTOS PROVISÓRIOS, PROVISIONAIS E DEFINITIVOS

Alimentos **provisórios** são aqueles concedidos nos termos do que dispõe art. 4º da Lei de Alimentos (Lei nº 5.478/68), fixados em caráter liminar, porém nas situações em que há nos autos prova pré-constituída do parentesco, casamento ou união estável. Estes alimentos são temporários, transitórios e modificáveis a qualquer tempo.

Já os alimentos **provisionais** são aqueles outorgados pelo juiz em liminar antecipatória em qualquer ação nas quais seja cabível o pedido de alimentos. São alimentos concedidos desde que o autor preencha alguns requisitos, especialmente, o das medidas de urgência: *fumus boni juris* e o *periculum in mora* como, por exemplo, a ação versando sobre alimentos gravídicos na qual se pode pedir como tutela de urgência que sejam fixados alimentos provisionais (mesmo não havendo prova pré-constituída do parentesco).

Por fim, chamamos de **definitivos** os alimentos concedidos por sentença em processo de conhecimento ou fixados em acordo homologado judicialmente. É importante deixar claro que o fato de ser definitivo não significa que são imutáveis, já que os alimentos podem ser revistos em face da alteração da situação das partes envolvidas. Também não serão perpétuos porque existem situações que permite a exclusão do dever alimentar, conforme já anotamos.

---

25. STJ, 3ª. Turma, rel. Min. Villas Bôas Cueva (o número deste processo não é divulgado em razão de segredo judicial).

Lição 13
DO BEM DE FAMÍLIA

Sumário: 1. Conceito de bem de família – 2. Origem do instituto – 3. Fundamentos – 4. Espécies – 5. Impenhorabilidade do bem de família – 6. A concepção de família para efeito dessa proteção legal.

1. CONCEITO DE BEM DE FAMÍLIA

Bem de família é o imóvel com suas pertenças, destinado à moradia da família, por vontade própria ou da lei, que não pode ser objeto de constrição judicial para pagamento de dívidas de natureza civil, comercial, fiscal ou mesmo previdenciária, salvo aquelas especificamente excepcionadas na própria lei.

2. ORIGEM DO INSTITUTO

Surgiu no século XIX no direito americano, quando o Estado do Texas promulgou uma lei protetiva da pequena propriedade rural ou urbana, sob a condição de que nela residisse o devedor, à qual não poderia ser objeto de penhora (*homestead act* de 1839). Depois se espalhou pelos outros estados americanos e passou para o direito de outros países, inclusive o Brasil.

3. FUNDAMENTOS

Decorre do princípio constitucional da dignidade humana (ver CF, art. 1º, III) e tem a ver com os direitos sociais também constantes da nossa Constituição (CF, art. 6º),[1] tendo em vista a necessidade de o ser humano poder contar com a

---

1. CF, Art. 6º São direitos sociais a educação, a saúde, a alimentação, o trabalho, a moradia, o lazer, a segurança, a previdência social, a proteção à maternidade e à infância, a assistência aos desamparados, na forma desta Constituição.

proteção do Estado, no sentido de ter garantido um teto como forma de abrigar a si e sua família.

Quer dizer, entre o direito à dignidade e o direito de crédito, o legislador privilegia o direito à dignidade, nele incluído o direito de moradia.

4. ESPÉCIES

Existem três espécies de bem de família, todos eles com o mesmo objetivo, qual seja, garantir o direito constitucional de moradia ao cidadão; vejamos:

a) **Convencional ou voluntário:**

É aquele previsto no Código Civil decorrente da vontade dos cônjuges ou entidade familiar, ou ainda de terceiro, pelo qual é possível escolher um imóvel de valor até 1/3 do patrimônio total do instituidor e nomeá-lo como bem de família, mediante escritura pública ou testamento que, para ter validade contra terceiros, deverá ser levada a registro no Cartório de Registro de Imóveis da circunscrição onde se localiza o imóvel (CC, art. 1711).[2]

Atenção: quando for instituído por terceiro, por testamento ou doação, para validade do ato deverá contar com expressa aceitação de ambos os cônjuges beneficiados ou da entidade familiar beneficiada (ver CC, art. 1711, parágrafo único).

b) **Legal ou involuntário:**

É aquele que independe da vontade das pessoas, sendo estabelecido por determinação de lei. Se a entidade familiar é proprietária de um único imóvel e esse imóvel é por ela utilizado como moradia, ele é considerado bem de família automaticamente, independentemente de qualquer formalidade (Lei nº 8.009/90, art. 1º).[3]

---

2. CC, Art. 1.711. Podem os cônjuges, ou a entidade familiar, mediante escritura pública ou testamento, destinar parte de seu patrimônio para instituir bem de família, desde que não ultrapasse um terço do patrimônio líquido existente ao tempo da instituição, mantidas as regras sobre a impenhorabilidade do imóvel residencial estabelecida em lei especial.

Parágrafo único. O terceiro poderá igualmente instituir bem de família por testamento ou doação, dependendo a eficácia do ato da aceitação expressa de ambos os cônjuges beneficiados ou da entidade familiar beneficiada.

3. Lei nº 8.009, art. 1º O imóvel residencial próprio do casal, ou da entidade familiar, é impenhorável e não responderá por qualquer tipo de dívida civil, comercial, fiscal, previdenciária ou de outra natureza, contraída pelos cônjuges ou pelos pais ou filhos que sejam seus proprietários e nele residam, salvo nas hipóteses previstas nesta lei.

c) Especial constitucional:

É aquele instituído na própria Carta Magna como proteção ao pequeno produtor rural, cuja propriedade não poderá ser objeto de penhora desde que a família a tenha tornado produtiva (CF, art. 5º, XXVI;[4] ver também CPC, art. 833, VIII[5]).

5. IMPENHORABILIDADE DO BEM DE FAMÍLIA

Nas três espécies de bem de família, o imóvel assim considerado é, em princípio, impenhorável e não responderá por qualquer tipo de dívida civil, comercial, fiscal, previdenciária ou de outra natureza, contraída pelos cônjuges ou pelos pais ou filhos.

Porém, como toda regra tem exceções, neste caso não poderia ser diferente; vejamos quais são:

a) No bem de família convencional ou voluntário:

Quanto ao bem de família voluntário, também chamado de convencional, a exceção vem prevista no art. 1.715[6] do Código Civil, que expressamente diz não se aplicar a impenhorabilidade quando tratar-se de impostos ou despesas de condomínio incidentes sobre o próprio imóvel.

Atenção: essa isenção durará enquanto viva um dos cônjuges ou na falta de ambos até que os filhos atinjam a maioridade (CC, art. 1.716).[7]

b) No bem de família legal:

No caso do bem de família legal, as exceções estão previstas na própria lei que instituiu a proteção e são as seguintes: pelo titular do crédito

---

Parágrafo único. A impenhorabilidade compreende o imóvel sobre o qual se assentam a construção, as plantações, as benfeitorias de qualquer natureza e todos os equipamentos, inclusive os de uso profissional, ou móveis que guarnecem a casa, desde que quitados.

4. CF, art. 5º (Omissis)

XXVI – a pequena propriedade rural, assim definida em lei, desde que trabalhada pela família, não será objeto de penhora para pagamento de débitos decorrentes de sua atividade produtiva, dispondo a lei sobre os meios de financiar o seu desenvolvimento; (...).

5. CPC, art. 833. São impenhoráveis:

(Omissis)

VIII – a pequena propriedade rural, assim definida em lei, desde que trabalhada pela família.

6. CC, Art. 1.715. O bem de família é isento de execução por dívidas posteriores à sua instituição, salvo as que provierem de tributos relativos ao prédio, ou de despesas de condomínio.

Parágrafo único. No caso de execução pelas dívidas referidas neste artigo, o saldo existente será aplicado em outro prédio, como bem de família, ou em títulos da dívida pública, para sustento familiar, salvo se motivos relevantes aconselharem outra solução, a critério do juiz.

7. CC, Art. 1.716. A isenção de que trata o artigo antecedente durará enquanto viver um dos cônjuges, ou, na falta destes, até que os filhos completem a maioridade.

decorrente do financiamento destinado à construção ou à aquisição do imóvel, no limite dos créditos e acréscimos constituídos em função do respectivo contrato; pelo credor de pensão alimentícia, resguardado o direito do outro cônjuge quanto à sua meação; para cobrança de impostos, predial ou territorial, taxas e contribuições devidas em função do imóvel familiar; para execução de hipoteca sobre o imóvel oferecido como garantia real pelo casal ou pela entidade familiar; por ter sido adquirido com produto de crime ou para execução de sentença penal condenatória a ressarcimento, indenização ou perdimento de bens; e, finalmente, por obrigação decorrente de fiança concedida em contrato de locação (Lei nº 8.009, art. 3º).[8]

Atenção: não se beneficiará do disposto na Lei nº 8.009/90 o devedor que, sabendo-se inadimplente, adquire de má-fé um imóvel mais valioso, desfazendo-se da moradia antiga e transferindo-se para a nova (Lei nº 8.009/90, art. 4º, *caput*).[9]

c) **Especial constitucional:**

Quando se trata de propriedade rural, a exceção também está contida na Lei nº 8.009, que diz que a impenhorabilidade restringir-se-á à sede de moradia, com os respectivos bens móveis, e, nos casos do art. 5º, inciso

---

8. Lei nº 8.009/90, Art. 3º A impenhorabilidade é oponível em qualquer processo de execução civil, fiscal, previdenciária, trabalhista ou de outra natureza, salvo se movido:

    I – Revogado pela Lei Complementar nº 150, de 2015.

    II – pelo titular do crédito decorrente do financiamento destinado à construção ou à aquisição do imóvel, no limite dos créditos e acréscimos constituídos em função do respectivo contrato;

    III – pelo credor da pensão alimentícia, resguardados os direitos, sobre o bem, do seu coproprietário que, com o devedor, integre união estável ou conjugal, observadas as hipóteses em que ambos responderão pela dívida;

    IV – para cobrança de impostos, predial ou territorial, taxas e contribuições devidas em função do imóvel familiar;

    V – para execução de hipoteca sobre o imóvel oferecido como garantia real pelo casal ou pela entidade familiar;

    VI – por ter sido adquirido com produto de crime ou para execução de sentença penal condenatória a ressarcimento, indenização ou perdimento de bens.

    VII – por obrigação decorrente de fiança concedida em contrato de locação.

9. Lei nº 8.009/90, Art. 4º Não se beneficiará do disposto nesta lei aquele que, sabendose insolvente, adquire de má-fé imóvel mais valioso para transferir a residência familiar, desfazendo-se ou não da moradia antiga.

    § 1º Neste caso, poderá o juiz, na respectiva ação do credor, transferir a impenhorabilidade para a moradia familiar anterior, ou anular-lhe a venda, liberando a mais valiosa para execução ou concurso, conforme a hipótese.

    § 2º Quando a residência familiar constituir-se em imóvel rural, a impenhorabilidade restringir-se-á à sede de moradia, com os respectivos bens móveis, e, nos casos do art. 5º, inciso XXVI, da Constituição, à área limitada como pequena propriedade rural.

XXVI, da Constituição, à área limitada como pequena propriedade rural, qual seja, 30 hectares (ver art. 4º, § 2º).

Assim, não sendo nas exceções acima mencionadas, o bem de família é impenhorável por qualquer outro tipo de dívidas.

6. A CONCEPÇÃO DE FAMÍLIA PARA EFEITO DESSA PROTEÇÃO LEGAL

O conceito de família, em face da doutrina e da jurisprudência, foi sendo alargado após a Constituição de 1988 e atualmente até mesmo a pessoa solteira, viúva ou que more sozinha por qualquer que seja a razão pode ser considerada uma família para efeitos de proteção do Estado.

Da mesma forma o conceito de bem de família também foi alargado para contemplar as novas formas de família, especialmente em face da proteção decorrente da Lei nº 8.009/90.

Nesse sentido é importante destacar que o Superior Tribunal de Justiça, em 2008, editou a **súmula nº 364** consolidando esse posicionamento, nos seguintes termos: "O conceito de impenhorabilidade de bem de família abrange também o imóvel pertencente as pessoas solteiras, separadas e viúvas".

Outro aspecto que cumpre destacar é que o mesmo Superior Tribunal e Justiça também tem posicionamento consolidado no sentido de que não perde a proteção legal de bem de família o fato de o único imóvel ter sido alugado pela família se a renda da locação for empregada na subsistência ou mesmo na locação de outra moradia para a família. Nesse sentido a **súmula nº 486** do STJ, de seguinte teor: "é impenhorável o único imóvel residencial do devedor que esteja locado a terceiros, desde que a renda obtida com a locação seja revertida para a subsistência ou a moradia da sua família".

CAPÍTULO 5
DA UNIÃO ESTÁVEL

Lição 14
DA UNIÃO ESTÁVEL

Sumário: 1. Conceito – 2. Requisitos para constituição da união estável – 3. Diversidade de sexos é também um requisito para configurar a união estável? – 4. Diferença entre união estável e concubinato – 5. Dissolução da união estável – 6. Regime de bens dos conviventes – 7. Conversão da união estável em casamento – 8. União poliafetiva – 9. Comentários finais.

1. CONCEITO

A união estável é a convivência, não adulterina nem incestuosa, sob o mesmo teto ou não, entre duas pessoas de forma pública, contínua e duradoura com o objetivo de constituir família.

A proteção legal à união estável ganhou *status* constitucional com a carta cidadã de 1988 (CF, art. 226, § 3º).[1] Aquilo que era união de fato, depois da Constituição de 1988 virou união de direito, não se admitindo as discriminações que se faziam anteriormente. Agora a família informal, aquela formada tão somente a partir da vontade das pessoas sem nenhuma formalidade, tem proteção do Estado e as pessoas envolvidas ganham um novo estado – companheiros ou conviventes. Quer dizer, além de solteiro, casado, viúvo ou divorciado, temos também o estado de companheiro.

Depois de reconhecida pela Constituição Federal de 1988 a matéria foi regulamentada em duas leis ordinárias: a Lei nº 8.971/94 e Lei nº 9.278/96, ambas parcialmente derrogadas pelo Código Civil de 2002 que disciplinou a matéria, ainda que timidamente, nos arts. 1.694 e 1723 a 1727.

---

1. CR, Art. 226. A família, base da sociedade, tem especial proteção do Estado. (omissis)...

    § 3º Para efeito da proteção do Estado, é reconhecida a união estável entre o homem e a mulher como entidade familiar, devendo a lei facilitar sua conversão em casamento.

Registro histórico: tanto a inserção da união estável na Constituição Federal de 1988 quanto as duas referidas leis tiveram a participação fundamental e decisiva do jurista Alvaro Villaça de Azevedo.

2. REQUISITOS PARA CONSTITUIÇÃO DA UNIÃO ESTÁVEL

Os requisitos legais para constituição da união estável, segundo se pode depreender do que estipula a Constituição Federal e o Código Civil, são os seguintes:

a) **União afetiva entre duas pessoas:**

Essa é uma característica de fundamental importância, qual seja, a demonstração de carinho, amor e afeto entre as pessoas envolvidas, pois esse é um elemento marcante na instituição desse tipo de família. A lei procura proteger exatamente as relações nascidas do afeto.

b) **Convivência pública:**

É a chamada convivência *more uxório*, ou seja, a convivência entre duas pessoas que se apresentam em público como se casados fossem. Quer dizer, a publicidade do relacionamento é também elemento importante para caracterizar a união estável, por conseguinte o relacionamento não pode ser às escondidas, em segredo.

c) **Convivência contínua e duradoura:**

Também não pode ser algo esporádico ou encontros ocasionais que irão caracterizar a união estável. Embora a lei não exija um prazo mínimo, um tempo determinado para configurar a união estável, ao exigir que a união seja contínua e duradoura, acaba por impor um certo lapso de tempo que, frente ao caso concreto, o bom senso ditará qual seja. Quer dizer, se é uma "união estável", só se pode depreender que ela para ser estável tem que ser contínua e tem que ser duradoura, pois caso contrário estaremos diante dos encontros ocasionais que no máximo poderão configurar o namoro.

Em resumo: a lei não exige um prazo mínimo para o reconhecimento da união estável, mas ao exigir como requisito que ela seja contínua e duradoura, acaba por exigir um prazo porque nenhuma união pode ser contínua e duradoura se não for por um tempo prolongado.

d) **Intenção de constituir família:**

É o chamado *affectio maritalis*, ou seja, o objetivo da entidade familiar é o de constituir família que se pode provar de forma objetiva, tais como residência única do casal, existência de filhos da união, cartão de crédito e contas bancárias em conjunto, convite aos amigos para festejarem em conjuntos datas festivas para o casal etc.

Atenção: não é requisito legal indispensável que o casal resida no mesmo lugar. Logicamente que se residirem na mesma morada, ajuda a caracterizar a relação como uma entidade familiar.

e) Inexistência de impedimento para o casamento:

Esse é um dado importante porque se houver impedimento ao casamento estaremos diante do concubinato (CC, art. 1.727)[2] e não da união estável. Assim, para constituir a família informal que a lei protege, os envolvidos devem ser solteiros, viúvos, separados (de fato ou judicialmente) ou divorciados (CC, art. 1.723, § 1º).[3]

3. DIVERSIDADE DE SEXOS É TAMBÉM UM REQUISITO PARA CONFIGURAR A UNIÃO ESTÁVEL?

A resposta claramente é não!... Depois que o Supremo Tribunal Federal (STF) reconheceu, em 2011, a legalidade da união estável entre pessoas do mesmo sexo, por óbvio que derrogou, ainda que por vias tortas, os dispositivos legais que exigiam a diversidade de sexo como requisito para o reconhecimento da união estável.

Muitos autores ainda mencionam o expresso texto de lei para dizer que a união estável somente se aplicaria à união entre homem e mulher porque assim consta da redação original do art. 226, § 3º, da nossa Constituição, bem como consta claramente no Código Civil de 2002 no seu art. 1.723.

Mas não é essa a leitura que fazemos até porque depois da decisão do Supremo Tribunal Federal ao julgar conjuntamente, em 5 de maio de 2011, a Adi 4277/DF e a ADPF 132/RJ, acabou por reconhecer a união estável para pessoas de mesmo sexo o que levou, por vias de consequências, a permissão de conversão das uniões homoafetivas em casamento.

---

2. CC, Art. 1.727. As relações não eventuais entre o homem e a mulher, impedidos de casar, constituem concubinato.
3. CC, Art. 1.723. É reconhecida como entidade familiar a união estável entre o homem e a mulher, configurada na convivência pública, contínua e duradoura e estabelecida com o objetivo de constituição de família.

§ 1º A união estável não se constituirá se ocorrerem os impedimentos do art. 1.521; não se aplicando a incidência do inciso VI no caso de a pessoa casada se achar separada de fato ou judicialmente.

§ 2º As causas suspensivas do art. 1.523 não impedirão a caracterização da união estável.

Em face da ausência de lei, foi preciso a intervenção do Conselho Nacional de Justiça (CNJ), para dar concretude a essa decisão. Assim, foi editada a Resolução nº 175, de 14 de maio de 2013, regulamentando o casamento entre pessoas do mesmo sexo, tanto por habilitação direta, quanto por conversão de união estável. Tal resolução determina expressamente: "é vedada às autoridades competentes a recusa de habilitação, celebração de casamento civil ou conversão de união estável em casamento entre pessoas de mesmo sexo".[4]

Conforme já deixou assentado o STJ, a legislação que regula a união estável deve ser interpretada de forma expansiva e igualitária, permitindo que as uniões homoafetivas tenham o mesmo regime jurídico protetivo conferido aos casais heterossexuais, trazendo efetividade e concreção aos princípios da dignidade da pessoa humana, da não discriminação, igualdade, liberdade, solidariedade, autodeterminação, proteção das minorias, busca da felicidade e ao direito fundamental e personalíssimo à orientação sexual.

A igualdade e o tratamento isonômico supõem o direito a ser diferente, o direito à autoafirmação e a um projeto de vida independente de tradições e ortodoxias, sendo o alicerce jurídico para a estruturação do direito à orientação sexual como direito personalíssimo, atributo inseparável e incontestável da pessoa humana. Em suma: o direito à igualdade somente se realiza com plenitude se for garantido o direito à diferença.[5]

4. DIFERENÇA ENTRE UNIÃO ESTÁVEL E CONCUBINATO

Sob o risco de severas críticas, ousamos considerar que a **união estável e o concubinato são dois institutos diferentes**. Esta distinção nos parece clara ao analisarmos o novo Código Civil e, também, pelo expressamente previsto na Constituição Federal.

Compulsando o Código Civil, verifica-se que o legislador fez definir o concubinato como sendo as relações não eventuais (logo permanentes) entre pessoas impedidas de casar. Aliás, este artigo foi inserido no final do título que regula a união estável (ver CC, art. 1.727 – NR-2).

Depreende-se do texto legal que a união estável seria a relação lícita entre pessoas que vivem como se casados fossem, e apenas não se casaram por uma opção

---

4. Esclareça-se que resolução do CNJ tem força de Lei, isto é, seu cumprimento é obrigatório. A recusa de cumprimento pode ensejar reclamação para o Tribunal ao qual o juiz esteja subordinado ou mesmo para o próprio CNJ.

5. STJ, REsp 1302467-SP (2012/0002671-4); Quarta Turma; Rel: Min. Luis Felipe Salomão; publ. DJe 25/03/2015.

particular ou por algum impedimento momentâneo, ao passo que o concubinato seria as relações entre as pessoas impedidas de se casarem, por ilícita esta relação.

Não pode ser considerado concubinato a relação de pessoas que são separadas de fato ou separadas judicialmente, tendo em vista que embora estas pessoas estejam impedidas momentaneamente de contrair novo casamento, bastaria formalizar a separação através do divórcio para se definirem como livres dos impedimentos. Além disso, o próprio Código Civil fez expressa ressalva no § 1º do art. 1.723 (ver NR-3).

Se tivéssemos que definir o concubinato, diríamos que são aquelas uniões que, em última análise, significariam "mancebia" ou "companhia de cama sem aprovação legal". Poderíamos ainda dividir o concubinato em adulterino (pessoa casada ou que vive em união estável que mantém um relacionamento paralelo com outra pessoa) e incestuoso (união entre os parentes próximos, como por exemplo o relacionamento entre um pai e filha, impedidos de casarem).

Cabe ainda registrar que o concubinato não pode ser considerado como entidade familiar e a solução dos problemas decorrentes deste tipo de relação se resolve aplicando-se as regras do direito das obrigações, já que é considerado como uma espécie de "**sociedade de fato**" entre pessoas.

> **Atenção:** em situações muito particulares o judiciário tem reconhecido como união estável situações que se encaixaria como concubinato como, por exemplo, decisão do juiz Adolfo Naujorks de Porto Velho/RO, que reconhece a coexistência de duas relações afetivas paralelas: casamento e união estável. Ocorre que a situação era peculiar, pois o sujeito manteve um relacionamento extraconjugal por 29 anos, do qual advieram filhos, fato que era aceito por ambas as mulheres (Proc. 001.2008.005553-1, 4ª. Vara da Família e Sucessões).

5. DISSOLUÇÃO DA UNIÃO ESTÁVEL

Assim como na constituição, na dissolução da união estável não se exige nenhuma formalidade e normalmente se opera pelos seguintes modos distintos:

a) **Morte de um dos conviventes:**

Obviamente que a morte de qualquer dos companheiros põe fim à união estável.

b) **Casamento dos companheiros:**

Também é obvio de que o casamento daqueles que viviam em união estável extingue a mesma e agora em seu lugar há o casamento.

c) Pela vontade das partes:

É a forma mais comum de extinção da união estável e pode ser resolvida de forma amigável ou litigiosa. Quando as partes estão de comum acordo é fácil resolver a separação porque podem acordar a partilha de bens, os alimentos, a guarda e visita de filhos se houver, enfim podem resolver todas as questões oriundas do relacionamento e formalizarem o acordo através de instrumento público ou particular, como também podem pedir a homologação judicial se assim desejarem as partes. Quando a resilição for unilateral, isto é, não houver acordo entre as partes, pode ser proposta ação declaratória para que o judiciário declare e reconheça a existência da união estável, promovendo na mesma ação a sua dissolução, resolvendo também os demais aspectos que envolvem a questão.

6. REGIME DE BENS DOS CONVIVENTES

Evidentemente que a dissolução da união estável gera diversas consequências jurídicas e, dentre estas, faz surgir o dever de alimentos recíproco e para os filhos, bem como a guarda e visitação dos filhos, além da partilha dos bens, seja nas condições que a lei estabelece, seja nas condições previamente estipuladas pelas partes em contrato.

O regime de bens é similar ao do casamento com comunhão parcial de bens, podendo as partes estipularem de forma diferente em contrato escrito, nos termos como estatuído no Código Civil (art. 1.725).[6]

Quer dizer, a lei faz prever que na dissolução da união estável, os bens adquiridos na constância da convivência teriam sido adquiridos com o esforço comum do casal, logo devendo ser compartilhado meio a meio para cada um.

7. CONVERSÃO DA UNIÃO ESTÁVEL EM CASAMENTO

O Código Civil estabeleceu a possibilidade de conversão da união estável em casamento, mediante requerimento ao juiz de direito da comarca onde residam os conviventes que, verificando a regularidade do pedido, determinará o seu processamento no Registro Civil (CC, art. 1.726).[7]

Só que na vida prática essa previsão legal em nada facilita a vida dos conviventes que desejam converter a união estável em casamento, explico: os convi-

---

6. CC, Art. 1.725. Na união estável, salvo contrato escrito entre os companheiros, aplica-se às relações patrimoniais, no que couber, o regime da comunhão parcial de bens.
7. CC, Art. 1.726. A união estável poderá converter-se em casamento, mediante pedido dos companheiros ao juiz e assento no Registro Civil.

ventes terão que fazer todo o processamento que qualquer pessoa faria para se casar, ou seja, terá que fazer o requerimento em cartório, instruir o pedido com os documentos necessários, se submeterem às proclamas, terão que escolher um regime de bens, apresentar testemunhas etc.

> **Em resumo:** os conviventes terão que fazer tudo como qualquer pessoa que deseje casar. A única formalidade que será dispensada é a solenidade de celebração. Quer dizer, a única diferença é que "os noivos" não precisam comparecer ao cartório num dia determinado para dizer o "sim" na frente do juiz de paz.

8. UNIÃO POLIAFETIVA

Na união poliafetiva, enquanto não houver lei regulamentando, a questão do reconhecimento, separação e da partilha de bens será resolvido com base nos institutos dos contratos.

É preciso lembrar que o nosso sistema jurídico considera legal a família monogâmica e condena em todos os sentidos a bigamia ou qualquer relacionamento fora da instituição do casamento ou da união estável. Quer dizer, não há, como regra, o reconhecimento de duas entidades familiares simultâneas, tendo em vista que nosso sistema jurídico é regido pelo princípio da monogamia.

No direito de família tudo tem evoluído de uma forma revolucionária. Na ausência de leis, o judiciário tem legislado sobre as questões mais intrincadas. Basta lembrar a decisão do Supremo Tribunal Federal (STF) reconhecendo a união estável entre pessoas de mesmo sexo que como consequência, teve o casamento homoafetivo regulamentado pela Resolução n° 175, de 14 de maio de 2013, aprovada durante a 169ª Sessão Plenária do Conselho Nacional de Justiça (CNJ).

Quer dizer, hoje há uma lacuna legislativa quanto as soluções jurídicas para as questões envolvendo as uniões poliafetivas, contudo nas questões que envolvam o reconhecimento, dissolução e partilha de bens, embora a nosso ver devesse ser utilizado as regras dos contratos, certamente o judiciário utilizará as regras atinentes à união estável para, por analogia, dirimir as questões oriundas deste tipo de relacionamento. Vamos aguardar para ver.

9. COMENTÁRIOS FINAIS

Não se pode negar que avanços fantásticos foram registrados na questão da regulação da união estável. Até bem recentemente, a despeito dos avanços da jurisprudência quanto ao reconhecimento das situações de fato, o nosso ordenamento jurídico, de forma absolutamente retrógrada, se recusava a reconhecer legalmente a situação da união estável. Foi preciso que a nossa Constituição Cidadã viesse a reconhecer, expressamente, a possibilidade de constituição da união estável que, contudo, somente veio a ser regulamentada de forma tímida por duas leis, uma em 1994 (Lei nº 8.971) seis anos após e, outra, mais abrangente, em 1996 (Lei nº 9.278), oito anos após a promulgação da nossa Carta Magna.

A partir do advento da nova ordem constitucional, estabeleceu-se a igualdade jurídica entre os companheiros, bem como entre os filhos, sem as distinções que o vetusto Código Civil de 1916 fazia.

No tocante à União Estável, o Código Civil de 2002 derrogou as leis da união estável na medida em que regulamentou toda a matéria. O Código estabeleceu a presunção relativa de serem comuns os bens adquiridos na constância do lar convivencial ao estabelecer que o regime de bens é o de comunhão parcial (ver CC, art. 1.725), e por decorrência dessa previsão garantiu aos companheiros, além da meação, o direito sucessório.[8] Da mesma forma, equiparou os conviventes ao *status* de parentes, garantindo-lhes o direito à assistência alimentar, desde que um deles venha a necessitar (CC, art. 1.694),[9] além de remeter as soluções dos conflitos para as Varas da Família, assegurado o segredo de justiça.

O mesmo Código Civil impôs também o dever de lealdade entre os companheiros, respeito e assistência, e de guarda, sustento e educação dos filhos (CC, art. 1.724).[10]

---

8. Vide Recurso Extraordinário nº 646.721 (julgamento: 10/05/2017) e Recurso Extraordinário nº 878.694 (julgamento 10 de abril de 2015).
9. CC, Art. 1.694. Podem os parentes, os cônjuges ou companheiros pedir uns aos outros os alimentos de que necessitem para viver de modo compatível com a sua condição social, inclusive para atender às necessidades de sua educação.

   § 1º Os alimentos devem ser fixados na proporção das necessidades do reclamante e dos recursos da pessoa obrigada.

   § 2º Os alimentos serão apenas os indispensáveis à subsistência, quando a situação de necessidade resultar de culpa de quem os pleiteia.
10. CC, Art. 1.724. As relações pessoais entre os companheiros obedecerão aos deveres de lealdade, respeito e assistência, e de guarda, sustento e educação dos filhos.

Capítulo 6
Da doação, da tutela e da curatela

Lição 15
DA ADOÇÃO

Sumário: 1. Conceito de adoção – 2. Natureza jurídica – 3. Quem pode adotar? – 4. O que é o cadastro nacional de adoção? – 5. Quem não pode adotar? – 6. Quem pode ser adotado? – 7. Requisitos para adoção – 8. Efeitos da adoção – 9. O que é "adoção à brasileira"? – 10. Adoção *post mortem* – 11. Adoção socioafetiva *post mortem* – 12. Adoção internacional – 13. Apadrinhamento afetivo.

1. CONCEITO DE ADOÇÃO

É o ato jurídico solene e personalíssimo, de natureza complexa por depender de decisão judicial, através do qual alguém estranho é introduzido na família do adotante como filho, desde que observados os requisitos legais.

A adoção é ato tão personalíssimo que não se admite seja realizada por procuração (ECA, art. 39, § 2º).[1] Reforça essa ideia a exigência de estágio de convivência entre adotante e adotado, a ser fixado pelo juiz.

2. NATUREZA JURÍDICA

A adoção é ato complexo que demanda, de um lado, uma observação de negócio jurídico contratual, tendo em vista haver necessidade de manifestação de vontade e de sua bilateralidade e, de outro lado, ser matéria de interesse geral

---

1. ECA, Art. 39. A adoção de criança e de adolescente reger-se-á segundo o disposto nesta Lei.

   § 1º A adoção é medida excepcional e irrevogável, à qual se deve recorrer apenas quando esgotados os recursos de manutenção da criança ou adolescente na família natural ou extensa, na forma do parágrafo único do art. 25 desta Lei.

   § 2º É vedada a adoção por procuração.

   § 3º Em caso de conflito entre direitos e interesses do adotando e de outras pessoas, inclusive seus pais biológicos, devem prevalecer os direitos e os interesses do adotando.

e de ordem pública na medida em que se exige sentença judicial para seu aperfeiçoamento (CF, art. 227, § 5º).[2]

O Estatuto da Criança e do Adolescente – ECA (Lei nº 8.069/90), além de reafirmar a necessidade de sentença para que se possa constituir a adoção, ainda traz diversas determinações quanto ao ato registral, tendo em vista a mudança do estado da criança que rompe com seus laços familiares consanguíneos para assumir parentesco civil da família do adotante, incluindo-se a mudança do seu sobrenome e, eventualmente, até mesmo do prenome (ECA, art. 47).[3]

3. QUEM PODE ADOTAR?

Em princípio, qualquer pessoa pode adotar, desde que maior de 18 anos e capaz, não importando o sexo, o estado civil e a nacionalidade (ECA, art. 42, *caput*).[4]

Assim, pode adotar sozinho qualquer pessoa, independente de seu estado civil, desde que seja maior de idade e que seja pelo menos 16 anos mais velho do que o adotando.

Os cônjuges ou quem vive em união estável podem adotar em conjunto, desde que seja comprovada a estabilidade da família. Assim também, os divor-

---

2. CF, art. 227. (Omissis)

    § 5º A adoção será assistida pelo Poder Público, na forma da lei, que estabelecerá casos e condições de sua efetivação por parte de estrangeiros.

3. ECA, Art. 47. O vínculo da adoção constitui-se por sentença judicial, que será inscrita no registro civil mediante mandado do qual não se fornecerá certidão.

    § 1º A inscrição consignará o nome dos adotantes como pais, bem como o nome de seus ascendentes.

    § 2º O mandado judicial, que será arquivado, cancelará o registro original do adotado.

    § 3º A pedido do adotante, o novo registro poderá ser lavrado no Cartório do Registro Civil do Município de sua residência.

    § 4º Nenhuma observação sobre a origem do ato poderá constar nas certidões do registro.

    § 5º A sentença conferirá ao adotado o nome do adotante e, a pedido de qualquer deles, poderá determinar a modificação do prenome.

    § 6º Caso a modificação de prenome seja requerida pelo adotante, é obrigatória a oitiva do adotando, observado o disposto nos §§ 1º e 2º do art. 28 desta Lei.

    § 7º A adoção produz seus efeitos a partir do trânsito em julgado da sentença constitutiva, exceto na hipótese prevista no § 6º do art. 42 desta Lei, caso em que terá força retroativa à data do óbito.

    § 8º O processo relativo à adoção assim como outros a ele relacionados serão mantidos em arquivo, admitindo-se seu armazenamento em microfilme ou por outros meios, garantida a sua conservação para consulta a qualquer tempo.

    § 9º Terão prioridade de tramitação os processos de adoção em que o adotando for criança ou adolescente com deficiência ou com doença crônica.

    § 10º O prazo máximo para conclusão da ação de adoção será de 120 (cento e vinte) dias, prorrogável uma única vez por igual período, mediante decisão fundamentada da autoridade judiciária.

4. ECA, Art. 42. Podem adotar os maiores de 18 (dezoito) anos, independentemente do estado civil.

ciados ou separados judicialmente, desde que acordem sobre a guarda e o regime de visitas e desde que o estágio de convivência tenha sido iniciado na constância da sociedade conjugal.

Também podem adotar o tutor ou o curador, desde que encerrada e quitada a administração dos bens do pupilo ou curatelado; assim como a família estrangeira residente ou domiciliada fora do Brasil; bem como as demais pessoas que tiverem sua habilitação deferida, e inscritas no Cadastro Nacional de Adoção do CNJ.

4. O QUE É O CADASTRO NACIONAL DE ADOÇÃO?

O CNA é um sistema de informações, hospedado nos servidores do CNJ, que consolida os dados de todas as Varas da Infância e da Juventude referentes a crianças e adolescentes em condições de serem adotados e a pretendentes habilitados à adoção.

Ao centralizar e cruzar informações, o sistema permite a aproximação entre crianças que aguardam por uma família em abrigos brasileiros e pessoas de todos os Estados que tentam uma adoção.

O sistema objetiva reduzir a burocracia do processo, pois uma pessoa considerada apta à adoção em sua comarca (área jurisdicional que abrange um ou mais municípios) ficará habilitada a adotar em qualquer outro lugar do país.[5]

5. QUEM NÃO PODE ADOTAR?

Apesar de haver uma ampla liberdade no que diz respeito às pessoas que podem adotar, o legislador criou algumas proibições para evitar confusões de ordem ética e moral; vejamos.

a) **Os ascendentes e os irmãos do adotando:**

Essa proibição é para evitar confusão familiar, vez que, se o avô adotar o neto isso vai significar que seus filhos passariam a ser irmãos de seu neto, ou o pai do adotando passaria a ser irmão do próprio filho, ou ainda, o filho passaria a ser cunhado da sua própria mãe (ECA, art. 42, § 1º).[6]

Atenção: os avôs ou os irmãos embora não possam adotar podem obter a guarda ou a tutela do menor.

---

5. https://www.cnj.jus.br/programas-e-acoes/adocao/
6. ECA, art. 42. (Omissis)
   § 1º Não podem adotar os ascendentes e os irmãos do adotando.

b) Os cônjuges não podem adotar um ao outro:

Imaginem se isso fosse possível. O adotante passaria à condição de ascendente (pai ou mãe) e o adotado a condição de descendente (filho ou filha), logo, impedidos de casar nos termos do art. 1.521, I, do Código Civil.

c) Uma mesma pessoa não pode adotar marido e mulher:

Se uma mesma pessoa adotar marido e mulher significa dizer que ambos passariam a condição de irmãos e, como tal, não poderiam casar, nos termos do retrocitado artigo 1.521, IV.

d) Na adoção cumulativa, só as pessoas casadas ou que vivam em união estável:

Adoção cumulativa, isto é, por duas pessoas simultaneamente, só é admissível se as duas forem casadas ou viverem em união estável, comprovada a estabilidade familiar. Não basta só provar o casamento ou a união estável, é preciso comprovar a estabilidade do lar que pretende albergar a criança (ECA, art. 42, § 2º).[7]

Atenção: os divorciados e os ex-companheiros podem adotar conjuntamente se ao tempo da separação o estágio de convivência com a criança já tinha sido iniciado e desde que acordem sobre a guarda e o sistema de visitas, sendo a guarda compartilhada a melhor solução indicada pela lei (ECA, art. 42, §§ 4º e 5º).[8]

e) O tutor ou o curador com seu pupilo ou curatelado, enquanto não prestar as contas de sua administração:

Aqui a preocupação do legislador é no que diz respeito aos bens do incapaz, tendo em vista que o curador poderia se beneficiar do ato de adoção e com isso camuflar eventual dilapidação do patrimônio do menor (ECA, art. 44).[9]

---

7. ECA, art. 42. (Omissis)

§ 2º Para adoção conjunta, é indispensável que os adotantes sejam casados civilmente ou mantenham união estável, comprovada a estabilidade da família.

8. ECA, art. 42. (Omissis)

§ 4º Os divorciados, os judicialmente separados e os ex-companheiros podem adotar conjuntamente, contanto que acordem sobre a guarda e o regime de visitas e desde que o estágio de convivência tenha sido iniciado na constância do período de convivência e que seja comprovada a existência de vínculos de afinidade e afetividade com aquele não detentor da guarda, que justifiquem a excepcionalidade da concessão.

§ 5º Nos casos do § 4º deste artigo, desde que demonstrado efetivo benefício ao adotando, será assegurada a guarda compartilhada, conforme previsto no art. 1.584 da Lei nº 10.406, de 10 de janeiro de 2002 – Código Civil.

9. ECA, Art. 44. Enquanto não der conta de sua administração e saldar o seu alcance, não pode o tutor ou o curador adotar o pupilo ou o curatelado.

LIÇÃO 15 • DA ADOÇÃO **167**

Atenção: entendemos que se não houver bens ou, existindo, as contas foram prestadas e estão em ordem, nada obsta a adoção.

f) **Pessoa que não tenha diferença de idade superior a 16 anos em relação ao adotado:**

Não se esqueça que a adoção procura imitar a vida real colocando alguém no seio de uma nova família como se filho fosse. Assim é razoável essa exigência porquanto o adotante em relação ao adotado irá aparentar realmente a condição de pai ou mãe (ECA, art. 42, § 3º).[10]

6. QUEM PODE SER ADOTADO?

Em princípio, qualquer pessoa pode ser adotada, independentemente de sexo ou de idade. Quer dizer que se pode adotar crianças, adolescente ou mesmo as pessoas maiores, desde que sejam respeitados os preceitos legais e concedida via decisão judicial (ver ECA, art. 47, *caput*).

É mais comum a adoção de crianças ou mesmo de adolescentes, mas nada impede que se possa adotar uma pessoa maior de idade.

Curiosidade: muitos casos de padrastos/madrastas tramitam na justiça brasileira pedindo a adoção de enteados/enteadas porque já convivem como se pais e filhos fossem. Nesses casos, por se tratar de direito individual do adotado e sendo pessoa maior e plenamente capaz, depende apenas de seu consentimento, não se cogitando do consentimento dos pais ou do representante legal para exercer sua autonomia de vontade.[11]

7. REQUISITOS PARA ADOÇÃO

Com tudo que já foi exposto, podemos fazer um resumo dos requisitos necessários à adoção. Vejamos.

a) **Idade mínima de 18 anos para o adotante:**

Mesmo quando a adoção for feita por um casal, exige-se dos dois que tenham a idade mínima de 18 anos. Essa exigência tem a ver com a maturidade que se exige para o ato que é irrevogável (ECA, art. 42, *caput*).[12]

---

10. ECA, art. 42. (Omissis)
    § 3º O adotante há de ser, pelo menos, dezesseis anos mais velho do que o adotando.
11. Por curiosidade veja-se notícias no site do STJ sobre o tema, acessando: http://www.stj. jus.br/sites/ STJ/default/pt_BR/noticias/noticias/%C3%9Altimas/Ado%C3%A7%C3%A3o-de-adulto-pelo-pa- drasto-dispensa-consentimento-de-pai-biol%C3%B3gico.
12. ECA, Art. 42. Podem adotar os maiores de 18 (dezoito) anos, independentemente do estado civil.

b) Diferença de 16 anos entre adotante e adotado:

Conforme já assinalamos, esta exigência tem apenas um caráter social para que adotante e adotado possam aparentar que são pais e filhos (ECA, art. 42, § 3º).[13]

c) Consentimento dos pais ou representantes legais do adotado:

A adoção depende do consentimento de quem detenha o poder familiar, exceto se for desconhecida ou se ela já tenha sido destituída do poder familiar (ECA, art. 45, *caput*).[14]

d) Concordância do adotado, se contar com mais de 12 anos:

O juiz ouvirá o menor e levará em consideração a sua opinião. Se ele não concordar o pedido será indeferido. A lógica é que afinal de contas ele já é uma pessoa humana e não uma coisa, de sorte que sua opinião tem valor (ECA, art. 45, § 2º).[15]

e) Processo judicial:

No Brasil somente por sentença judicial é que se estabelece o vínculo de parentesco da adoção (ver ECA, art. 47 – NR-7).

f) Efetivo benefício para o adotando:

Caberá ao juiz avaliar, a partir dos laudos técnicos, o real e efetivo benefício para o menor a ser adotado (ECA, art. 43).[16]

g) Estágio de convivência:

É obrigatório e consiste num determinado período de tempo fixado pelo juiz, de no máximo 90 (noventa) dias, como forma de fazer conviver provisoriamente e assim poder ser aferidas as afinidades que possam surgir entre adotante e adotado (ECA, art. 46, *caput*).[17]

Importante: quando se trata de adoção internacional o prazo de convivência será de 30 a 45 dias, conforme o caso. Tanto na adoção por brasileiro quanto por estrangeiros, o prazo pode ser prorrogado a critério do juiz.

---

13. ECA, Art. 42. (Omissis)

   § 3º O adotante há de ser, pelo menos, dezesseis anos mais velho do que o adotando.

14. ECA, Art. 45. A adoção depende do consentimento dos pais ou do representante legal do adotando.

15. ECA, Art. 45. (Omissis)

   § 2º Em se tratando de adotando maior de doze anos de idade, será também necessário o seu consentimento.

16. ECA, Art. 43. A adoção será deferida quando apresentar reais vantagens para o adotando e fundar-se em motivos legítimos.

17. ECA, Art. 46. A adoção será precedida de estágio de convivência com a criança ou adolescente, pelo prazo que a autoridade judiciária fixar, observadas as peculiaridades do caso.

Atenção: admite-se a dispensa nos casos em que o menor já esteja em companhia do adotante, sob guarda legal ou tutela (ver ECA, art. 46, § 1º).

h) **Intervenção do Ministério Público:**

A intervenção do Ministério Público é obrigatória, sob pena de nulidade do processo (ECA, arts. 202 e 204).[18]

8. EFEITOS DA ADOÇÃO

A adoção atribui ao adotado a condição de filho do adotante, com os mesmos direitos e deveres dos filhos consanguíneos.

A criança ou adolescente se desliga completamente da sua família de origem, restando apenas o vínculo familiar para efeito de impedimento matrimonial (ECA, art. 41).[19] Tanto é verdade que, mesmo a morte dos adotantes, não restabelece o poder familiar dos pais naturais (ECA, art. 49).

Dessa forma podemos resumir os efeitos gerados pela adoção em pessoais e patrimoniais; vejamos.

a) **Pessoais:**

Os efeitos pessoais dizem respeito ao **parentesco,** tendo em vista que o adotado irá se equiparar aos filhos consanguíneos do adotante (CF, art. 227, § 6º);[20] ao **poder familiar**, pois a adoção extingue os vínculos do adotado com seus pais biológicos, transferindo sua tutela para os pais adotivos (ver ECA, art. 41 – NR-16); e ao **nome**, tendo em vista que o adotado passará a ter o mesmo sobrenome do adotante, podendo até ser trocado o prenome (ver ECA, art. 47, § 5º e 7º).

b) **Patrimoniais:**

Os efeitos patrimoniais são os **direitos a alimentos** que são devidos, reciprocamente, entre adotante e adotado, já que estabelecido o parentesco; e, os **direitos sucessórios**, tendo em vista que o filho adotado concorre em igualdade de condições com os demais filhos do adotante.

---

18. ECA, Art. 202. Nos processos e procedimentos em que não for parte, atuará obrigatoriamente o Ministério Público na defesa dos direitos e interesses de que cuida esta Lei, hipótese em que terá vista dos autos depois das partes, podendo juntar documentos e requerer diligências, usando os recursos cabíveis.

19. ECA, Art. 41. A adoção atribui a condição de filho ao adotado, com os mesmos direitos e deveres, inclusive sucessórios, desligando-o de qualquer vínculo com pais e parentes, salvo os impedimentos matrimoniais.

20. CF, art. 227. (Omissis)
    § 6º Os filhos, havidos ou não da relação do casamento, ou por adoção, terão os mesmos direitos e qualificações, proibidas quaisquer designações discriminatórias relativas à filiação.

9. O QUE É "ADOÇÃO À BRASILEIRA"?

A expressão "adoção à brasileira" é utilizada para definir aquela "adoção" que foi realizada na prática, mas sem as formalidades legais como ocorre, por exemplo, com o registro de uma criança como filho biológico, quando em verdade é filho de outra pessoa.

Esse fato é muito comum no Brasil e ocorre de várias formas, inclusive pelos pais de meninas adolescentes que "adotam" os seus netos para preservarem essa criança da moral social que ainda repudiam o "filho de mãe solteira". Ocorre também com as mães solteiras desprovidas de recursos financeiros que "doam" seus filhos para outras famílias cuidarem e não se opõem a que a criança seja registrada como sendo filho(a) dessa nova família.

Esse tipo de adoção irregular contraria os fundamentos da adoção porque não leva em conta o melhor interesse da criança. Além disso, pode também, em muitos casos, encobrir a venda ou tráfico de crianças.

Ao tratar do assunto, o Código Penal estabeleceu que a prática da adoção à brasileira é crime, prevendo inclusive pena de reclusão de dois a seis anos (CP, art. 242).[21]

> **Atenção:** no caso de adoção à brasileira, se a mãe biológica depois de algum tempo se arrepender e quiser seu filho(a) de volta vai poder pleitear na justiça o reconhecimento de sua maternidade, o que torna este tipo de adoção fácil na prática, mas muito complicada do ponto de vista jurídico.
>
> **Outro aspecto:** o próprio adotado pode, ao atingir a maioridade, ir em busca de sua identidade biológica e assim ter reconhecido em juízo a ilegalidade de sua adoção com o cancelamento dos dados dos "adotantes" constante de seu registro de nascimento e a colocação dos nomes de seus pais biológicos. Isso pode ocorrer porque a pessoa tem o direito ao reconhecimento de sua ancestralidade. Ademais, a origem genética e insere entre os atributos da personalidade, logo, imprescritível, irrenunciável, intransmissível e vitalício.

---

21. CP, Art. 242 – Dar parto alheio como próprio; registrar como seu o filho de outrem; ocultar recém--nascido ou substituí-lo, suprimindo ou alterando direito inerente ao estado civil:
    Pena – reclusão, de dois a seis anos.
    Parágrafo único – Se o crime é praticado por motivo de reconhecida nobreza:
    Pena – detenção, de um a dois anos, podendo o juiz deixar de aplicar a pena.

10. ADOÇÃO *POST MORTEM*

A adoção é uma relação jurídica que se estabelece inter vivos, contudo o Estatuto da Criança e do Adolescente, com a reforma promovida pela Lei nº 12.010/09, prevê uma hipótese, em que a adoção pode ocorrer *post mortem*, nos termos como previsto no art. 42, 6º, *in verbis*: "a adoção poderá ser deferida ao adotante que, após inequívoca manifestação de vontade, vier a falecer no curso do procedimento, antes de prolatada a sentença".

11. ADOÇÃO SOCIOAFETIVA *POST MORTEM*

Embora não haja previsão em lei tem sido admitida a adoção *post mortem* quando se pode provar que o adotado e o adotante pré-morto mantinha uma relação afetiva de pai e filho. É um desdobramento da adoção à brasileira, porém lastreada no estado de posse de filho.

O Superior Tribunal de Justiça deferiu a adoção reivindicada por uma mulher para que fosse decretada em nome dela e do marido pré-morto a adoção de menino criado pelo casal desde os primeiros dias de vida. Uma das provas juntada foi a certidão de batismo onde constava o nome do adotante pré-morto, além de outras provas que deixaram claro para os julgadores a inequívoca intenção de adotar, o que pode ser declarado ainda que ao tempo da morte não tenha tido início o procedimento para a formalização da adoção. Os julgadores chegaram a essa conclusão mediante interpretação extensiva do referido art. 42, 6º, do ECA.[22]

12. ADOÇÃO INTERNACIONAL

Na questão da adoção internacional, prevalece o disciplinado nos arts. 51 e 52 do ECA, e os princípios insculpidos no Decreto nº 3.087/99 que ratificou a "Convenção Relativa à Proteção e Cooperação Internacional em Matéria de Adoção Internacional" aprovada em Haia em 1993.

A adoção internacional vem definida no art. 51 do Estatuto da Criança e do Adolescente (Lei nº 8.069/90), nos seguinte termos: ""Considera-se adoção internacional aquela na qual a pessoa ou casal postulante é residente ou domiciliado fora do Brasil, conforme previsto no art. 2º da Convenção de Haia, de 29 de maio de 1993, Relativa à Proteção das Crianças e à Cooperação em Matéria

---

22. Recurso Especial nº 457635/PB (2002/0104623-0), 4ª Turma do STJ, Rel. Min. Ruy Rosado de Aguiar. j. 19.11.2002, DJU 17.03.2003, p. 238.

de Adoção Internacional, aprovada pelo Decreto Legislativo 1, de 14 de janeiro de 1999, e promulgada pelo Decreto 3.087, de 21 de junho de 1999".

Este tipo de adoção deve ser visto como exceção e para sua efetivação deve se observar que as pessoas interessadas devem se habilitar em seu país de origem. Depois devem se habilitar perante a autoridade central no Brasil.

A adoção internacional deve sempre ser a última opção das autoridades brasileiras e só deve ser deferida depois de todas as outras tentativas terem falhado, como explicita a Convenção de Haia sobre Adoção Internacional (1993), ratificada pelo Brasil.

Assim, o estrangeiro que pretenda adotar uma criança brasileira deverá primeiro obter a habilitação para adoção emitida por autoridades de seu país de origem e, depois, seguir os mesmos passos de qualquer outro candidato aqui no Brasil, inclusive quanto ao estágio de convivência.

13. APADRINHAMENTO AFETIVO[23]

O **apadrinhamento afetivo** é um programa voltado para crianças e adolescentes que vivem em situação de acolhimento ou em famílias acolhedoras, com o objetivo de promover vínculos afetivos seguros e duradouros entre eles e pessoas da comunidade que se dispõe a ser padrinhos e madrinhas. Pode também ser um **apadrinhamento financeiro** representado por uma contribuição financeira à criança institucionalizada, de acordo com suas necessidades.

Para a juíza auxiliar da Corregedoria do CNJ, Sandra Silvestre Torres, a adoção é uma das formas de recolocação da criança em uma família substituta, mas não é a única. "Hoje nós vemos muitos projetos excelentes de apadrinhamento, para receber essa criança no seio de uma família e que não seja só como uma adoção definitiva", diz. Na opinião dela, a sociedade está cada vez mais generosa, mais aberta a formas múltiplas e olhares mais diferenciados. "Isso é uma evolução extrema, acolher a infância e oferecer oportunidades na infância para que se torne um sujeito de direito, escolha o seu futuro e a sua história", diz ela.

É preciso entender que até uma criança ficar à disposição para adoção o processo é longo. Primeiramente, a criança ou o adolescente em situação de risco é encaminhado a um serviço de acolhimento, isso depois de esgotadas as possibilidades de permanência dela com a família. Depois disso haverá todo um processo que poderá culminar com a perda do poder familiar dos pais. Só depois disso é que a criança ou adolescente estará disponível para adoção.

---

23. Com informes de Luiza Fariello e da Agência CNJ de Notícias, Disponível em: <http://aplicacao.aasp. org.br/aasp/imprensa/clipping/cli_noticia.asp?idnot=24157>

Enquanto a criança ou adolescente estiver sob acolhimento, é garantido aos pais o direito de visita, desde que não tenha sido constatado que esse contado poderia ser prejudicial ao infante. Esse direito irá perdurar até que sobrevenha a adoção quando então haverá o rompimento dos vínculos com a família biológica.

Nesse meio tempo e até que a criança seja efetivamente adotada ela ficará em acolhimento. A intenção do apadrinhamento afetivo, por exemplo, é que a criança possa conhecer como funciona a vida em família, vivenciando situações cotidianas. A ideia é possibilitar um vínculo afetivo fora da instituição de acolhimento. Para isso, os padrinhos podem, por exemplo, passar os finais de semana e as férias com o afilhado. É preciso reforçar que o apadrinhamento não é o mesmo que adoção – geralmente uma das condições para ingressar no programa de apadrinhamento é não estar na fila para adoção.[24]

---

24. Os padrinhos passam por capacitação, precisam ter disponibilidade de partilhar tempo e afeto com esses menores e colaborar com a construção do projeto de vida e autonomia de adolescentes. Para isso, devem ser avaliados por meio de um estudo psicológico.

LIÇÃO 16
DA TUTELA

Sumário: 1. Conceito de tutela – 2. Espécies de tutela – 3. Quem não pode exercer a tutela? – 4. Escusa dos tutores – 5. Garantias da tutela – 6. Exercício da tutela – 7. Atos que o tutor não pode praticar – 8. Responsabilidade e remuneração do tutor – 9. Extinção da tutela.

1. CONCEITO DE TUTELA

Tutela é o encargo legal que se atribui a uma determinada pessoa maior e capaz, para cuidar de pessoa menor e administrar seus bens, na ausência, impedimento ou falecimento de seus pais (art. 1.728).[1]

2. ESPÉCIES DE TUTELA

Conforme seja a origem da tutela, podemos classificar o instituto nas seguintes espécies.

a) **Testamentária:**

É a prerrogativa outorgada aos pais conjuntamente de poderem nomear por testamento, ou mesmo por qualquer outro documento público ou particular autêntico, aquele que deverá ficar com a guarda de seus filhos, na eventualidade de suas mortes (CC, art. 1.729).[2]

Atenção: só tem validade a nomeação por essa forma se, ao tempo da morte, os pais detinham o poder familiar (CC, art. 1.730).[3]

---

1. CC, Art. 1.728. Os filhos menores são postos em tutela:
   I – com o falecimento dos pais, ou sendo estes julgados ausentes; II – em caso de os pais decaírem do poder familiar.
2. CC, Art. 1.729. O direito de nomear tutor compete aos pais, em conjunto.
   Parágrafo único. A nomeação deve constar de testamento ou de qualquer outro documento autêntico.
3. CC, Art. 1.730. É nula a nomeação de tutor pelo pai ou pela mãe que, ao tempo de sua morte, não tinha o poder familiar.

b) Legítima:

Não havendo nomeação de tutor pela via testamentária, serão nomeados pelo juiz os parentes consanguíneos, primeiro os ascendentes e depois os colaterais até o terceiro grau (CC, art. 1.731).[4]

c) Dativa:

É aquela que ocorre por determinação do juiz, na ausência de testamento ou de parentes próximos, ou mesmo quando eles, existindo, não sejam idôneos, que recairá em pessoa estranha à família, desde que idônea e residente no domicílio do menor (CC, art. 1.732).[5]

d) De menores abandonados:

A lei prevê a hipótese de o juiz nomear tutores para os menores abandonados ou então determinar seu recolhimento a estabelecimento público próprio para este fim ou, na ausência destes, serem colocados em famílias substitutas (CC, art. 1.734).[6]

e) Outros:

Embora não prevista em lei, pode ocorrer a **tutela de fato** nos casos em que uma pessoa passar a zelar pelo menor e pelos seus bens, sem ter sido nomeada para isto. Neste caso ele passa a ser um perfeito gestor de negócio. Também se pode identificar a figura da **tutela *ad hoc* ou provisória** quando o juiz determina que alguém pratique determinados atos de urgência em favor do menor, na ausência ou impedimento momentâneo de seus pais ou representante legal (ver por exemplo CC, art. 1.692).[7]

---

4. CC, Art. 1.731. Em falta de tutor nomeado pelos pais incumbe a tutela aos parentes consanguíneos do menor, por esta ordem:

    I – aos ascendentes, preferindo o de grau mais próximo ao mais remoto;

    II – aos colaterais até o terceiro grau, preferindo os mais próximos aos mais remotos, e, no mesmo grau, os mais velhos aos mais moços; em qualquer dos casos, o juiz escolherá entre eles o mais apto a exercer a tutela em benefício do menor.

5. CC, Art. 1.732. O juiz nomeará tutor idôneo e residente no domicílio do menor:

    I – na falta de tutor testamentário ou legítimo;

    II– quando estes forem excluídos ou escusados da tutela;

    III– quando removidos por não idôneos o tutor legítimo e o testamentário.

6. CC, Art. 1.734. As crianças e os adolescentes cujos pais forem desconhecidos, falecidos ou que tiverem sido suspensos ou destituídos do poder familiar terão tutores nomeados pelo Juiz ou serão incluídos em programa de colocação familiar, na forma prevista pela Lei no 8.069, de 13 de julho de 1990 – Estatuto da Criança e do Adolescente.

7. CC, Art. 1.692. Sempre que no exercício do poder familiar colidir o interesse dos pais com o do filho, a requerimento deste ou do Ministério Público o juiz lhe dará curador especial.

LIÇÃO 16 • DA TUTELA **177**

3. QUEM NÃO PODE EXERCER A TUTELA?

Determina o Código Civil que não podem ser tutores aqueles que não tenham a livre administração de seus próprios bens, ou aqueles cujos interesses colidam com os do menor; os inimigos do menor ou de seus pais; ou os que tenham sido condenados por crime de natureza patrimonial e não sejam probas e honestas; ou ainda aqueles que exerçam funções públicas incompatíveis com a boa administração da tutela (CC, art. 1.735).[8]

As proibições têm caráter eminentemente ético, tendo em vista que as pessoas mencionadas acima não teriam isenção para administrar a vida e os bens do menor.

4. ESCUSA DOS TUTORES

A tutela é uma imposição legal e deve ser exercida como uma espécie de delegação conferida pelo Estado, logo, seu cumprimento é obrigatório, admitindo-se tão somente as escusas expressamente previstas no Código Civil (art. 1.736),[9] quais sejam:

a) **As mulheres casadas:**

Embora a doutrina faça severas críticas a essa previsão legal, entendo que ela se justifica. Basta imaginar uma mulher que receba o encargo de ser tutora de seu sobrinho e seu marido não aprove e se oponha ferreamente a isso. A vida dessa mulher e também a do tutelado irão virar um inferno.

---

8. CC, Art. 1.735. Não podem ser tutores e serão exonerados da tutela, caso a exerçam:

I – aqueles que não tiverem a livre administração de seus bens;

II – aqueles que, no momento de lhes ser deferida a tutela, se acharem constituídos em obrigação para com o menor, ou tiverem que fazer valer direitos contra este, e aqueles cujos pais, filhos ou cônjuges tiverem demanda contra o menor;

III – os inimigos do menor, ou de seus pais, ou que tiverem sido por estes expressamente excluídos da tutela;

IV – os condenados por crime de furto, roubo, estelionato, falsidade, contra a família ou os costumes, tenham ou não cumprido pena;

V – as pessoas de mau procedimento, ou falhas em probidade, e as culpadas de abuso em tutorias anteriores;

VI – aqueles que exercerem função pública incompatível com a boa administração da tutela.

9. CC, Art. 1.736. Podem escusar-se da tutela:

I – mulheres casadas;

II – maiores de sessenta anos;

III – aqueles que tiverem sob sua autoridade mais de três filhos;

IV – os impossibilitados por enfermidade;

V – aqueles que habitarem longe do lugar onde se haja de exercer a tutela; VI – aqueles que já exercerem tutela ou curatela;

VII – militares em serviço.

b) As pessoas maiores de 60 anos:

A lei faz presumir que a pessoa com certa idade não tenha mais capacidade para cuidar de outros, portanto, lhes faculta aceitar ou não esse tipo de encargo.

c) Quem tiver mais de três filhos sob sua própria guarda:

Supõe a lei que a pessoa que tenha três filhos ou mais, já tenha encargo o bastante para não ser mais assoberbado com a tutela de alguém.

d) Os impossibilitados por enfermidade:

Também tem lógica essa escusa porque se a pessoa se encontra enferma ou tem alguma lesão ou deficiência permanente terá dificuldade para exercer os cuidados derivados da tutela.

e) Pessoa que resida longe do lugar onde deve exercer a tutela:

Aqui o legislador se preocupou com a distância entre a moradia do tutor e tutelado e seus bens, que pode significar um grande encargo.

f) Aqueles que já exercem outra tutela ou curatela:

Assim como as pessoas que tenham mais de três filhos, permite a lei que aquele que já exerce uma outra tutela ou curatela não se veja penalizado com mais uma.

g) Os militares em serviço:

Aqui o legislador levou em conta o fato dos militares estarem sujeitos a transferências constantes em razão de seus trabalhos.

A escusa deve ser apresentada no prazo de 5 (cinco) dias da intimação para prestar compromisso (antes de aceitar o encargo) ou se já estiver no exercício da tutela, do dia em que sobrevier o motivo da escusa, sob pena de se presumir ter o tutor renunciado ao direito de alegá-la (CPC, art. 760).[10]

Importante registrar que, enquanto não for apreciado o pedido de escusa ou mesmo depois do pedido recusado pender recurso dessa decisão, a pessoa

---

10. CPC, Art. 760. O tutor ou o curador poderá eximir-se do encargo apresentando escusa ao juiz no prazo de 5 (cinco) dias contado:

I – antes de aceitar o encargo, da intimação para prestar compromisso;

II – depois de entrar em exercício, do dia em que sobrevier o motivo da escusa.

§ 1º Não sendo requerida a escusa no prazo estabelecido neste artigo, considerar-se-á renunciado o direito de alegá-la.

§ 2º O juiz decidirá de plano o pedido de escusa, e, não o admitindo, exercerá o nomeado a tutela ou a curatela enquanto não for dispensado por sentença transitada em julgado.

nomeada terá que exercer a tutela e ainda responderá pelas eventuais perdas e danos que o menor venha a sofrer (CC, art. 1.739).[11]

> **Atenção:** o Código Civil no seu art. 1.738[12] fala em 10 (dez) dias para apresentar a escusa, porém o CPC, que é lei posterior, fala em 5 (cinco) dias. Em face disso entendemos que é o CPC que deve prevalecer (ver CPC, art. 760).

5. GARANTIAS DA TUTELA

Visando assegurar o patrimônio do tutelado, o Código Civil estabelece que, dependendo das circunstâncias, o juiz poderá condicionar o exercício da tutela à prestação da devida caução (CC, art. 1.745),[13] assim como poderá nomear um protutor que agirá como um fiscal das funções da tutela, de forma ampla e irrestrita (CC, art. 1.742),[14] podendo até receber uma remuneração por tal mister (CC, art. 1.752, § 1º).[15]

6. EXERCÍCIO DA TUTELA

Tal exercício se assemelha ao poder familiar, tendo em vista que o tutor assume o lugar dos pais, com direito e deveres que estes teriam, com as limitações impostas pela fiscalização que será exercida pelo juiz e pelo protutor.

Dessa forma, incumbe ao tutor, no que diz respeito à pessoa do menor: dirigir-lhe a educação, defendê-lo e prestar-lhe alimentos, conforme os seus haveres e condição; reclamar ao juiz que providencie, como houver por bem, quando o menor haja mister correção; adimplir os demais deveres que normalmente cabem aos pais, ouvida a opinião do menor, se este já contar 12 anos de idade (CC, art. 1.740).[16]

---

11. CC, Art. 1.739. Se o juiz não admitir a escusa, exercerá o nomeado a tutela, enquanto o recurso interposto não tiver provimento, e responderá desde logo pelas perdas e danos que o menor venha a sofrer.
12. CC, Art. 1.738. A escusa apresentar-se-á nos dez dias subsequentes à designação, sob pena de entender-se renunciado o direito de alegá-la; se o motivo escusatório ocorrer depois de aceita a tutela, os dez dias contar-se-ão do em que ele sobrevier.
13. CC, Art. 1.745. Os bens do menor serão entregues ao tutor mediante termo especificado deles e seus valores, ainda que os pais o tenham dispensado.
    Parágrafo único. Se o patrimônio do menor for de valor considerável, poderá o juiz condicionar o exercício da tutela à prestação de caução bastante, podendo dispensá-la se o tutor for de reconhecida idoneidade.
14. CC, Art. 1.742. Para fiscalização dos atos do tutor, pode o juiz nomear um protutor.
15. CC, Art. 1.752. (Omissis)
    § 1º Ao protutor será arbitrada uma gratificação módica pela fiscalização efetuada.
16. CC, Art. 1.740. Incumbe ao tutor, quanto à pessoa do menor:
    I – dirigir-lhe a educação, defendê-lo e prestar-lhe alimentos, conforme os seus haveres e condição;

Incumbe também ao tutor, sob a inspeção do juiz, administrar os bens do tutelado, em proveito deste, cumprindo seus deveres com zelo é boa-fé (CC, art. 1.741).[17]

Além disso, prevê ainda o nosso Código Civil que o tutor representará o menor, até os 16 anos, nos atos da vida civil, e assisti-lo-á, após essa idade e até os 18 anos, nos atos em que for parte; bem como poderá receber as rendas e pensões do menor, e as quantias a ele devidas; além de outras providências insculpidas nos arts. 1.747[18] e 1.748[19] do Código Civil.

7. ATOS QUE O TUTOR NÃO PODE PRATICAR

O tutor não pode, em hipótese nenhuma, adquirir por si, ou por interposta pessoa, mediante contrato particular, bens móveis ou imóveis pertencentes ao menor. Também não poderá dispor dos bens do menor a título gratuito; nem constituir-se cessionário de crédito ou de direito, contra o menor (CC, art. 1.749).[20]

II – reclamar do juiz que providencie, como houver por bem, quando o menor haja mister correção;

III – adimplir os demais deveres que normalmente cabem aos pais, ouvida a opinião do menor, se este já contar doze anos de idade.

17. CC, Art. 1.741. Incumbe ao tutor, sob a inspeção do juiz, administrar os bens do tutelado, em proveito deste, cumprindo seus deveres com zelo e boa-fé.

18. CC, Art. 1.747. Compete mais ao tutor:

I – representar o menor, até os dezesseis anos, nos atos da vida civil, e assisti-lo, após essa idade, nos atos em que for parte;

II – receber as rendas e pensões do menor, e as quantias a ele devidas;

III – fazer-lhe as despesas de subsistência e educação, bem como as de administração, conservação e melhoramentos de seus bens;

IV – alienar os bens do menor destinados a venda;

V – promover-lhe, mediante preço conveniente, o arrendamento de bens de raiz.

19. CC, Art. 1.748. Compete também ao tutor, com autorização do juiz:

I – pagar as dívidas do menor;

II – aceitar por ele heranças, legados ou doações, ainda que com encargos;

III – transigir;

IV – vender-lhe os bens móveis, cuja conservação não convier, e os imóveis nos casos em que for permitido;

V – propor em juízo as ações, ou nelas assistir o menor, e promover todas as diligências a bem deste, assim como defendê-lo nos pleitos contra ele movidos.

Parágrafo único. No caso de falta de autorização, a eficácia de ato do tutor depende da aprovação ulterior do juiz.

20. CC, Art. 1.749. Ainda com a autorização judicial, não pode o tutor, sob pena de nulidade:

I – adquirir por si, ou por interposta pessoa, mediante contrato particular, bens móveis ou imóveis pertencentes ao menor;

II – dispor dos bens do menor a título gratuito;

III – constituir-se cessionário de crédito ou de direito, contra o menor.

LIÇÃO 16 • DA TUTELA **181**

Se o tutor praticar tais atos, mesmo que tenha obtido autorização judicial, ainda assim esse ato será nulo de pleno direito (ver CC, art. 166, VII).

8. RESPONSABILIDADE E REMUNERAÇÃO DO TUTOR

O tutor responde pelos prejuízos que, por culpa ou dolo, causar ao pupilo (CC, art. 1.752, 1ª parte).

Embora como regra geral a tutela seja gratuita, admite a nossa lei civil a possibilidade de o tutor ser reembolsado do que efetivamente tiver dispendido no exercício da tutela, bem assim a perceber remuneração proporcional à importância dos bens administrados (CC, art. 1.752, parte final).[21]

9. EXTINÇÃO DA TUTELA

Cessa a tutela com a morte do tutelado. Também com o advento da maioridade ou emancipação do menor, bem como se ocorrer o reconhecimento dele como filho ou alguém o adote, quando então o poder familiar será transferido aos pais ou aos adotantes (CC, art. 1.763).[22]

Também extingue a tutela o fim do prazo assinalado pelo juiz para o seu exercício, quando ela foi fixada por prazo certo; quando o nomeado apresentar escusas e ela for aceita, ou ainda, quando o tutor for removido (CC, art. 1.764).[23]

---

21. CC, Art. 1.752. O tutor responde pelos prejuízos que, por culpa, ou dolo, causar ao tutelado; mas tem direito a ser pago pelo que realmente despender no exercício da tutela, salvo no caso do art. 1.734, e a perceber remuneração proporcional à importância dos bens administrados.

    § 1º Ao protutor será arbitrada uma gratificação módica pela fiscalização efetuada.

    § 2º São solidariamente responsáveis pelos prejuízos as pessoas às quais competia fiscalizar a atividade do tutor, e as que concorreram para o dano.

22. CC, Art. 1.763. Cessa a condição de tutelado:

    I – com a maioridade ou a emancipação do menor;

    II – ao cair o menor sob o poder familiar, no caso de reconhecimento ou adoção.

23. CC, Art. 1.764. Cessam as funções do tutor:

    I – ao expirar o termo, em que era obrigado a servir;

    II – ao sobrevir escusa legítima;

    III – ao ser removido.

Lição 17
DA CURATELA

Sumário: 1. Conceito de curatela – 2. Características – 3. O que justifica a curatela? – 4. Curatela especial – 5. Legitimidade para requerer a interdição – 6. Cautela com relação à interdição – 7. Extinção da curatela – 8. Breves comentários sobre a Lei nº 13.146/15.

1. CONCEITO DE CURATELA

É o encargo que a lei confere a alguém capaz, para gerir e administrar a vida e os bens de quem, em regra sendo maior de idade, não pode fazê-lo por si mesmo, em razão de alguma causa temporária ou permanente que lhe inabilite (CC, art. 1.767).[1]

2. CARACTERÍSTICAS

A curatela se assemelha em praticamente tudo com a tutela, em face de seu caráter assistencial e protetivo, razão por que a ela se aplicam todas as disposições relativas à tutela (CC, art. 1.774).[2]

A diferença é que a tutela recai sobre pessoa menor de 18 anos, ainda não plenamente capaz perante a legislação civil brasileira; e, a curatela recai sobre pessoa maior de 18 anos, porém declarada por sentença como incapaz, razão porque da necessidade de nomear-lhe um responsável legal.

---

1. CC, Art. 1.767. Estão sujeitos a curatela:

    I – aqueles que, por causa transitória ou permanente, não puderem exprimir sua vontade;

    II – (Revogado pela Lei nº 13.146, de 2015)

    III – os ébrios habituais e os viciados em tóxico;

    IV – (Revogado Lei nº 13.146, de 2015)

    V – os pródigos.

2. CC, Art. 1.774. Aplicam-se à curatela as disposições concernentes à tutela, com as modificações dos artigos seguintes.

3. O QUE JUSTIFICA A CURATELA?

A curatela pode ser determinada em razão da existência de causa temporária ou duradoura que impeça a pessoa de exprimir sua própria vontade; ou ainda, sendo ela ébrio ou viciada em tóxicos ou pródiga (ver CC, ar. 1.767).

Assim, uma pessoa maior e capaz poderá ser nomeada pelo Juiz para zelar pelos interesses e administrar os bens de pessoas maior de 18 (dezoito) anos que tenha sido declarada judicialmente incapaz.

4. CURATELA ESPECIAL

A lei prevê a possibilidade de nomeação de **curador para o nascituro** se o pai falecer e a mãe estiver impedida do exercício do poder familiar (ver CC, art. 1.779).

5. LEGITIMIDADE PARA REQUERER A INTERDIÇÃO

Advirta-se que a incapacidade da pessoa que justifica a nomeação de curador deve ser apurada em processo judicial de interdição.

São legitimados para propositura da ação de interdição o cônjuge ou companheiro, os parentes, os tutores e o representante da entidade em que se encontra abrigado o interditando. Advirta-se que a legitimidade deverá ser comprovada documentalmente na propositura da ação. Tem também legitimidade o Ministério Público, nos casos em que lhe cabe intervir (CPC art. 747).[3]

Esclareça-se que o Ministério Público tem legitimidade diríamos concorrente e subsidiária tendo em vista que somente poderá promover a interdição nos casos que envolvam pessoa com doença mental grave; se não existirem os parentes ou tutor na forma acima mencionada; ou ainda, nos casos em que, mesmo existindo aquelas pessoas, as mesmas forem incapazes (CPC, art. 748).[4]

---

3. CPC, Art. 747. A interdição pode ser promovida:
   I – pelo cônjuge ou companheiro;
   II – pelos parentes ou tutores;
   III – pelo representante da entidade em que se encontra abrigado o interditando;
   V – pelo Ministério Público.
   Parágrafo único. A legitimidade deverá ser comprovada por documentação que acompanhe a petição inicial
4. CPC, Art. 748. O Ministério Público só promoverá interdição em caso de doença mental grave:
   I – se as pessoas designadas nos incisos I, II e III do art. 747 não existirem ou não promoverem a interdição;
   II – se, existindo, forem incapazes as pessoas mencionadas nos incisos I e II do art. 747.

LIÇÃO 17 • DA CURATELA **185**

6. CAUTELA COM RELAÇÃO À INTERDIÇÃO

Não é qualquer motivo banal que autorizará a que se ingresse em juízo pleiteando a interdição de alguém. Exige-se que seja cabalmente demonstrada a incapacidade do interditando, além de laudo médico que comprove as alegações (CPC, arts. 749[5] e 750[6]).

Reconhecida por sentença a interdição, no mesmo ato o juiz nomeará curador a pessoa que melhor possa atender aos interesses do curatelado, podendo tal nomeação recair na pessoa que requereu a interdição ou outra pessoa qualquer.

7. EXTINÇÃO DA CURATELA

Cessa a curatela quando os motivos que a determinam tenham cessado. Quer dizer, se a causa da interdição foi uma determinada doença, tão logo o curatelado obtenha a cura poderá requerer o levantamento da interdição (CPC, art. 756, *caput*).[7]

Embora seja óbvio, vale a pena registrar que a morte do curatelado também faz extinguir a curatela.

8. BREVES COMENTÁRIOS SOBRE A LEI Nº 13.146/15

Em 6 de julho de 2015 foi sancionada a Lei nº 13.146, denominada de Estatuto da Pessoa com Deficiência (EPD) que alterou os dispositivos do Código Civil que tratavam da capacidade das pessoas.

O objetivo da lei vem expresso no art. 1º, *in verbis*: "É instituída a Lei Brasileira de Inclusão da Pessoa com Deficiência (Estatuto da Pessoa com Deficiência), destinada a assegurar e a promover, em condições de igualdade, o exercício dos direitos e das liberdades fundamentais por pessoa com deficiência, visando à sua inclusão social e cidadania".

---

5. CPC, Art. 749. Incumbe ao autor, na petição inicial, especificar os fatos que demonstram a incapacidade do interditando para administrar seus bens e, se for o caso, para praticar atos da vida civil, bem como o momento em que a incapacidade se revelou.

   Parágrafo único. Justificada a urgência, o juiz pode nomear curador provisório ao interditando para a prática de determinados atos.

6. CPC, Art. 750. O requerente deverá juntar laudo médico para fazer prova de suas alegações ou informar a impossibilidade de fazê-lo.

7. CPC, art. 756. Levantar-se-á a curatela, quando cessar a causa que a determinou.

   (omissis)...

Só para se ter uma ideia o art. 114 do referido diploma legal alterou o art. 3º e os incisos do art. 4º do Código Civil, revogando algumas disposições. Vejamos como era regulada a questão da incapacidade antes da edição da referida lei:

a) **Absolutamente incapaz:**

Como era no Código Civil de 2002: eram considerados absolutamente incapazes não só os menores de 16 anos, mas também os que, por enfermidade ou deficiência mental, não tivessem o necessário discernimento para a prática dos atos da vida civil; e, também, os que, mesmo por causa transitória, não pudessem exprimir sua vontade (constava do art. 3º).

Como ficou depois da lei nº 13.146/15: a referida lei alterou o Código Civil excluindo do rol dos absolutamente incapazes aqueles que por enfermidade ou deficiência mental, não tivessem o necessário discernimento para a prática dos atos da vida civil; e, também, os que, mesmo por causa transitória, não pudessem exprimir sua vontade. Assim, só ficou como absolutamente incapaz o menor de 16 anos.

b) **Relativamente incapaz:**

Como era no Código Civil de 2002: no mesmo Código Civil de 2002 os relativamente incapazes eram os menores entre 16 (dezesseis) e 18 (dezoito) anos, os ébrios habituais e os viciados em tóxicos, mas também se incluía nesta incapacidade relativa os "que, por deficiência mental, tenham o discernimento reduzido; os excepcionais, sem desenvolvimento mental completo"; além dos pródigos.

Como ficou depois da Lei nº 13.146/15: o Estatuto da pessoa com deficiência alterou o Código Civil excluindo do texto de lei os que, por deficiência mental, tenham o discernimento reduzido e os excepcionais, sem desenvolvimento mental completo. Assim, essas pessoas deixam de ser relativamente incapazes e passam a ter capacidade plena.

É importante destacar que depois da edição da Lei nº 13.146/15 podemos afirmar que não existem mais pessoas maiores que possam ser consideradas absolutamente incapazes. Quer dizer, ainda que a pessoa sofra de algum problema mental ou físico que lhe reduza a capacidade de expressão ou de locomoção, ainda assim a referida lei, em respeito ao princípio da dignidade da pessoa humana, considera esta pessoa plenamente capaz para os atos da vida civil, tais como casar-se ou constituir união estável, sem necessidade de autorização de seus pais, além de outros direitos quanto a constituição de família.

Afirma ainda a referida lei que a pessoa com deficiência tem assegurado o direito ao exercício de sua capacidade legal em igualdade de condições com as demais pessoas. Significa dizer que a curatela é medida excepcional, proporcional às necessidades e às circunstâncias de cada caso, e durará o menor tempo possível e, somente afetará os atos relacionados aos direitos de natureza patrimonial e negocial (ver EPD, arts. 84 e 85).

Finalmente cumpre observar que o Estatuto da Pessoa com Deficiência cria uma figura nova no meio jurídico, intitulada **"tomada de decisão apoiada".** Este instituto foi inserido no Código Civil pela referida lei, para permitir que a pessoa com alguma deficiência possa eleger duas pessoas idôneas, com as quais mantenha vínculos e que gozem de sua confiança, para prestar-lhe apoio na tomada de decisão sobre atos da vida civil (negócios jurídicos mais complexos), fornecendo-lhes os elementos e informações necessárias para que possa exercer sua capacidade (CC, art. 1.783-A, *caput*).[8]

Quer dizer, a pessoa com deficiência que necessite desse instituto deverá formular o pedido juntamente com os apoiadores, apresentando termo em que

---

8. CC, Art. 1.783-A. A tomada de decisão apoiada é o processo pelo qual a pessoa com deficiência elege pelo menos 2 (duas) pessoas idôneas, com as quais mantenha vínculos e que gozem de sua confiança, para prestar-lhe apoio na tomada de decisão sobre atos da vida civil, fornecendo-lhes os elementos e informações necessárias para que possa exercer sua capacidade.

§ 1º Para formular pedido de tomada de decisão apoiada, a pessoa com deficiência e os apoiadores devem apresentar termo em que constem os limites do apoio a ser oferecido e os compromissos dos apoiadores, inclusive o prazo de vigência do acordo e o respeito à vontade, aos direitos e aos interesses da pessoa que devem apoiar.

§ 2º O pedido de tomada de decisão apoiada será requerido pela pessoa a ser apoiada, com indicação expressa das pessoas aptas a prestarem o apoio previsto no *caput* deste artigo.

§ 3º Antes de se pronunciar sobre o pedido de tomada de decisão apoiada, o juiz, assistido por equipe multidisciplinar, após oitiva do Ministério Público, ouvirá pessoalmente o requerente e as pessoas que lhe prestarão apoio.

§ 4º A decisão tomada por pessoa apoiada terá validade e efeitos sobre terceiros, sem restrições, desde que esteja inserida nos limites do apoio acordado.

§ 5º Terceiro com quem a pessoa apoiada mantenha relação negocial pode solicitar que os apoiadores contra-assinem o contrato ou acordo, especificando, por escrito, sua função em relação ao apoiado.

§ 6º Em caso de negócio jurídico que possa trazer risco ou prejuízo relevante, havendo divergência de opiniões entre a pessoa apoiada e um dos apoiadores, deverá o juiz, ouvido o Ministério Público, decidir sobre a questão.

§ 7º Se o apoiador agir com negligência, exercer pressão indevida ou não adimplir as obrigações assumidas, poderá a pessoa apoiada ou qualquer pessoa apresentar denúncia ao Ministério Público ou ao juiz.

§ 8º Se procedente a denúncia, o juiz destituirá o apoiador e nomeará, ouvida a pessoa apoiada e se for de seu interesse, outra pessoa para prestação de apoio.

§ 9º A pessoa apoiada pode, a qualquer tempo, solicitar o término de acordo firmado em processo de tomada de decisão apoiada.

§ 10 O apoiador pode solicitar ao juiz a exclusão de sua participação do processo de tomada de decisão apoiada, sendo seu desligamento condicionado à manifestação do juiz sobre a matéria.

§ 11 Aplicam-se à tomada de decisão apoiada, no que couber, as disposições referentes à prestação de contas na curatela.

constem os limites do apoio a ser oferecido e os compromissos dos apoiadores, inclusive o prazo de vigência do acordo e o respeito à vontade, aos direitos e aos interesses da pessoa que devem apoiar. O juiz, decidirá assistido por equipe multidisciplinar, após ouvir o Ministério Público e, pessoalmente, o requerente e as pessoas que lhe prestarão apoio.

Sendo assim, a tomada de decisão apoiada é um procedimento judicial através do qual a própria pessoa com deficiência poderá indicar duas pessoas idôneas e de sua confiança para que elas possam lhe auxiliar, frente a eventual complexidade do negócio jurídico a ser realizado, fornecendo-lhe o apoio que for necessário para a exata compreensão da magnitude do ato a ser realizado.

PARTE II
DIREITO DAS SUCESSÕES

CAPÍTULO 7
NOÇÕES GERAIS SOBRE A SUCESSÃO

Lição 18
CONCEITOS, ORIGEM E FUNDAMENTOS DO DIREITO SUCESSÓRIO

> **Sumário:** 1. Conceito do direito das sucessões – 2. Origem do direito das sucessões – 3. A sucessão no direito romano – 4. O princípio de saisine – 5. Fundamentos modernos da sucessão – 6. Algumas observações importantes – 7. Legislação aplicada à sucessão no Brasil.

1. CONCEITO DO DIREITO DAS SUCESSÕES

O Direito das Sucessões é a parte especial do direito civil, cujo conjunto de normas regula e disciplina a transferência do patrimônio (direito e obrigações) do *de cujus* aos seus herdeiros em virtude da lei (sucessão legítima) ou do testamento (sucessão testamentária). É o que chamamos de **transmissão** *causa mortis* (CC, art. 1786).[1]

> **Atenção:** não esquecer que existe também a sucessão *inter vivos*, porém, não se deve confundir com os direitos hereditários. Assim, numa compra e venda o comprador sucede o vendedor na titularidade do bem transacionado. Porém, quando falamos em direito da sucessão, estamos falando do direito dos herdeiros (legítimos ou testamentários) em suceder o falecido em seus bens e direitos, bem como nas suas obrigações.

2. ORIGEM DO DIREITO DAS SUCESSÕES

O direito sucessório é tão antigo quanto a própria existência do ser humano, porém foi no direito romano que ele tomou contornos mais definidos.

---

1. CC, Art. 1.786. A sucessão dá-se por lei ou por disposição de última vontade.

Num primeiro momento da história humana, a sucessão estava ligada à ideia de continuidade da família e da religião. Por essa razão é que durante muitos séculos a transmissão da herança somente se fazia pela linha masculina e, via de regra, ao primogênito, porque ele é que daria continuidade à família e à religião de seu pai, cultuando-o num altar.

3. A SUCESSÃO NO DIREITO ROMANO

No direito romano, o titular do patrimônio era o *pater familia*. Como o chefe de família era também o chefe religioso e político do clã, e o interesse na sucessão era muito mais de ordem religiosa do que patrimonial.

Na Roma antiga, o sucessor *causa mortis* era aquele que iria dar continuidade ao culto familiar. Por isso, a sucessão só se realizava pela linha masculina. As mulheres eram excluídas da sucessão, tendo em vista que, com o seu futuro casamento, abandonaria a religião da família de seus pais, para assumir a religião e os cultos do marido.

A Lei das XII Tábuas já previa os dois tipos de sucessão como conhecemos atualmente: a legítima e a testamentária.

a) Sucessão legítima:

Nesse tipo de sucessão, aquele que morresse sem testamento deixava para seus herdeiros todos os seus bens. Havia três classes de herdeiros, sendo que a existência de uma excluía as demais. Eram elas: *sui* (os filhos sob o pátrio poder); *agnati* (os parentes mais próximos do falecido, tais quais o colateral); e, na ausência destes, eram chamados os *gentiles* (o grupo familiar como um todo).

b) Testamentária:

A liberdade de testar era plena, quer dizer, os romanos poderiam dispor de todos os seus bens por testamento. Era um costume muito forte a sucessão testamentária ao ponto de ser algo até certo ponto depreciativo a pessoa morrer sem deixar um testamento.

4. O PRINCÍPIO DE SAISINE

De origem germânica, o *droit de saisine* é incorporado pelo direito francês por volta do século XIII e depois é positivado no Código Napoleônico de 1804 (art. 724), significando em síntese que os herdeiros legítimos, bem como os testamentários e o cônjuge sobrevivente, entram na posse da herança no mesmo instante em que se constata a morte do *de cujus*.

LIÇÃO 18 • CONCEITOS, ORIGEM E FUNDAMENTOS DO DIREITO SUCESSÓRIO — 195

Esse princípio foi albergado pelo nosso Código Civil, ao prever que a herança transmite-se desde logo aos herdeiros legítimos e testamentários (CC, art. 1.784).[2]

É preciso atentar para o fato de que trata-se de uma ficção legal que faz presumir que a posse dos bens da herança transmite-se automaticamente com a morte do de cujus.

> **Atenção:** o que se transmite aos herdeiros é a posse dos bens do de *cujus*, porque a propriedade somente será transmitida efetivamente quando da finalização do inventário com a partilha (no inventário judicial) ou com a escritura pública de inventário (inventário extrajudicial). Aliás, muitas vezes essa posse é indireta como no caso, por exemplo, de um imóvel que encontra-se alugado tendo em vista que a posse direta estará com o locatário. Tem também relação com a "qualidade da posse" (nesse sentido ver arts. 1.206, 1.207, 1.208 e 1.209 do Código Civil).

5. FUNDAMENTOS MODERNOS DA SUCESSÃO

Modernamente, a razão pela qual existe a transmissão sucessória se funda nos seguintes princípios: o direito de propriedade, a função social da propriedade e a proteção material da família.

Se não existisse a proteção ao direito sucessório, muito provavelmente as pessoas não teriam interesse em poupar ou acumular riqueza sabendo que seu patrimônio iria se perder depois de sua morte. Assim, é do interesse do próprio Estado proteger esse direito para assim resguardar a capacidade produtiva das pessoas.

De outro lado, a ideia de sucessão está muito interligada com os laços afetivos normalmente existentes entre as pessoas de uma mesma família.

Juntando essas duas premissas, concluímos que qualquer pessoa trabalha, produz e acumula riqueza pensando que, depois de sua morte, seus familiares vão poder ficar numa situação econômica confortável, porque a lei lhes garante o direito de recebimento da herança.

Vale rememorar que, no Brasil, o direito da sucessão é hoje um direito constitucionalmente garantido entre os direitos fundamentais da pessoa humana (ver CF, art. 5º, XXX).

---

2. CC, Art. 1.784. Aberta a sucessão, a herança transmite-se, desde logo, aos herdeiros legítimos e testamentários.

6. ALGUMAS OBSERVAÇÕES IMPORTANTES

Vamos estudar nas próximas lições todos os aspectos que envolvem a herança, aceitação, renúncia, administração e transmissão, vocação hereditária. Porém, cabe desde logo fazer algumas observações que consideramos importantes:

a) **A herança é um bem imóvel:**

Para efeitos legais, a herança é considerada um bem imóvel, ainda que seja composta só de coisas móveis (CC, art. 80, II).[3] Assim quis o legislador para emprestar mais segurança jurídica aos negócios envolvendo os direitos hereditários.

b) **A herança é una:**

A herança forma um todo unitário (é uma universalidade de direitos e obrigações) e os herdeiros formam uma espécie de condomínio com relação aos bens deixados pelo *de cujus*. Essa indivisão só vai terminar quando for expedido o formal de partilha (CC, art. 1.791).[4]

c) **Codicilo:**

É uma espécie de "testamento" sem formalidades, possível de ser utilizado para disposição de pequenas quantias e de coisas, além de aspectos ligados ao funeral do *de cujus* (ver CC, arts. 1.881 a 1.885).

d) **Legado:**

É a deixa testamentária de uma ou mais coisas individualizadas para um determinado herdeiro que pode ser parente ou não, podendo inclusive ser uma quantia em dinheiro (ver CC, arts. 1.912 a 1.940).

e) **Prescrição:**

Como regra geral, aplica-se à herança e às ações dela decorrentes a prescrição decenal prevista no art. 205 do Código Civil. Porém, dependendo da situação em análise, poderemos ter prazos diferenciados, tais como a anulação da partilha amigável que é de um ano (ver CC, art. 1.027 e NCPC, art. 657, § 1°); anulação da partilha judicial, que é de dois anos, através da ação rescisória (ver NCPC, art. 658 c/c art. 966).

---

3. CC, Art. 80. Consideram-se imóveis para os efeitos legais:

I – os direitos reais sobre imóveis e as ações que os asseguram;

II – o direito à sucessão aberta.

4. CC, Art. 1.791. A herança defere-se como um todo unitário, ainda que vários sejam os herdeiros.

Parágrafo único. Até a partilha, o direito dos co-herdeiro, quanto à propriedade e posse da herança, será indivisível, e regular-se-á pelas normas relativas ao condomínio.

LIÇÃO 18 • CONCEITOS, ORIGEM E FUNDAMENTOS DO DIREITO SUCESSÓRIO — 197

f) Lugar da abertura do inventário:

Quando o inventário for processado judicialmente, temos que aplicar as normas constantes do art. 48 do Novo Código de Processo Civil. Em sendo extrajudicial, não há necessidade de definir competência territorial, já que qualquer cartório de notas poderá processar o inventário.

g) Prazo para abertura do inventário:

Embora o Código Civil fale em 30 dias como sendo o prazo para abertura do inventário (CC, 1796),[5] esse prazo foi derrogado por alteração posterior ocorrida com o Novo Código de Processo Civil, que considera o prazo de 2 (dois) meses (CPC, art. 611).[6]

h) Outras ações ligadas à herança:

O juízo de inventário é competente para conhecer das outras ações ligadas à herança (ver NCPC, art. 48), tais como a sobrepartilha, os sonegados, a anulação de testamento e a petição de herança.

i) Comoriência:

É a previsão legal a ser aplicada quando duas pessoas falecem ao mesmo tempo, mesmo que em lugares diferentes, sem que se possa precisar quem morreu primeiro (CC, art. 8º).[7]

j) Inventariante:

É o herdeiro ou mesmo pessoa estranha à herança que será nomeado pelo juiz (inventário judicial) ou indicado pelas partes (inventário extrajudicial) que terá a incumbência de representar o espólio (ver NCPC, art. 617 e 618).

k) Espólio:

É a figura jurídica que representa o patrimônio do falecido (bens, direitos e obrigações), que embora não tendo personalidade jurídica atuará judicial e extrajudicialmente através da pessoa do inventariante.

---

5. CC, Art. 1.796. No prazo de trinta dias, a contar da abertura da sucessão, instaurar-se-á inventário do patrimônio hereditário, perante o juízo competente no lugar da sucessão, para fins de liquidação e, quando for o caso, de partilha da herança.

6. CPC, Art. 611. O processo de inventário e de partilha deve ser instaurado dentro de 2 (dois) meses, a contar da abertura da sucessão, ultimando-se nos 12 (doze) meses subsequentes, podendo o juiz prorrogar esses prazos, de ofício ou a requerimento de parte.

7. CC, Art. 8o Se dois ou mais indivíduos falecerem na mesma ocasião, não se podendo averiguar se algum dos comorientes precedeu aos outros, presumir-se-ão simultaneamente mortos.

Vale lembrar: a personalidade se extingue com a morte, porém a massa de direitos e obrigações do falecido permanece e agora será representada por um ente despersonalizado – o espólio.

7. LEGISLAÇÃO APLICADA À SUCESSÃO NO BRASIL

a) **Constituição Federal:**

O direito sucessório é um direito constitucional, pois o art. 5º, XXX, inclui entre os direitos e garantias fundamentais da pessoa humana o direito de herança. Também o art. 227, § 6º, que equipara todos os filhos para efeitos legais.

b) **Código Civil:**

Regula de forma ampla todo o processo de abertura, transmissão e partilha da sucessão em geral, tanto a legítima quanto a testamentária (CC, arts. 1.784 a 2.027).

c) **Código de Processo Civil:**

Disciplina todo o processo de inventário e a partilha, tanto judicial quanto extrajudicial (NCPC, arts. 610 a 667).

d) **União estável:**

Além da previsão constante no art. 1.790 do Código Civil, aplicam-se também as disposições constantes das Leis nº 8.971/94 e 9.278/96, que regulam alguns aspectos da união estável.

Atenção: discute-se se referidas leis foram completamente derrogadas pelo Código Civil de 2002. Outra discussão é sobre a constitucionalidade do art. 1.790 por tratar diferentemente os companheiros em relação aos cônjuges. Estas questões serão esclarecidas nos capítulos seguintes.

LIÇÃO 19
DISPOSIÇÕES GERAIS SOBRE A ABERTURA DA SUCESSÃO

Sumário: 1. Abertura da sucessão – 2. A herança – 3. Pacto sucessório – 4. Transmissão da herança – 5. Delação ou devolução sucessória – 6. Lugar de abertura da sucessão – 7. As espécies de sucessão previstas no Código Civil – 8. Sucessão a título universal – 9. Sucessão a título singular – 10. Sucessão contratual (partilha em vida) – 11. Sucessão irregular – 12. Limitação à liberdade de testar – 13. A lei que regula a sucessão – 14. Meação do cônjuge – 15. Animais não têm legitimação para suceder.

1. ABERTURA DA SUCESSÃO

A morte é o momento que determina a abertura da sucessão com a transmissão automática da herança para todos os herdeiros legítimos e testamentários (CC, art. 1784).[1]

Esse é o **princípio de *saisine***, pelo qual a transmissão da herança é automática e depende apenas da morte do autor da herança como fato jurídico apto a ensejar transmissão imediata do acervo hereditário.

2. A HERANÇA

Muitas vezes, as pessoas confundem herança com sucessão, cabe esclarecer: sucessão é o ato de suceder alguém, que pode ser *inter vivos* ou *causa mortis*; enquanto herança é o conjunto de bens, direitos e obrigações sucessíveis em face da morte de alguém.

Assim, podemos definir herança como sendo o conjunto dos bens e direitos, bem como de todas as obrigações do falecido, desde que transmissíveis,

---

1. CC, Art. 1.784. Aberta a sucessão, a herança transmite-se, desde logo, aos herdeiros legítimos e testamentários.

podendo ser negativa ou positiva, dependendo do resultado do confronto entre o patrimônio ativo e o passivo.

3. PACTO SUCESSÓRIO

O pacto sucessório (também chamado de *pacta corvina*) não é admitido no nosso ordenamento jurídico, tendo em vista ser proibido fazer qualquer espécie de negócio jurídico envolvendo a herança de pessoa viva (CC, art. 426).[2]

A proibição tem caráter eminentemente ético, tendo em vista que contrato desse tipo iria fazer surgir especulação sobre a abreviação da morte do autor da herança.

Vamos imaginar que alguém tenha adquirido os futuros direitos hereditários de Jojolino, cujo pai ainda está vivo. O adquirente passará a ter o maior interesse em abreviar a morte do pai do Jojolino porque só assim ele poderá ter acesso aos bens hereditários.

> **Exceção:** permite o nosso Código Civil que os ascendentes possam, por ato *inter vivos* ou por testamento, antecipar a partilha de seus bens, desde que respeite a legítima dos herdeiros necessários (CC, art. 2.018).[3] Essa é a chamada **partilha em vida** ou **antecipação da herança** (veremos a seguir).

4. TRANSMISSÃO DA HERANÇA

Com a morte do *de cujus*, os herdeiros tornam-se automaticamente donos da herança, ainda que o fato ocorrido não seja do seu conhecimento. Quer dizer, a morte do titular da herança é o momento que determina a transmissão de seus bens aos herdeiros (ver CC, art. 1.784 – NR-1).

Porém, como ninguém pode ser obrigado a participar da sucessão de outrem, há um segundo momento no qual o herdeiro deve se manifestar aceitando ou renunciando à herança, conforme veremos na próxima aula.

5. DELAÇÃO OU DEVOLUÇÃO SUCESSÓRIA

É o ato de devolução de bens ao acervo hereditário que pode ocorrer no curso do processo de inventário ou mesmo após ele findo.

---

2. CC, Art. 426. Não pode ser objeto de contrato a herança de pessoa viva.
3. CC, Art. 2.018. É válida a partilha feita por ascendente, por ato entre vivos ou de última vontade, contanto que não prejudique a legítima dos herdeiros necessários.

Não se confunde com a abertura da sucessão, pois a delação pode ocorrer muito tempo depois, como, por exemplo, no caso em que o testamento venha a ser anulado e os bens que eram destinados aos herdeiros testamentários ou legatários voltem para o acervo hereditário universal para serem partilhados entre os herdeiros legítimos.

6. LUGAR DE ABERTURA DA SUCESSÃO

De regra a abertura da sucessão deve ser no lugar do último domicílio do falecido (CC, art. 1.785),[4] porém, existem exceções que estão reguladas no Código de Processo Civil nos casos em que o autor da herança não tinha domicílio certo (CPC, art. 48)[5] ou nos casos de inventários em conjunto (CPC, art. 672).[6]

7. AS ESPÉCIES DE SUCESSÃO PREVISTAS NO CÓDIGO CIVIL

Diz claramente o nosso Código Civil que a sucessão dar-se-á por lei (**sucessão legítima**) ou por disposição de última vontade (**sucessão testamentária**), nos termos do art. 1.786.[7]

> **Atenção:** a estes dois tipos de sucessão, e tão somente para efeito de estudos, adicionamos uma terceira espécie que chamamos de "mista" para contemplar aqueles casos em que a sucessão será, ao mesmo tempo, legítima e testamentária. Vejamos cada uma delas.

---

4. CC, Art. 1.785. A sucessão abre-se no lugar do último domicílio do falecido.
5. CPC, Art. 48. O foro de domicílio do autor da herança, no Brasil, é o competente para o inventário, a partilha, a arrecadação, o cumprimento de disposições de última vontade, a impugnação ou anulação de partilha extrajudicial e para todas as ações em que o espólio for réu, ainda que o óbito tenha ocorrido no estrangeiro.
    Parágrafo único. Se o autor da herança não possuía domicílio certo, é competente:
    I – o foro de situação dos bens imóveis;
    II – havendo bens imóveis em foros diferentes, qualquer destes;
    III – não havendo bens imóveis, o foro do local de qualquer dos bens do espólio.
6. CPC, Art. 672. É lícita a cumulação de inventários para a partilha de heranças de pessoas diversas quando houver:
    I – identidade de pessoas entre as quais devam ser repartidos os bens;
    II – heranças deixadas pelos dois cônjuges ou companheiros;
    III – dependência de uma das partilhas em relação à outra.
    Parágrafo único. No caso previsto no inciso III, se a dependência for parcial, por haver outros bens, o juiz pode ordenar a tramitação separada, se melhor convier ao interesse das partes ou à celeridade processual.
7. CC, Art. 1.786. A sucessão dá-se por lei ou por disposição de última vontade.

a) Sucessão legítima:

É a sucessão de pessoa que faleceu sem deixar testamento (*ab intestado*), ou havendo testamento ele foi anulado (CC, art. 1.788);[8] quando então a sucessão se processará conforme os termos estabelecidos em lei e de acordo com uma determinada ordem que chamamos de ordem de vocação hereditária (CC, art. 1.829).[9]

b) Sucessão testamentária:

Esta é a sucessão representada por ato de última vontade do *de cujus*, manifestada através de uma das várias formas possíveis de testamento (CC, arts. 1.857[10] e ss).

c) Mista:

Pode também ocorrer de a sucessão ser a um só tempo legítima e testamentária, como no caso, por exemplo, de o testamento não abranger todos os bens do *de cujus*. Assim, teremos os bens referidos no testamento sendo transmitidos aos herdeiros testamentários e aos legatários, enquanto os demais serão deferidos aos herdeiros legítimos.

8. SUCESSÃO A TÍTULO UNIVERSAL

Os herdeiros legítimos herdam a título universal, isto é, herdam uma fração da totalidade dos bens da herança.

Já falamos que a herança é um todo unitário e que somente será individualizada com a partilha. Assim, os herdeiros legítimos não herdam bens determinados, herdam uma fração do todo da herança, na proporção de quantos herdeiros participem do processo sucessório.

---

8. CC, Art. 1.788. Morrendo a pessoa sem testamento, transmite a herança aos herdeiros legítimos; o mesmo ocorrerá quanto aos bens que não forem compreendidos no testamento; e subsiste a sucessão legítima se o testamento caducar, ou for julgado nulo.

9. CC, Art. 1.829. A sucessão legítima defere-se na ordem seguinte:

I – aos descendentes, em concorrência com o cônjuge sobrevivente, salvo se casado este com o falecido no regime da comunhão universal, ou no da separação obrigatória de bens (art. 1.640, parágrafo único); ou se, no regime da comunhão parcial, o autor da herança não houver deixado bens particulares;

II – aos ascendentes, em concorrência com o cônjuge;

III – ao cônjuge sobrevivente;

IV – aos colaterais.

10. CC, Art. 1.857. Toda pessoa capaz pode dispor, por testamento, da totalidade dos seus bens, ou de parte deles, para depois de sua morte.

(Omissis)....

LIÇÃO 19 • DISPOSIÇÕES GERAIS SOBRE A ABERTURA DA SUCESSÃO   **203**

A sucessão a título universal também pode ocorrer na sucessão testamentária quando o *de cujus* deixa uma parte (1/3, 1/5 etc.) de seus bens para determinados herdeiros.

9. SUCESSÃO A TÍTULO SINGULAR

Só o legatário herda a título singular, pois este recebe um bem individuado e não uma universalidade.

É muito comum acontecer de o testador deixar por testamento algum bem determinado ou mesmo uma soma em dinheiro para determinada pessoa. Isso se chama legado e aquele que vai receber a coisa é chamado de herdeiro legatário.

10. SUCESSÃO CONTRATUAL (PARTILHA EM VIDA)

Embora sejam proibidos os pactos sucessórios (ver CC, art. 426 – NR – 2), o Código Civil admite possam os ascendentes, por ato *inter vivos* ou mesmo por testamento, partilharem o seu patrimônio entre os descendentes (ver CC, art. 2.018 – NR-3).

Quer dizer, os ascendentes podem ainda em vida partilharem seus bens destinando-os a determinados herdeiros naquilo que chamamos de **antecipação da herança** ou **partilha em vida**, contudo deverá respeitar a legítima que por direito cabe aos herdeiros necessários, se eles existirem.

Essa partilha que, poderá ser total ou parcial, deverá prever que parte dos bens ou a sua renda se destinará a subsistência do ascendente, sob pena de nulidade (CC, art. 548).[11] Para resolver esse problema, poderá o ascendente, por exemplo, fazer a destinação de todos os bens, porém deixar um imóvel com a cláusula de usufruto a seu favor.

> **Atenção**: não se confunda a partilha em vida com doação. Embora sejam institutos parecidos, a partilha em vida é um tipo de negócio jurídico *sui generis*, tendo suas próprias especialidades.

11. SUCESSÃO IRREGULAR

Chamamos de irregular a sucessão de determinados bens ou direitos que não seguem a regra da sucessão legítima estabelecida no Código Civil (CC, art.

---

11. CC, Art. 548. É nula a doação de todos os bens sem reserva de parte, ou renda suficiente para a subsistência do doador.

1.829)[12] e são regulados por leis especiais ou de forma diferente pelo próprio Código Civil.

Dentre os casos possíveis, vamos tomar como exemplo o pagamento do seguro de vida, que tem regra específica na exata medida em que permite ao contratante o direito de indicar quem bem quiser para ser o beneficiário no caso de seu falecimento, excluindo totalmente todos os seus herdeiros (CC, art. 791).[13] Ou ainda, que na falta de indicação de beneficiário, o pagamento da indenização será na proporção de metade para o cônjuge sobrevivente e a outra metade aos herdeiros do segurado, respeitada a ordem de vocação hereditária (CC, art. 792).[14]

Outra forma diferente de sucessão é aquela regulada na lei de direitos autorais (Lei nº 9.610/98), que prescreve em seu art. 45, inciso I, que os direitos autorais sobre obra das pessoas que falecerem sem deixar herdeiros será de domínio público.

12. LIMITAÇÃO À LIBERDADE DE TESTAR

Se houver herdeiros necessários, quer dizer, descendentes, ascendentes ou cônjuge (CC, art. 1.845),[15] o autor da herança somente poderá deixar por testamento a metade dos seus bens (CC, art. 1.789).[16] A outra metade é chamada de legítima e caberá obrigatoriamente aos herdeiros necessários (CC, art. 1.846).[17]

---

12. CC, Art. 1.829. A sucessão legítima defere-se na ordem seguinte:

I – aos descendentes, em concorrência com o cônjuge sobrevivente, salvo se casado este com o falecido no regime da comunhão universal, ou no da separação obrigatória de bens (art. 1.640, parágrafo único); ou se, no regime da comunhão parcial, o autor da herança não houver deixado bens particulares;

II – aos ascendentes, em concorrência com o cônjuge;

III – ao cônjuge sobrevivente;

IV – aos colaterais.

13. CC, Art. 791. Se o segurado não renunciar à faculdade, ou se o seguro não tiver como causa declarada a garantia de alguma obrigação, é lícita a substituição do beneficiário, por ato entre vivos ou de última vontade.

Parágrafo único. O segurador, que não for cientificado oportunamente da substituição, desobrigar-se-á pagando o capital segurado ao antigo beneficiário.

14. CC, Art. 792. Na falta de indicação da pessoa ou beneficiário, ou se por qualquer motivo não prevalecer a que for feita, o capital segurado será pago por metade ao cônjuge não separado judicialmente, e o restante aos herdeiros do segurado, obedecida a ordem da vocação hereditária.

Parágrafo único. Na falta das pessoas indicadas neste artigo, serão beneficiários os que provarem que a morte do segurado os privou dos meios necessários à subsistência..

15. CC, Art. 1.845. São herdeiros necessários os descendentes, os ascendentes e o cônjuge.

16. CC, Art. 1.789. Havendo herdeiros necessários, o testador só poderá dispor da metade da herança.

17. CC, Art. 1.846. Pertence aos herdeiros necessários, de pleno direito, a metade dos bens da herança, constituindo a legítima.

Em resumo: se o testador não tiver herdeiros necessários, sua liberdade de testar será plena, podendo destinar livremente todos os seus bens para quem bem desejar, deserdando até mesmo os colaterais. Porém, se tiver herdeiros necessários, somente poderá destinar para outras pessoas a metade de seus bens.

Atenção: nada obsta que o autor da herança deixe por testamento a metade de seus bens para um dos herdeiros necessários. Nesse caso, esse herdeiro concorrerá à herança na dupla condição: herdeiro legítimo (beneficiado por ser herdeiro legal) e herdeiro testamentário (beneficiado pela vontade do falecido, manifestada no testamento).

13. A LEI QUE REGULA A SUCESSÃO

Será a lei vigente ao tempo da morte do autor da herança que irá regular tanto a sucessão quanto a legitimação para suceder (CC, art. 1.787).[18]

Entendendo melhor: se alguém faleceu no ano de 2001 quando estava vigente o Código Civil de 1916, a sucessão deverá ser processada nos termos como previsto naquele diploma legal, ainda que seja aberto o inventário somente agora no ano de 2016.

14. MEAÇÃO DO CÔNJUGE

Desde logo, cabe um alerta que não se deve esquecer jamais: **não se confunda meação com herança!**

Se o falecido era casado ou vivia em união estável, haverá necessidade de pôr a salvo os direitos do cônjuge ou companheiro supérstite (sobrevivente), que variarão conforme seja o regime de bens adotado no casamento ou na união estável:

a) **Na comunhão universal de bens:**

Nesse regime de bens, a meação vai significar a metade ideal de todo o patrimônio comum que pertencia ao casal. Nisso entram os bens adquiridos na constância do casamento e também os bens particulares que cada um deles tinha antes de casar.

b) **No regime de comunhão parcial:**

Para efeito de meação será considerada a metade dos bens que foram adquiridos onerosamente na constância do casamento ou da união estável.

---

18. CC, Art. 1.787. Regula a sucessão e a legitimação para suceder a lei vigente ao tempo da abertura daquela.

c) No regime de separação total de bens:

Nesse regime não há falar-se em meação, tendo em vista que os bens de cada um dos cônjuges não se comunicam com o casamento.

d) Na união estável:

Na união estável, aplica-se o mesmo sistema válido para o regime de comunhão parcial de bens, se os companheiros não acertaram contratualmente de forma diferente.

Dessa forma, quando alguém morre e o outro cônjuge está vivo, a primeira pergunta que devemos fazer é: qual o regime de bens que vigorava entre eles? Conforme visto acima, dependendo do regime de bens, haverá a necessidade de salvaguardar os bens que por direito pertencem ao cônjuge sobrevivente.

O cônjuge sobrevivente tem direito à meação não porque o outro cônjuge morreu, mas porque ele já tinha esse direito mesmo antes da morte do seu parceiro.

Para que dúvidas não pairem: vamos tomar como exemplo o regime de comunhão universal, no qual a metade de todos os bens do casal pertence a cada um deles. Independentemente da morte de qualquer deles, o outro já é dono de metade dos bens, tanto é verdade que se o casal tivesse se divorciado teriam partilhado os bens no divórcio e cada um teria ficado com metade dos bens que eram comuns, entenderam?

15. ANIMAIS NÃO TÊM LEGITIMAÇÃO PARA SUCEDER

Pode parecer desnecessário fazer essa observação, mas somente as pessoas (físicas ou jurídicas) têm capacidade para ser titular de direito ou obrigações na vida civil.

De sorte que os **animais não têm legitimidade para suceder ninguém**. Se alguém destinar um bem, ou mesmo uma porção da herança, para um animal, esta cláusula testamentária será nula de pleno direito.

Não confunda: qualquer pessoa poderá beneficiar seu animal de forma indireta, instituindo alguém como herdeiro ou legatário com a condição de que essa pessoa cuide daquele determinado animal. Isso pode ser feito por testamento e é chamado de "**legado com encargo**", implicando dizer que a pessoa beneficiada somente ficará com aquele bem ou valor se cumprir com a obrigação estipulada (ver CC, art. 1.938 c/c art. 553).

CAPÍTULO 8
DA SUCESSÃO LEGÍTIMA E TESTAMENTÁRIA

Lição 20
DA ADMINISTRAÇÃO DA HERANÇA

> **Sumário:** 1. Transmissão da herança – 2. A herança é uma coisa una – 3. Direitos dos co-herdeiros – 4. Responsabilidade dos herdeiros pelas dívidas do falecido – 5. Cessão de direitos hereditários – 6. Abertura do inventário – 7. Administração provisória da herança.

1. TRANSMISSÃO DA HERANÇA

Conforme já assinalamos, a transmissão da herança para os herdeiros (legítimo ou testamentário) ocorre no exato momento em que ocorre a morte do titular do patrimônio (CC, art. 1.784).[1] Esse é o **princípio de *saisine*.**

Mesmo que haja vários herdeiros, a herança se transmite como um todo unitário e os direitos de cada co-herdeiro serão tais quais ao de um condômino, tendo em vista esta indivisão.

Quer dizer, cada herdeiro vai ter uma quota-parte da herança. Se existirem três herdeiros, por exemplo, cada um será juridicamente dono de 1/3 do total da herança.

Somente a partilha é que fará cessar a indivisão atribuindo a cada herdeiro o seu respectivo quinhão.

2. A HERANÇA É UMA COISA UNA

Vamos repetir: a herança é juridicamente considerada um bem unitário. Quer dizer, ainda que seja composta por vários itens móveis ou imóveis, a herança é considerada uma universalidade de direitos, e os herdeiros, uns em relação aos outros, serão considerados como condôminos, pois somente a partilha, como ato final do inventário, é que vai individualizar os bens que cada um dos herdeiros deverá receber.

---

1. CC, Art. 1.784. Aberta a sucessão, a herança transmite-se, desde logo, aos herdeiros legítimos e testamentários.

Enquanto não sobrevier a partilha, os bens da herança formam um condomínio e cada herdeiro é coproprietário dos bens deixados pelo falecido numa fração correspondente ao número de herdeiros participantes da herança (CC, art. 1.791).[2]

3. DIREITOS DOS CO-HERDEIROS

Sendo a herança uma universalidade, nenhum herdeiro terá direito a coisa individuada, pois a posse e os direitos que cada um tem são sobre a totalidade dos bens.

Esta indivisão tem a ver com o direito de qualquer um dos herdeiros de reclamar o todo da herança de quem quer que a injustamente a possua (CC, art. 1.314).[3]

4. RESPONSABILIDADE DOS HERDEIROS PELAS DÍVIDAS DO FALECIDO

A responsabilidade dos herdeiros com relação às obrigações do falecido será exercida no limite do montante da herança, cabendo ao inventariante promover o pagamento de todas as dívidas antes de serem divididos os bens (CC, art. 1.792).[4]

Quer dizer, quem responde pelas dívidas do *de cujus* é o montante da herança que ele deixou (CC, art. 1.997).[5]

Na eventualidade de bens insuficientes, isto é, se o montante das dívidas for superior ao valor dos bens deixados pelo *de cujus*, o inventariante deverá requerer a declaração de insolvência, instituído um concurso de credores (CPC, art. 618, VIII).[6]

> **Muita atenção:** as dívidas e outras obrigações do falecido não se transmitem aos herdeiros, quer dizer, os herdeiros não vão ser responsabilizados nem obrigados pessoalmente a pagar as dívidas do falecido com o dinhei-

---

2. CC, Art. 1.791. A herança defere-se como um todo unitário, ainda que vários sejam os herdeiros.
   Parágrafo único. Até a partilha, o direito dos co-herdeiros, quanto à propriedade e posse da herança, será indivisível, e regular-se-á pelas normas relativas ao condomínio.
3. CC, Art. 1.314. Cada condômino pode usar da coisa conforme sua destinação, sobre ela exercer todos os direitos compatíveis com a indivisão, reivindicá-la de terceiro, defender a sua posse e alhear a respectiva parte ideal, ou gravá-la.
4. CC, Art. 1.792. O herdeiro não responde por encargos superiores às forças da herança; incumbe-lhe, porém, a prova do excesso, salvo se houver inventário que a escuse, demostrando o valor dos bens herdados.
5. CC, Art. 1.997. A herança responde pelo pagamento das dívidas do falecido; mas, feita a partilha, só respondem os herdeiros, cada qual em proporção da parte que na herança lhe coube.
6. CPC, Art. 618. Incumbe ao inventariante:
   (Omissis).
   Vlll – requerer a declaração de insolvência.

ro de seus próprios bolsos. Quem vai pagar as dívidas é o inventariante, mas isso será feito com o dinheiro que ele consiga arrecadar a partir dos bens deixados pelo falecido. Se não houver bens ou se eles forem insuficientes, os credores ficarão a ver navios.

5. CESSÃO DE DIREITOS HEREDITÁRIOS

Como qualquer outro direito patrimonial, os herdeiros podem transmitir, gratuita ou onerosamente, seus direitos sucessórios,[7] porém se for alienar deverá primeiro oferecer aos demais herdeiros em face das regras que regulam o condomínio (CC, art. 1.794).[8]

Desrespeitada essa imposição legal, o co-herdeiro que se sinta prejudicado poderá, depositando o preço, reaver a quota para si, porém deverá agir no prazo decadencial de 180 dias contados da transmissão. Sendo vários os co-herdeiros interessados, repartir-se-á a quota na proporção das quotas que cada um deles detém no inventário (CC, art. 1.795).[9]

É negócio solene que deverá ser realizado por escritura pública. Além disso, será ineficaz qualquer negócio envolvendo bens individualmente considerados por conta da indivisibilidade da herança nos termos como esculpidos no art. 1.793 do Código Civil (ver NR-7).

Apesar da clareza da lei o STJ já decidiu que a cessão de direitos hereditários sobre bem individualizado não é eivada de nulidade, mas apenas ineficaz em relação aos co-herdeiros que com ela não anuíram.[10]

---

7. CC, Art. 1.793. O direito à sucessão aberta, bem como o quinhão de que disponha o co-herdeiro, pode ser objeto de cessão por escritura pública.

    § 1º Os direitos, conferidos ao herdeiro em consequência de substituição ou de direito de acrescer, presumem-se não abrangidos pela cessão feita anteriormente.

    § 2º É ineficaz a cessão, pelo co-herdeiro, de seu direito hereditário sobre qualquer bem da herança considerado singularmente.

    § 3º Ineficaz é a disposição, sem prévia autorização do juiz da sucessão, por qualquer herdeiro, de bem componente do acervo hereditário, pendente a indivisibilidade.

8. CC, Art. 1.794. O co-herdeiro não poderá ceder a sua quota hereditária a pessoa estranha à sucessão, se outro co-herdeiro a quiser, tanto por tanto.

9. CC, Art. 1.795. O co-herdeiro, a quem não se der conhecimento da cessão, poderá, depositado o preço, haver para si a quota cedida a estranho, se o requerer até cento e oitenta dias após a transmissão.

    Parágrafo único. Sendo vários os co-herdeiros a exercer a preferência, entre eles se distribuirá o quinhão cedido, na proporção das respectivas quotas hereditárias.

10. STJ – REsp: 1809548 SP 2019/0106595-5, Relator: Ministro Ricardo Villa Boas Cueva, Data de Julgamento: 19/05/2020, T3, Data de Publicação: DJe 27/05/2020.

Nesse caso, o terceiro adquirente se sub-roga em todos os direitos e obrigações como se fosse o próprio herdeiro, e ingressará no processo de inventário, podendo praticar todos os atos que aquele praticaria

6. ABERTURA DO INVENTÁRIO

O Código Civil estipula o prazo de 30 dias, após a morte do *de cujus*, como sendo o prazo para a abertura do processo de inventário (CC, art. 1.796).[11] Em contrapartida, o Código de Processo Civil fixa esse prazo em 2 (dois) meses (CPC, art. 611).[12]

Nessa colisão de normas, deve prevalecer o prazo estabelecido no Código de Processo Civil, exatamente por ser lei mais nova.

Após a abertura do inventário, diz ainda a lei instrumental que o mesmo deverá ser encerrado no prazo de 12 (doze) meses, podendo eventualmente ser esse prazo prorrogado.

Do início e até o final do processo de inventário, a administração da herança ficará a cargo do inventariante (CC, art. 1.991),[13] que será nomeado pelo juiz conforme as normas do Código de Processo Civil (CPC, art. 617)[14] na seguinte ordem preferencial.

---

11. CC, Art. 1.796. No prazo de trinta dias, a contar da abertura da sucessão, instaurar-se-á inventário do patrimônio hereditário, perante o juízo competente no lugar da sucessão, para fins de liquidação e, quando for o caso, de partilha da herança.

12. CPC, Art. 611. O processo de inventário e de partilha deve ser instaurado dentro de 2 (dois) meses, a contar da abertura da sucessão, ultimando-se nos 12 (doze) meses subsequentes, podendo o juiz prorrogar esses prazos, de ofício ou a requerimento de parte.

13. CC, Art. 1.991. Desde a assinatura do compromisso até a homologação da partilha, a administração da herança será exercida pelo inventariante.

14. CPC, Art. 617. O juiz nomeará inventariante na seguinte ordem:

    I – o cônjuge ou companheiro sobrevivente, desde que estivesse convivendo com o outro ao tempo da morte deste;

    II – o herdeiro que se achar na posse e na administração do espólio, se não houver cônjuge ou companheiro sobrevivente ou se estes não puderem ser nomeados;

    III – qualquer herdeiro, quando nenhum deles estiver na posse e na administração do espólio;

    IV – o herdeiro menor, por seu representante legal;

    V – o testamenteiro, se lhe tiver sido confiada a administração do espólio ou se toda a herança estiver distribuída em legados;

    VI – o cessionário do herdeiro ou do legatário;

    VII – o inventariante judicial, se houver;

    VIII – pessoa estranha idônea, quando não houver inventariante judicial.

    Parágrafo único. O inventariante, intimado da nomeação, prestará, dentro de 5 (cinco) dias, o compromisso de bem e fielmente desempenhar a função.

LIÇÃO 20 • DA ADMINISTRAÇÃO DA HERANÇA

a) Cônjuge ou companheiro sobrevivente:

O cônjuge ou companheiro sobrevivente é o primeiro na lista de preferência para ser nomeado inventariante, contudo, isso só será possível se convivia com o *de cujus* à época de sua morte.

b) O herdeiro que esteja na posse e administração do espólio:

Na falta do cônjuge, ou mesmo ele existindo, mas não podendo assumir o encargo, será nomeado inventariante o herdeiro que estiver na administração provisória da herança.

c) Qualquer outro herdeiro:

Na falta de cônjuge e não estando nenhum dos herdeiros na posse e administração da herança, será nomeado inventariante qualquer um dos herdeiros que reivindique essa posição.

d) O herdeiro menor, por seu representante legal:

O herdeiro menor também tem legitimidade para pedir a abertura do inventário, mas deverá fazê-lo através do seu representante legal.

e) O testamenteiro:

Será nomeado o testamenteiro se o *de cujus* lhe atribuiu a responsabilidade pela posse e administrações dos bens da herança ou se toda a herança é composta de legados.

f) O cessionário do herdeiro ou do legatário:

Se o direito sucessório pode ser transferido a terceiro, tanto pelo herdeiro legítimo quanto o testamentário, nada mais lógico que incluir o cessionário como uma das pessoas possíveis de ser nomeado inventariante.

g) Inventariante judicial:

O Código Civil menciona essa figura, porém ela hoje não mais existe na maioria dos Estados. Era um funcionário do Poder Judiciário que cumpria essa função de inventariante.

h) Qualquer pessoa do povo:

Esgotadas as possibilidades de nomeação do inventariante dentre as pessoas acima mencionadas, o juiz designará qualquer pessoa idônea para o exercício dessa função. Esse poderá ser remunerado conforme fixe o juiz. É o que chamamos de **inventariante dativo**.

Essa ordem deve ser respeitada porque a lei estabeleceu uma preferência, porém não é absoluta, podendo ser alterada por motivos justificados ou mesmo por comum acordo entre as partes.

Depois de nomeado o inventariante, ele é que representará o espólio judicial e extrajudicialmente. Essa regra comporta exceção porque, no caso do inventariante dativo, este não tem legitimidade para representar o espólio por expressa determinação legal, cabendo tal função aos herdeiros e sucessores do falecido conjuntamente (CPC, art. 75, VII e § 1º).[15]

7. ADMINISTRAÇÃO PROVISÓRIA DA HERANÇA

Enquanto não houver inventariante nomeado e compromissado, a administração provisória da herança se fará através de uma das seguintes pessoas (CC, art. 1.797):[16]

a) **Cônjuge ou companheiro:**

Nada mais correto, tendo em vista que o cônjuge ou companheiro tem direito à meação e, normalmente, é quem está na administração dos bens comuns juntamente com o falecido. Contudo, essa regra só vale se o cônjuge ou companheiro convivia com o *de cujus* à época do seu falecimento.

b) **Herdeiro que estiver na posse e administração dos bens:**

Muitas vezes os bens estão sob a administração de um dos filhos. Se isso ocorrer, ele continuará na administração enquanto não houver inventariante e, se for mais de um, ficará responsável o mais velho.

c) **Testamenteiro:**

Se houver testamento e não havendo as pessoas acima indicadas, a administração da herança ficará a cargo do testamenteiro.

d) **Qualquer um do povo:**

Não havendo as pessoas acima enumeradas, ou havendo tenham sido impugnadas, devendo ser afastadas, ou ainda se houver escusa, o juiz nomeará alguém de sua confiança.

---

15. CPC, Art. 75. Serão representados em juízo, ativa e passivamente: (omissis)

    VII – o espólio, pelo inventariante; (omissis)

    § 1º Quando o inventariante for dativo, os sucessores do falecido serão intimados no processo no qual o espólio seja parte.

16. CC, Art. 1.797. Até o compromisso do inventariante, a administração da herança caberá, sucessivamente:

    I – ao cônjuge ou companheiro, se com o outro convivia ao tempo da abertura da sucessão;

    II – ao herdeiro que estiver na posse e administração dos bens, e, se houver mais de um nessas condições, ao mais velho;

    III – ao testamenteiro;

    IV – a pessoa de confiança do juiz, na falta ou escusa das indicadas nos incisos antecedentes, ou quando tiverem de ser afastadas por motivo grave levado ao conhecimento do juiz.

Lição 21
DA VOCAÇÃO HEREDITÁRIA

Sumário: 1. Da vocação hereditária – 2. Das exceções na sucessão testamentária – 3. Consequência da legitimação do art. 1.798 – 4. Da ordem de vocação hereditária – 5. Posição do cônjuge – 6. Igualdade entre os filhos – 7. Herdeiros necessários – 8. Relação de preferência entre os herdeiros; 8.1 Os descendentes; 8.2 Os ascendentes; 8.3 O cônjuge; 8.4 Os colaterais; 8.5 A fazenda pública – 9. Pessoas que não podem participar da sucessão testamentária – 10. Interposição de pessoa – 11. Sucessão na união estável.

1. DA VOCAÇÃO HEREDITÁRIA

Vocação hereditária é a legitimidade que a lei empresta a determinadas pessoas de poderem participar da sucessão de alguém.

Em princípio, estão legitimadas a suceder o *de cujus*, tanto na sucessão legítima quanto testamentária, as pessoas físicas nascidas ou já concebidas no momento em que se abre a sucessão (CC, art. 1.798).[1]

Quando a lei menciona que as pessoas já concebidas têm legitimação para suceder, significa dizer que o nascituro, embora não tenha personalidade, tem legitimação para suceder tanto na sucessão testamentária quanto na sucessão legítima, porém só irá adquirir o direito que lhe cabe na herança se nascer com vida. Nesse caso será nomeado curador para cuidar dos interesses do nascituro.

Em resumo: tanto na sucessão legítima quanto na testamentária, **só herdam as pessoas que estejam vivas quando da morte do autor da herança.** Quer dizer, para ser transmitida a herança, o herdeiro tem que existir, tendo em vista que não se transmitem direitos ou bens a quem simplesmente não existe.

---

1. CC, Art. 1.798. Legitimam-se a suceder as pessoas nascidas ou já concebidas no momento da abertura da sucessão.

Exceção: apesar da regra geral ser clara, existem exceções e uma delas **fica por conta do nascituro** que, embora exista, ainda não tem personalidade. Ele herdará se nascer com vida sendo isso uma típica condição suspensiva.

2. DAS EXCEÇÕES NA SUCESSÃO TESTAMENTÁRIA

Como dito na abertura deste tópico, a regra geral é a de que só herdam as pessoas vivas ao tempo da morte do *de cujus*, porém além do nascituro temos três exceções, todas elas na sucessão testamentária (CC, art. 1.799).[2] Vejamos quais são.

a) **1ª Exceção – prole eventual:**

É a possibilidade que a lei prevê de que pessoa ainda não concebida possa ser herdeira (CC, art. 1.799, I). Advirta-se, contudo, que a concepção tem que ocorrer no intervalo de até 2 (dois) anos, contados da abertura da sucessão. Decorrido esse prazo sem que tenha sido concebido o herdeiro beneficiado, os bens reservados voltarão para o monte a ser partilhados pelos herdeiros legitimados, exceto se houver expressa determinação testamentária em contrário (CC, art. 1.800, § 4º).[3]

b) **2ª Exceção – pessoa jurídica:**

A pessoa jurídica somente pode ser herdeira, se for contemplada em testamento (ver CC, art. 1.799, II).

c) **3ª Exceção – instituição de fundação:**

O testador pode deixar bens com a instrução de ser criada uma fundação. No caso, o testador indicará também os bens que irão formar o acervo da futura pessoa jurídica (ver CC, art. 1.799, III).

3. CONSEQUÊNCIA DA LEGITIMAÇÃO DO ART. 1.798

Se na abertura da sucessão o herdeiro legítimo já houvera falecido, obviamente ele não será chamado, isso porque o morto não tem legitimidade para suceder

---

2. CC, Art. 1.799. Na sucessão testamentária podem ainda ser chamados a suceder:
   I– os filhos, ainda não concebidos, de pessoas indicadas pelo testador, desde que vivas estas ao abrir-se a sucessão;
   II– as pessoas jurídicas;
   III– as pessoas jurídicas, cuja organização for determinada pelo testador sob a forma de fundação.
3. CC, Art. 1.800. (Omissis)
   § 4º Se, decorridos dois anos após a abertura da sucessão, não for concebido o herdeiro esperado, os bens reservados, salvo disposição em contrário do testador, caberão aos herdeiros legítimos.

LIÇÃO 21 • DA VOCAÇÃO HEREDITÁRIA **217**

ninguém. Nesse caso, se o falecido tinha descendente, eles serão chamados a suceder por representação (veremos o que é isso a seguir).

Da mesma forma, quando se tratar de testamento ou de legado, é necessário que o testamentário ou o legatário estejam vivos quando do falecimento do testador. No caso de ocorrência de morte do beneficiário antes do testador, a cláusula testamentária tornar-se-á inválida (ver CC, art. 1.798) e, no caso do legatário, o mesmo será considerado caduco (ver CC, art. 1.939, V). Veja que, nesse caso, não vamos indagar se o beneficiário falecido tinha ou não descendentes, porque na sucessão testamentária não se aplica a regra da representação.

> **Conclusão:** tanto na sucessão legítima quanto na testamentária, não há que falar-se em chamar o herdeiro já falecido para participar da sucessão porque **somente herda quem estiver vivo no momento do falecimento do autor da herança.**

4. DA ORDEM DE VOCAÇÃO HEREDITÁRIA

Ordem de vocação hereditária é a relação de preferência que a lei estabelece pela qual as pessoas serão chamadas a suceder o *de cujus* por classes.

Essa ordem vale na íntegra para os casos em que a pessoa tenha falecido sem deixar testamente (*ab intestado*), ou seja, vale para a sucessão legítima.

Advirta-se desde logo que os herdeiros de uma classe excluem os herdeiros da classe subsequente. Da mesma forma, as classes mais próximas excluem as mais remotas (ver CC, arts. 1.833, 1.836 e 1.840).

Pela ordem estabelecida no Código Civil, os parentes mais próximos excluem os mais distantes, ou seja, havendo filhos do falecido, por exemplo, não serão chamados os netos, nem muito menos os bisnetos. Da mesma forma, em havendo descendentes, não serão chamados os ascendentes.

Dessa forma, o Código Civil estabelece a seguinte ordem de chamada para suceder (CC, art. 1.829):[4]

---

4. CC, Art. 1.829. A sucessão legítima defere-se na ordem seguinte:

   I – aos descendentes, em concorrência com o cônjuge sobrevivente, salvo se casado este com o falecido no regime da comunhão universal, ou no da separação obrigatória de bens (art. 1.640, parágrafo único); ou se, no regime da comunhão parcial, o autor da herança não houver deixado bens particulares;

   II – aos ascendentes, em concorrência com o cônjuge;

   III – ao cônjuge sobrevivente;

   IV – aos colaterais.

   Observação do autor: no inciso I a referência ao art. 1.640 está errada. O correto seria o art. 1.641.

a) Aos descendentes em concorrência com o cônjuge sobrevivo:

Se alguém falecer, a primeira coisa que devemos fazer é verificar se ele tinha filhos ou filhas. Se sim, paramos aí e toda a herança será deferida aos filhos em concorrência com o cônjuge sobrevivente.

Atenção: só iremos indagar se o falecido tinha netos na inexistência de filhos. Isso porque a existência de pessoas numa classe (filhos, por exemplo) elimina os das classes seguintes (netos, bisnetos etc.).

b) Aos ascendentes em concorrência com o cônjuge sobrevivente:

Se não existir descendentes do morto (filhos, netos, bisnetos etc.), iremos verificar se existem ascendentes (pai, mãe, avós, avôs, bisavós etc.). Se encontrarmos alguns desses ascendentes, eles serão chamados a suceder o falecido, juntamente com o cônjuge sobrevivente.

Atenção: só iremos nos preocupar em verificar a existência de ascendentes se o falecido não tinha descendentes. Isso porque, se ele tinha filhos, por exemplo, os filhos herdarão tudo e os ascendentes nem serão chamados ao inventário, porque não terão direito de herdar nada.

c) Ao cônjuge sobrevivo:

No atual Código Civil o cônjuge ocupa uma posição privilegiada. Foi elevado à categoria de herdeiro necessário e a participante, por direito próprio, da sucessão do cônjuge falecido. Dessa forma, não existindo descendentes nem ascendentes, a totalidade da herança será transmitida ao cônjuge sobrevivente.

d) Aos colaterais:

Os colaterais (irmãos, tios, sobrinhos, primos etc.) só serão chamados a suceder o falecido na inexistência das classes anteriormente mencionadas. Quer dizer, os colaterais só herdarão se o falecido não tinha descendentes, nem ascendentes, nem cônjuge. Assim mesmo, **só os colaterais até o quarto grau serão chamados à sucessão.**

e) Ao Estado:

Na inexistência de herdeiros sucessíveis, ou, existindo, todos renunciem, a herança será considerada jacente e depois declarada vacante, passando posteriormente para o Estado, conforme veremos na lição 24.

5. POSIÇÃO DO CÔNJUGE

Conforme já assinalamos, o cônjuge ocupa posição de destaque na sucessão legítima, pois, além de ser herdeiro único na inexistência de descendente e ascendente do *de cujus*, concorre com os descendentes e os ascendentes na forma estabelecida no art. 1.829, I e II, do Código Civil.

LIÇÃO 21 • DA VOCAÇÃO HEREDITÁRIA **219**

Advirta-se que a redação do referido artigo de lei é defeituosa, dando a impressão de que o cônjuge sobrevivente efetivamente participa da sucessão do seu cônjuge falecido em concorrência com os descendentes, porém não é bem isso, conforme tentaremos explicar.

A rigor, o cônjuge sobrevivente somente concorre com os descendentes quando for casado pelo regime de comunhão parcial de bens e, mesmo assim, somente se o falecido deixou bens particulares.

Vejam como a redação da lei é péssima.

> Art. 1.829. A sucessão legítima defere-se na ordem seguinte:
>
> I – aos descendentes, em concorrência com o cônjuge sobrevivente, **salvo se casado este com o falecido no regime da comunhão universal**, ou **no da separação obrigatória de bens** (art. 1.640, parágrafo único);[5] ou se, **no regime da comunhão parcial, o autor da herança não houver deixado bens particulares** (o grifo e os destaques são nossos).

Quando a lei fala "salvo" quer dizer exceto. Assim, se eram casados pelo regime de comunhão universal, o cônjuge sobrevivente não participa. Da mesma forma, não participará se casados no regime de separação obrigatória. Também não participará com os descendentes do falecido se era casado pelo regime de comunhão parcial e o morto não tinha bens particulares.

Cumpre esclarecer que bens particulares são aqueles bens que era do falecido antes do casamento (na comunhão parcial) ou que vieram ao patrimônio do falecido havido por doação ou sucessão (qualquer que seja o regime).

> **Atenção:** no artigo 1.829 do Código Civil, a lei fala de "separação obrigatória de bens" e nada fala sobre a "separação convencional de bens". Isso tem gerado grande polêmica, mas entendemos que o cônjuge estará excluído nos dois sistemas porque numa determinação decorre da vontade da lei e noutro na vontade das partes, não havendo razão para fazer-se distinção.

De qualquer forma, se o cônjuge vier realmente a participar com os descendentes, isso se dará da seguinte forma: concorrendo com os filhos comuns, receberá um quinhão igual, não podendo ser inferior à quarta parte da herança; se concorrer com os filhos só do falecido, a herança será dividida em partes iguais. Isso é o que se depreende da leitura de outro artigo também pessimamente redigido (CC, art. 1.832).[6]

---

5. A referência que consta no Código está incorreta. Corrijam, pois o correto é art. 1.641.
6. CC, Art. 1.832. Em concorrência com os descendentes (art. 1.829, inciso I) caberá ao cônjuge quinhão igual ao dos que sucederem por cabeça, não podendo a sua quota ser inferior à quarta parte da herança, se for ascendente dos herdeiros com que concorrer.

Na inexistência de descendentes do falecido, o cônjuge concorrerá com os ascendentes da seguinte forma: se concorrer com sogro e sogra, receberá um terço da herança; se só com o sogro ou com a sogra, receberá a metade da herança; e, se concorrer com os pais do sogro ou da sogra, também terá direito à metade do acervo hereditário (CC, art. 1.837).[7]

Além disso, o cônjuge sobrevivente tem **direito real de habitação**, qualquer que seja o regime de casamento, relativamente ao imóvel que servia de residência da família, desde que seja o único dessa natureza a inventariar (CC, art. 1.831).[8]

> **Importante**: cabe advertir que o cônjuge ou companheiro sobrevivente terá direito de participação na herança, bem como direito de habitação, se o falecimento ocorreu na constância do casamento ou da união estável, pois em muitas circunstâncias as pessoas estão separadas judicialmente ou de fato há muito tempo e não promoveram o divórcio ou a dissolução da união estável. No tocante a questão da culpa, esta disposição não tem mais nenhum valor depois da EC-66 (CC, art. 1.830).[9]

6. IGUALDADE ENTRE OS FILHOS

Com o advento da Constituição Federal de 1988, todos os filhos passaram a ter tratamento igualitário, inclusive os adotivos, que na sucessão de seus pais herdam de maneira igualitária, sem nenhuma distinção (CF art. 227, § 6º).

Esse princípio foi reiterado pelo Código Civil, de sorte que não existe mais nenhuma distinção entre os filhos, independentemente de sua origem (CC, art. 1.596).[10]

> **Atenção**: isto não quer dizer que os pais não possam beneficiar, por exemplo, um determinado filho em detrimento de outros. Se decidir fazê-lo, basta elaborar um testamento deixando 50% (cinquenta por cento) de seus bens para esse filho. Quando do seu falecimento, esse filho será herdeiro de 50% (cinquenta por cento) de todos os bens do *de cujus* (sucessão testamentária) e ainda participará com seus outros irmãos na outra metade (sucessão legítima).

---

7. CC, Art. 1.837. Concorrendo com ascendente em primeiro grau, ao cônjuge tocará um terço da herança; caber-lhe-á a metade desta se houver um só ascendente, ou se maior for aquele grau.

8. CC, Art. 1.831. Ao cônjuge sobrevivente, qualquer que seja o regime de bens, será assegurado, sem prejuízo da participação que lhe caiba na herança, o direito real de habitação relativamente ao imóvel destinado à residência da família, desde que seja o único daquela natureza a inventariar.

9. CC, Art. 1.830. Somente é reconhecido direito sucessório ao cônjuge sobrevivente se, ao tempo da morte do outro, não estavam separados judicialmente, nem separados de fato há mais de dois anos, salvo prova, neste caso, de que essa convivência se tornara impossível sem culpa do sobrevivente.

10. CC, Art. 1.596. Os filhos, havidos ou não da relação de casamento, ou por adoção, terão os mesmos direitos e qualificações, proibidas quaisquer designações discriminatórias relativas à filiação.

7. HERDEIROS NECESSÁRIOS

O Código Civil chama de herdeiros necessários os descendentes, os ascendentes e o cônjuge (CC, art. 1.845),[11] aos quais pertence de pleno direito metade dos bens da herança, que chamamos de legítima (CC, art. 1.846).[12]

> **Consequência prática:** Se existem herdeiros necessários, o autor da herança não poderá testar mais que 50% (cinquenta por cento) de seus bens. Quer dizer, quando da abertura da sucessão, os bens que constem do testamento não podem ser superiores à metade do valor dos bens deixados por herança aos herdeiros necessários.

8. RELAÇÃO DE PREFERÊNCIA ENTRE OS HERDEIROS

Já vimos que, se a pessoa morrer sem testamento, isto é, *ab intestado*, a herança será distribuída conforme a ordem de vocação hereditária fixada pelo Código Civil (ver CC, art. 1.829).

A ordem de vocação hereditária foi fixada a partir da proximidade dos parentes com o *de cujus* e foi estabelecida por classes (descendentes, ascendentes, cônjuge e colaterais). Ademais, a existência de uma classe elimina a outra; quer dizer, se existirem descendentes, não serão chamados os ascendentes, nem o cônjuge (exceto em concorrência), nem os colaterais.

Vejamos em detalhes a ordem de preferência estabelecida pelo Código Civil.

8.1 Os descendentes

O Código Civil começa por colocar em primeiro plano os descendentes, e isso tem uma lógica, pois o mais provável é que o falecido tivesse mais afinidade com seus descendentes do que com outros parentes. Ademais, a família em sentido estrito é aquela formada pelos pais e seus filhos.

Quando falamos em descendentes, estamos nos referindo aos filhos, netos e bisnetos; contudo, a lei ressalva que os de grau mais próximo excluem os de grau mais distante (CC, art. 1.833).[13]

---

11. CC, Art. 1.845. São herdeiros necessários os descendentes, os ascendentes e o cônjuge.
12. CC, Art. 1.846. Pertence aos herdeiros necessários, de pleno direito, a metade dos bens da herança, constituindo a legítima.
13. CC, Art. 1.833. Entre os descendentes, os em grau mais próximo excluem os mais remotos, salvo o direito de representação.

Assim, a existência de filhos exclui da sucessão os eventuais netos e bisnetos, a não ser que participem por representação (CC, art. 1.835).[14]

Entendendo melhor: digamos que o falecido tinha dois filhos e eles estavam vivos quando da morte do autor da herança; ambos receberão metade do acervo hereditário e ninguém mais será chamado. Se dos dois filhos um já havia morrido antes do seu pai falecer e ele tinha dois filhos (netos do *de cujus*), a herança será dividida em duas porções, sendo que uma delas irá para o filho vivo (**sucessão por cabeça ou por direito próprio**) e a outra metade que seria do filho pré-morto será dividida entre os dois netos do *de cujus*, que herdarão representando seu pai falecido (**sucessão por estirpe**).

Observação importante: utilizando o exemplo acima, vamos imaginar que os dois filhos já tivessem falecido antes de seu pai; nesse caso a herança iria toda para os netos em igualdade de condições. Quer dizer, se existissem somente aqueles dois netos mencionados, somente eles herdariam todo o acervo e agora não seria por representação, mas sim por direito próprio. Se houvesse três netos (dois de um dos filhos e um do outro filho) a herança seria dividida em três partes iguais e cada neto receberia uma quota igual.

Atenção: vale rememorar que se o falecido era casado pelo regime de comunhão parcial de bens e tinha bens particulares, o cônjuge sobrevivente participará da sucessão juntamente com os descendentes.

8.2 Os ascendentes

A existência de descendentes exclui a participação dos ascendentes no processo sucessório. Assim, os ascendentes (pais, avós, bisavós etc.) só serão chamados se não existirem descendentes do *de cujus* e assim mesmo em concorrência com o cônjuge ou companheiro sobrevivente, se existir (CC, art. 1.836).[15]

---

14. CC, Art. 1.835. Na linha descendente, os filhos sucedem por cabeça, e os outros descendentes, por cabeça ou por estirpe, conforme se achem ou não no mesmo grau.

15. CC, Art. 1.836. Na falta de descendentes, são chamados à sucessão os ascendentes, em concorrência com o cônjuge sobrevivente.

    § 1º Na classe dos ascendentes, o grau mais próximo exclui o mais remoto, sem distinção de linhas.

    § 2º Havendo igualdade em grau e diversidade em linha, os ascendentes da linha paterna herdam a metade, cabendo a outra aos da linha materna.

LIÇÃO 21 • DA VOCAÇÃO HEREDITÁRIA **223**

Nesse caso, a existência de ascendentes de graus diferentes, os mais próximos excluem os mais distantes e nesse caso não há direito de representação porque esse direito só existe na linha reta descendente (CC, art. 1.852).[16]

> **Entendendo melhor:** vamos considerar que o falecido não tinha descendentes e na linha reta ascendente tinha vivos o pai e o avô por parte de sua mãe já falecida. Nesse caso, somente o pai irá herdar tudo (não há direito de representação da mãe pré-morta).

> **E se houver diversidade de linhas?** Se concorrerem à herança avós da linha materna e da linha paterna, o Código adotou uma solução salomônica, qual seja, divide-se a herança em duas partes e cada linha herdará uma metade. Assim, se concorrem à herança um avô da linha materna e dois da linha paterna, aquele único da linha materna receberá metade e a outra metade caberá aos dois avós da linha paterna, conforme solução apresentada pelo § 2º do art. 1.836.

8.3   O cônjuge

Já vimos que o cônjuge tem posição privilegiada na sucessão do outro cônjuge, pois na inexistência de descendente ou ascendente do *de cujus* ele herdará sozinho toda a herança.

Além disso, na eventual existência de descendentes ou mesmo ascendentes, o cônjuge participa conforme já explicamos no item 5 da presente lição.

8.4   Os colaterais

Os colaterais são os quartos na linha sucessória e somente serão chamados se não existirem descendentes, ascendentes ou cônjuge supérstite do falecido (CC, art. 1.839).[17]

Aqui também os parentes mais próximos excluem os mais distantes, ressalvados os direitos de representação dos filhos de irmãos (CC, art. 1.840).[18] Assim, a existência de irmãos (colaterais de segundo grau) afasta os tios e sobrinhos (colaterais de terceiro grau) e assim sucessivamente.

A lei ainda faz distinção entre os irmãos bilaterais e os unilaterais. Assim, se concorrerem à herança irmãos bilaterais (filhos do mesmo pai e da mesma

---

16. CC, Art. 1.852. O direito de representação dá-se na linha reta descendente, mas nunca na ascendente.
17. CC, Art. 1.839. Se não houver cônjuge sobrevivente, nas condições estabelecidas no art. 1.830, serão chamados a suceder os colaterais até o quarto grau.
18. CC, Art. 1.840. Na classe dos colaterais, os mais próximos excluem os mais remotos, salvo o direito de representação concedido aos filhos de irmãos.

mãe) não teremos problemas, pois eles recebem partes iguais. Se concorrerem irmãos unilaterais, isto é, irmãos por parte de pai (consanguíneos) ou por parte de mãe (uterinos) com irmãos bilaterais; os unilaterais receberão metade do que os bilaterais terão direito de receber (CC, art. 1.841).[19]

Existindo somente os irmãos unilaterais, todos herdarão por igual e, nesse caso, por direito próprio, isto é, por cabeça (CC, art. 1.842).[20]

Na eventual inexistência de irmãos, herdarão os filhos destes e, não os havendo, serão chamados os tios (CC, art. 1.843).[21]

8.5   A Fazenda Pública

Não existindo herdeiros sucessíveis, ou, mesmo existindo, todos tenham renunciado, a herança será considerada jacente e depois declarada vacante, passando posteriormente ao domínio do Município ou Distrito Federal ou à União, conforme for o caso (CC, art. 1.844).[22]

9.   PESSOAS QUE NÃO PODEM PARTICIPAR DA SUCESSÃO TESTAMENTÁRIA

Tratando-se de sucessão testamentária e visando garantir lisura à elaboração e validade do testamento, o legislador impôs restrição com relação a algumas pessoas, as quais não podem ser beneficiárias no testamento (CC, art. 1.801);[23] vejamos quais são:

---

19. CC, Art. 1.841. Concorrendo à herança do falecido irmãos bilaterais com irmãos unilaterais, cada um destes herdará metade do que cada um daqueles herdar.

20. CC, Art. 1.842. Não concorrendo à herança irmão bilateral, herdarão, em partes iguais, os unilaterais.

21. CC, Art. 1.843. Na falta de irmãos, herdarão os filhos destes e, não os havendo, os tios.

§ 1º Se concorrerem à herança somente filhos de irmãos falecidos, herdarão por cabeça.

§ 2º Se concorrem filhos de irmãos bilaterais com filhos de irmãos unilaterais, cada um destes herdará a metade do que herdar cada um daqueles.

§ 3º Se todos forem filhos de irmãos bilaterais, ou todos de irmãos unilaterais, herdarão por igual.

22. CC, Art. 1.844. Não sobrevivendo cônjuge, ou companheiro, nem parente algum sucessível, ou tendo eles renunciado a herança, esta se devolve ao Município ou ao Distrito Federal, se localizada nas respectivas circunscrições, ou à União, quando situada em território federal.

23. CC, Art. 1.801. Não podem ser nomeados herdeiros nem legatários:

I– a pessoa que, a rogo, escreveu o testamento, nem o seu cônjuge ou companheiro, ou os seus ascendentes e irmãos;

II– as testemunhas do testamento;

III– o concubino do testador casado, salvo se este, sem culpa sua, estiver separado de fato do cônjuge há mais de cinco anos;

IV– o tabelião, civil ou militar, ou o comandante ou escrivão, perante quem se fizer, assim como o que fizer ou aprovar o testamento.

a) A pessoa que escreveu a rogo o testamento:

Escrever a rogo é escrever a pedido do testador. Nesse caso, a proibição se estende inclusive ao cônjuge ou companheiro da pessoa que escreveu o testamento, bem como aos seus ascendestes e irmãos. A proibição tem um caráter de segurança e visa impedir aquele que escreve o testamento de indicar a si mesmo como beneficiário, ou as pessoas que lhe são próximas, assim como influir na vontade do testador para o fazer.

b) As testemunhas do testamento:

Também para evitar a influência dessas pessoas no ânimo do testador.

c) O concubino do testador casado:

O intuito do legislador foi o de proteger a família legítima, impondo uma proibição ao testador no que diz respeito beneficiar pessoa com a qual mantenha uma relação adulterina. Essa regra vem reforçar a proibição já constante no art. 550 do Código Civil, que se refere às doações.

d) O tabelião ou outra autoridade que fizer o testamento:

Mais uma vez, o que visa a lei é impedir que a pessoa que irá redigir o testamento influencie o testador e com isso possa se beneficiar da decisão do testador.

10. INTERPOSIÇÃO DE PESSOA

Com a finalidade de evitar fraude contra os herdeiros legítimos, o Código Civil estabelece ser nula a disposição feita através de interposta pessoa.

Interposta pessoa é aquela que é chamada popularmente de laranja. Quer dizer, o testador, querendo beneficiar a concubina e estando proibido de fazê-lo, resolve nomear como herdeiro um amigo dela que, depois de receber a herança, irá transmitir para ela. O rigor da lei chega ao ponto de presumir como interpostas pessoas, os ascendentes, os descendentes, os irmãos e o cônjuge do possível beneficiário (CC, art. 1.802).[24]

Exceção à regra: tratando-se de filho do testador com a concubina, a deixa testamentária para o filho será plenamente válida (CC, art. 1.803).[25]

---

24. CC, Art. 1.802. São nulas as disposições testamentárias em favor de pessoas não legitimadas a suceder, ainda quando simuladas sob a forma de contrato oneroso, ou feitas mediante interposta pessoa. Parágrafo único. Presumem-se pessoas interpostas os ascendentes, os descendentes, os irmãos e o cônjuge ou companheiro do não legitimado a suceder.
25. CC, Art. 1.803. É lícita a deixa ao filho do concubino, quando também o for do testador.

11. SUCESSÃO NA UNIÃO ESTÁVEL

O Supremo Tribunal Federal (STF) no julgamento dos Recursos Extraordinários (REs) 646721 e 878694, em 10/05/2017 (Tema n° 809), ambos sob o rito de repercussão geral, concluiu pela equiparação entre cônjuge e companheiro para fins de sucessão, inclusive nas uniões homoafetivas, declarando inconstitucional o artigo 1.790 do Código Civil, que estabelece diferenças de tratamento no que diz respeito à participação do companheiro e do cônjuge supérstite na sucessão dos bens do parceiro falecido.

A tese firmada pelos ministros ficou assim redigida: "No sistema constitucional vigente é inconstitucional a diferenciação de regime sucessório entre cônjuges e companheiros devendo ser aplicado em ambos os casos o regime estabelecido no artigo 1829 do Código Civil."

Embora no referido julgamento nada tenha falado sobre o **direito real de habitação**, entendemos que também se aplica esse direito à união estável e na união homoafetiva, na linha do que já vinha se orientando a jurisprudência pátria.

LIÇÃO 22
ACEITAÇÃO E RENÚNCIA DA HERANÇA

Sumário: 1. Aceitação direta da herança – 2. Aceitação indireta – 3. Renúncia da herança – 4. Renúncia abdicativa e translativa – 5. Questões comuns à aceitação e à renúncia.

1. ACEITAÇÃO DIRETA DA HERANÇA

É o ato pelo qual o herdeiro diz que deseja ser herdeiro e que, tão logo manifestado, retroage à data do falecimento do *de cujus*.

Com a aceitação, o herdeiro confirma que tem interesse em participar da sucessão do *de cujus* e assim a transmissão torna-se definitiva (CC, art. 1.804).[1]

Essa aceitação deveria ser **expressa**, mas normalmente ocorre de forma **tácita**, quando o herdeiro pratica atos que indicam que aceitou os encargos da herança. Contudo, há que se ter cautela para presumir que o herdeiro tenha tacitamente aceitado a herança, porque o próprio Código Civil estabelece que os atos oficiosos, tal qual o funeral do finado, os meramente conservatórios, ou os de administração e guarda provisória não significam aceitação de herança. Também não importa aceitação a cessão gratuita, pura e simples, da herança, aos demais co-herdeiros (CC, art. 1.805).[2]

Há ainda uma forma **presumida** de aceitação, que ocorre quando o herdeiro, provocado pelo credor através do juiz para que declare se aceita, ou não,

---

1. CC, Art. 1.804. Aceita a herança, torna-se definitiva a sua transmissão ao herdeiro, desde a abertura da sucessão.

   Parágrafo único. A transmissão tem-se por não verificada quando o herdeiro renuncia à herança.

2. CC, Art. 1.805. A aceitação da herança, quando expressa, faz-se por declaração escrita; quando tácita, há de resultar tão-somente de atos próprios da qualidade de herdeiro.

   § 1º Não exprimem aceitação de herança os atos oficiosos, como o funeral do finado, os meramente conservatórios, ou os de administração e guarda provisória.

   § 2º Não importa igualmente aceitação a cessão gratuita, pura e simples, da herança, aos demais co--herdeiros.

queda-se silente. Quer dizer, o fato do herdeiro não se pronunciar faz presumir que o mesmo aceitou a herança (CC, art. 1.807).[3]

De qualquer forma, o ato de aceitação da herança não depende de ser comunicado a quem quer que seja, tendo em vista que para produzir efeitos, não depende do conhecimento de terceiros. É aquilo que chamamos de **ato unilateral não receptício**.

2. ACEITAÇÃO INDIRETA

A aceitação direta, como visto acima, é manifestada pelo próprio herdeiro interessado. Mas há hipótese de aceitação indireta, isto é, por terceiro em nome e no interesse do herdeiro, vejamos.

a) **Aceitação pelos sucessores:** se um herdeiro, tendo sido chamado à sucessão, vem a morrer antes de declarar sua aceitação, permite o Código Civil que os herdeiros deste segundo morto possam manifestar a aceitação por sua herança e, em seguida, manifestar-se quanto à primeira dizendo se aceita ou renuncia (CC, art. 1.809).[4]

Entendendo melhor: vamos imaginar que Huguito, pai de Jojolino, faleceu. Antes de manifestar sua aceitação ou renúncia à herança de seu pai, Jojolino vem a falecer. Juka, o filho de Jojolino, pode primeiro aceitar a herança de seu pai e em seguida dizer se aceita ou renuncia a herança de seu avô Huguito.

b) **Aceitação pelo tutor ou curador:** o herdeiro que seja incapaz (por idade ou qualquer outro motivo), poderá declarar sua aceitação por quem lhe represente juridicamente (tutor ou curador), mediante autorização judicial.

c) **Aceitação por mandatário:** a aceitação da herança também pode ser feita por alguém com procuração outorgada pelo herdeiro com poderes especiais e específicos para esse fim que, embora não prevista em lei, é amplamente aceita pela doutrina.

d) **Aceitação pelo credor:** se o herdeiro renunciar à herança visando com isso prejudicar seus credores, esses prejudicados podem aceitar a herança

---

3. CC, Art. 1.807. O interessado em que o herdeiro declare se aceita, ou não, a herança, poderá, vinte dias após aberta a sucessão, requerer ao juiz prazo razoável, não maior de trinta dias, para, nele, se pronunciar o herdeiro, sob pena de se haver a herança por aceita.
4. CC, Art. 1.809. Falecendo o herdeiro antes de declarar se aceita a herança, o poder de aceitar passa-lhe aos herdeiros, a menos que se trate de vocação adstrita a uma condição suspensiva, ainda não verificada. Parágrafo único. Os chamados à sucessão do herdeiro falecido antes da aceitação, desde que concordem em receber a segunda herança, poderão aceitar ou renunciar a primeira.

LIÇÃO 22 • ACEITAÇÃO E RENÚNCIA DA HERANÇA

renunciada pelo herdeiro fraudador. Para isso os credores prejudicados deverão peticionar ao juiz pedindo sua habilitação, no prazo decadencial de 30 (trinta) dias após o conhecimento da renúncia (CC, art. 1.813).[5]

3. RENÚNCIA DA HERANÇA

Nesse caso, o herdeiro manifesta seu desinteresse em participar do processo sucessório e, diferentemente da aceitação, que pode ser tácita, esta deverá ser manifestada de forma expressa e solene, por instrumento público ou termo nos autos do processo de inventário, a ser homologado pelo juiz (CC, art. 1.806).[6]

A renúncia opera efeito *ex tunc*, quer dizer, formalizada em qualquer momento do processo, retroage à data da abertura da sucessão e **é como se aquele herdeiro jamais tivesse existido**.

Na sucessão legítima, a parte do renunciante vai se somar ao acervo hereditário e será partilhada entre todos os outros herdeiros, pois **não se pode renunciar a favor de um determinado herdeiro**.

> **Entendendo melhor:** vamos supor que Jojolino é irmão de Juka que tem dois filhos, o Tico e o Teco. Quando o pai deles falecer, Jojolino e Juka serão herdeiros legítimos por direito e herdarão por cabeça (cada um vai receber 50% da herança). Se Juka renunciar, Jojolino receberá a integralidade da herança e os filhos de Juka nada receberão porque não há direito de representação na renúncia, pois o renunciante é considerado como alguém que jamais existiu para a herança.

Apesar disso, o Código Civil prevê duas possibilidades de os filhos do renunciante serem beneficiados, porém somente nessas hipóteses: quando o pai sendo filho único renunciar, situação em que seus filhos (netos do falecido) irão herdar por direito próprio e por cabeça; ou herdarão juntos com seus primos da mesma maneira se seu pai tinha outros irmãos e todos renunciaram à herança (CC, art. 1.811).[7]

---

5. CC, Art. 1.813. Quando o herdeiro prejudicar os seus credores, renunciando à herança, poderão eles, com autorização do juiz, aceitá-la em nome do renunciante.

    § 1º A habilitação dos credores se fará no prazo de trinta dias seguintes ao conhecimento do fato.

    § 2º Pagas as dívidas do renunciante, prevalece a renúncia quanto ao remanescente, que será devolvido aos demais herdeiros.

6. CC, Art. 1.806. A renúncia da herança deve constar expressamente de instrumento público ou termo judicial.

7. CC, Art. 1.811. Ninguém pode suceder, representando herdeiro renunciante. Se, porém, ele for o único legítimo da sua classe, ou se todos os outros da mesma classe renunciarem à herança, poderão os filhos vir à sucessão, por direito próprio, e por cabeça.

Quando a renúncia decorre da sucessão testamentária, os efeitos são diferentes. Normalmente a deixa testamentária do renunciante deverá voltar para o acervo hereditário e ser partilhada entre os herdeiros legítimos. Isto somente não ocorrerá se o testador tiver indicado substituto para o caso de eventual renúncia (CC, art. 1.947).[8]

4. RENÚNCIA ABDICATIVA E TRANSLATIVA

Pode ocorrer de um determinado herdeiro ceder gratuitamente, pura e simples, sua quota-parte da herança para todos os demais herdeiros, isto é, renunciar em favor do monte sem indicação de nenhum beneficiário em particular. A isso chamamos **renúncia abdicativa** ou **renúncia propriamente dita**.

Diz o Código Civil que esse tipo de renúncia não implica aceitação, o que significa que essa transferência por ato *inter vivos* não será tributada, devendo os demais herdeiros recolher apenas o imposto *causa mortis* (ver CC, art. 1.805, § 2º – NR-2). É uma forma que o legislador encontrou para privilegiar aquele que de bom coração, isto é, sem pedir nada em troca, renuncia em favor dos demais herdeiros. Alguns autores chamam este tipo de renúncia de "**renúncia em benefício de inventário**".

Já a renúncia em favor de determinada pessoa chama-se **renúncia translativa**, que, a rigor, não é uma renúncia propriamente dita. Para isso o herdeiro deve primeiro aceitar a herança, para depois transferi-la para essa terceira pessoa. Assim, vão incidir dois tipos de impostos: o *causa mortis* (por conta da transferência do *de cujus* para os herdeiros) e o imposto *inter vivos* (transferência para terceiro).

Atenção: a renúncia em favor de uma determinada pessoa, não é renúncia propriamente dita, mas uma cessão de direito ou doação.

Importante: qualquer que seja a renúncia (abdicativa ou translativa) estaremos diante de um negócio jurídico solene, devendo ser realizado por meio de documento público ou termos nos autos do processo de inventário.

5. QUESTÕES COMUNS À ACEITAÇÃO E À RENÚNCIA

Tanto a aceitação quanto a renúncia da herança são atos irrevogáveis. Quer dizer, uma vez aceita a herança, não se pode mais renunciá-la. Diga-se o mesmo

---

8. CC, Art. 1.947. O testador pode substituir outra pessoa ao herdeiro ou ao legatário nomeado, para o caso de um ou outro não querer ou não poder aceitar a herança ou o legado, presumindo-se que a substituição foi determinada para as duas alternativas, ainda que o testador só a uma se refira.

LIÇÃO 22 • ACEITAÇÃO E RENÚNCIA DA HERANÇA **231**

ocorrendo o contrário, isto é, renunciando à herança não há como o herdeiro depois querer participar novamente do processo sucessório (CC, art. 1.812).[9]

Importante destacar que não se pode confundir irrevogabilidade com eventuais imperfeições do ato jurídico manifestado. Se a renúncia ou a aceitação da herança forem realizadas sob coação, por exemplo, esse ato poderá ser anulado, pois praticado com vício de vontade.

Cabe ainda destacar que, sendo a herança uma universalidade, **não se admite a aceitação ou renúncia parcial.** Quer dizer, não pode o herdeiro aceitar alguns bens e renunciar a outros em face da indivisibilidade da herança (CC, art. 1.808, *caput*).[10]

Contudo, admite nosso Código Civil que, se o herdeiro participa da herança com títulos diferentes, pode aceitar um e renunciar ao outro. É o caso, por exemplo, do herdeiro legítimo que também vai receber um legado quando então terá a opção de aceitar os dois, ou aceitar o legado e renunciar à herança legítima ou vice versa. É também o caso do herdeiro que participa de duas sucessões simultâneas como a de seu pai e a de sua mãe, que poderá aceitar as duas ou aceitar uma e renunciar à outra (ver CC, art. 1.808, §§ 1º e 2º).

Também não se admite a aceitação ou renúncia da herança sob condição ou termo (ver CC, art. 1.808, *caput*, parte final).

---

9. CC, Art. 1.812. São irrevogáveis os atos de aceitação ou de renúncia da herança.
10. CC, Art. 1.808. Não se pode aceitar ou renunciar a herança em parte, sob condição ou a termo.
    § 1º O herdeiro, a quem se testarem legados, pode aceitá-los, renunciando a herança; ou, aceitando-a, repudiá-los.
    § 2º O herdeiro, chamado, na mesma sucessão, a mais de um quinhão hereditário, sob títulos sucessórios diversos, pode livremente deliberar quanto aos quinhões que aceita e aos que renuncia.

Lição 23
DOS EXCLUÍDOS DA SUCESSÃO

Sumário: 1. Notas introdutórias – 2. Indignidade – 3. Indignidade deve ser declarada por sentença – 4. Perdão do indigno – 5. Prazo para propositura da ação de indignidade – 6. Deserdação – 7. Deserdação x indignidade – 8. Justificativa dos dois institutos – 9. Efeitos da exclusão – 10. Destino da quota do indigno – 11. Alienação feita pelo indigno e o terceiro de boa-fé – 12. Indenização por perdas e danos.

1. NOTAS INTRODUTÓRIAS

Nesta lição vamos tratar de duas formas diferentes de exclusão dos herdeiros necessários de participação na herança.

Como já vimos, a ordem de vocação hereditária estabelecida pelo legislador, decorrente do parentesco (legítima) ou mesmo a vontade do testador manifestada em testamento, se lastreia fundamentalmente nos laços de afeto e consideração pessoal que possa existir entre o autor da herança e seus sucessores.

Autoriza a nossa legislação que, nos casos em que alguém tenha praticado atos inequívocos de desapreço e menosprezo contra o autor da herança, possa essa pessoa ser excluída da sucessão do ofendido, o que pode ocorrer por duas formas: indignidade ou deserdação.

Vejamos em detalhes esses dois institutos.

2. INDIGNIDADE

A indignidade é uma pena civil pela qual o herdeiro perde direito à herança por ter praticado atos ofensivos contra a pessoa do *de cujus*, seu cônjuge ou companheiro, ascendentes ou descendentes.

O Código considera que são indignos de participarem da sucessão legítima as pessoas que houverem sido autoras, coautoras ou partícipes de homicídio doloso, ou tentativa deste, contra a pessoa de cuja sucessão se tratar, seu cônjuge, companheiro, ascendente ou descendente.

Também aqueles que houverem acusado caluniosamente em juízo o autor da herança ou incorrerem em crime contra a sua honra, ou de seu cônjuge ou companheiro.

E, ainda, aqueles que, por violência ou meios fraudulentos, inibirem ou obstarem o autor da herança de dispor livremente de seus bens por ato de última vontade (CC, art. 1.814 e seus incisos).[1]

A lógica da existência do instituto é que a sucessão, legítima ou testamentária, se fundamenta nos laços de afeto, consideração e respeito que deveriam existir entre o autor da herança e aqueles que o vão suceder. Assim, não se admite que alguém que atentou contra a vida do *de cujus*, por exemplo, venha a se beneficiar dos bens por ele deixados. Isso seria, no mínimo, imoral!

3. INDIGNIDADE DEVE SER DECLARADA POR SENTENÇA

É óbvio que indigno para os leigos pode ser aquele filho ingrato que vive xingando o pai. Ou aquele outro que, sabendo que o pai estava hospitalizado, não foi nenhum dia visitá-lo. Esses atos, apesar de poderem ser recriminados pela moral média da sociedade, não são suficientes para transformar esse filho em indigno de receber sua quota-parte na herança desse seu pai, no caso de ele vir a falecer.

Por isso, o cuidado do legislador em criar a obrigatoriedade de que a indignidade do herdeiro ou legatário seja declarada por sentença (CC, art. 1.815, *caput*).[2]

Isso implica dizer que qualquer interessado na declaração de indignidade deverá mover a respectiva ação visando obter em juízo o reconhecimento da ocorrência de uma daquelas causas elencados no já citado art. 1.814 do Código Civil.

Não se esqueça de que, assim como em qualquer procedimento judicial, ao pretenso indigno será garantido o direito ao contraditório e a mais ampla

---

1. CC, Art. 1.814. São excluídos da sucessão os herdeiros ou legatários:

   I – que houverem sido autores, co-autores ou partícipes de homicídio doloso, ou tentativa deste, contra a pessoa de cuja sucessão se tratar, seu cônjuge, companheiro, ascendente ou descendente;

   II – que houverem acusado caluniosamente em juízo o autor da herança ou incorrerem em crime contra a sua honra, ou de seu cônjuge ou companheiro;

   III – que, por violência ou meios fraudulentos, inibirem ou obstarem o autor da herança de dispor livremente de seus bens por ato de última vontade.

2. CC, CC, Art. 1.815. A exclusão do herdeiro ou legatário, em qualquer desses casos de indignidade, será declarada por sentença.

   § 1º O direito de demandar a exclusão do herdeiro ou legatário extingue-se em quatro anos, contados da abertura da sucessão

   § 2º Na hipótese do inciso I do art. 1.814, o Ministério Público tem legitimidade para demandar a exclusão do herdeiro ou legatário.

defesa, de sorte que as causas que poderão embasar a indignidade deverão ser robustamente provadas.

A legitimidade para propositura desta ação é somente das pessoas que tenham interesse direto na partilha dos bens deixados pelo *de cujus*, tendo em vista que os interesses são de natureza privada. Assim, estão legitimados os co-herdeiros; o legatário; a Fazenda Pública; qualquer credor; e, todos os que possam ter algum interesse direto com a partilha.

> **Atenção:** excepcionalmente, nos casos em que envolva homicídio doloso ou tentativa contra o próprio autor da herança, seu cônjuge companheiro, ascendente ou descendente, o Ministério público terá legitimidade para propositura da ação.[3]

4. PERDÃO DO INDIGNO

A lei permite que o *de cujus* possa perdoar o indigno, desde que o faça de forma expressa por testamento ou outro documento autêntico.

Esse perdão pode ser tácito se o *de cujus*, mesmo não tendo reabilitado expressamente o indigno, acaba por contemplá-lo em testamento elaborado depois do ato ofensivo praticado. Nesse caso, ele terá direito somente à deixa testamentária (CC, art. 1.818).[4]

5. PRAZO PARA PROPOSITURA DA AÇÃO DE INDIGNIDADE

O prazo para propositura da ação visando ao reconhecimento da indignidade será de 4 (quatro) anos, contados da abertura da sucessão, e esse prazo é decadencial (ver CC, art. 1.815, § 1º – ver NR-2).

Pela dicção da lei, a ação declaratória de indignidade não pode ser proposta em vida do *de cujus*, até porque enquanto ele vivo inexiste o direito à sua sucessão que, nesse caso, ainda não foi aberta.

---

3. A legitimidade do Ministério Público foi inserido no Código Civil pela Lei no 13.532, de 2017, que se originou do Projeto de Lei da Câmara 9/2017, aprovado no Senado em 9 de novembro e sancionada pelo Presidente da República em 07/12/2017. Referida lei teve como inspiração o rumoroso caso Suzane von Richthofen que foi condenada pela participação no assassinato de seus pais.
4. CC, Art. 1.818. Aquele que incorreu em atos que determinem a exclusão da herança será admitido a suceder, se o ofendido o tiver expressamente reabilitado em testamento, ou em outro ato autêntico.
   Parágrafo único. Não havendo reabilitação expressa, o indigno, contemplado em testamento do ofendido, quando o testador, ao testar, já conhecia a causa da indignidade, pode suceder no limite da disposição testamentária.

6. DESERDAÇÃO

A deserdação é a cláusula testamentária, decorrente da vontade do testador que, com base em motivos previstos em lei, exclui da sua sucessão os herdeiros necessários que são os descendentes, os ascendentes e o cônjuge (CC, art. 1.961).[5]

Embora essa também seja uma pena civil, assim como a indignidade, a deserdação é imposta pela vontade do testador, mas não pode ser efetivada levianamente. Deverá haver motivos hábeis e suficientes para legitimar tal medida.

Esses motivos são os mesmos que justificam a indignidade (ver CC, art. 1.814) e quando se trata de descendentes também motivam a deserdação: a ofensa física; a injúria grave; relações ilícitas com a madrasta ou padrasto; e o desamparo do ascendente em alienação mental ou grave enfermidade (CC, art. 1.962).[6]

Em se tratando de causas para deserdação dos ascendentes, a lei prevê, além das causas do já citado art. 1.814, as seguintes: ofensa física; injúria grave; relações ilícitas com a mulher ou companheira do filho ou a do neto, ou com o marido ou companheiro da filha ou o da neta; e, desamparo do filho ou neto com deficiência mental ou grave enfermidade (CC, art. 1.963).[7]

7. DESERDAÇÃO X INDIGNIDADE

Deserdação e indignidade, embora tenham pontos de coincidência, são institutos juridicamente diferentes. Vejamos:

A deserdação só ocorre na sucessão testamentária, enquanto a indignidade pode ocorrer tanto na sucessão legítima quanto na testamentária.

---

5. CC, Art. 1.961. Os herdeiros necessários podem ser privados de sua legítima, ou deserdados, em todos os casos em que podem ser excluídos da sucessão.

6. CC, Art. 1.962. Além das causas mencionadas no art. 1.814, autorizam a deserdação dos descendentes por seus ascendentes:
   I – ofensa física;
   II – injúria grave;
   III – relações ilícitas com a madrasta ou com o padrasto;
   IV – desamparo do ascendente em alienação mental ou grave enfermidade.

7. CC, Art. 1.963. Além das causas enumeradas no art. 1.814, autorizam a deserdação dos ascendentes pelos descendentes:
   I – ofensa física;
   II – injúria grave;
   III – relações ilícitas com a mulher ou companheira do filho ou a do neto, ou com o marido ou companheiro da filha ou o da neta;
   IV – desamparo do filho ou neto com deficiência mental ou grave enfermidade.

LIÇÃO 23 • DOS EXCLUÍDOS DA SUCESSÃO **237**

Além disso, a deserdação emana da vontade do testador e a indignidade decorre da vontade da lei.

A indignidade pode ser postulada por qualquer terceiro interessado e se processa judicialmente (ver CC, art. 1.815); enquanto que a deserdação é ato privativo do autor da herança e se processa por testamento, com declaração de causa (CC, art. 1.964).[8]

De qualquer forma, embora deserdação e indignidade sejam coisas diferentes, tanto uma como a outra resulta no afastamento daquele determinado herdeiro de participação na sucessão da pessoa do ofendido.

8. JUSTIFICATIVA DOS DOIS INSTITUTOS

Justifica-se a existência dos dois institutos porque a sucessão é baseada nos princípios de afeição, real ou presumida, que deveria existir entre o *de cujus* e seus herdeiros.

Assim, se um determinado herdeiro atenta contra a vida do autor da herança, por exemplo, seria até certo ponto imoral permitir que esse agressor pudesse vir a se beneficiar do homicídio cometido.

9. EFEITOS DA EXCLUSÃO

O principal efeito da indignidade ou da deserdação é um só: afastar o herdeiro da sucessão, retirando-lhe inclusive o direito à legítima.

Tanto a deserdação quanto a indignidade acabam tendo um caráter de pena civil contra aquele que descumpriu com os deveres mínimos de respeito à integridade física ou moral do *de cujus* ou das pessoas que lhe são próximas. Contudo, como toda e qualquer pena, ela não pode passar da pessoa que causou o dano.

Por isso, os filhos do excluído herdam por representação como se o indigno ou o deserdado fosse falecido na data da abertura da sucessão, porém, isso só ocorre na linha reta descendente (CC, art. 1.816).[9]

Vale ainda ressaltar que não existe indignidade ou deserdação sob condição ou termo e nem pode ela ser parcial, isto porque ou o herdeiro é digno ou não é.

---

8. CC, Art. 1.964. Somente com expressa declaração de causa pode a deserdação ser ordenada em testamento.

9. CC, Art. 1.816. São pessoais os efeitos da exclusão; os descendentes do herdeiro excluído sucedem, como se ele morto fosse antes da abertura da sucessão.

Parágrafo único. O excluído da sucessão não terá direito ao usufruto ou à administração dos bens que a seus sucessores couberem na herança, nem à sucessão eventual desses bens.

10. DESTINO DA QUOTA DO INDIGNO

Declarada a indignidade, cujos efeitos retroagem à abertura da sucessão, os bens que se encontrem em poder do indigno devem ser devolvidos ao acervo hereditário, respondendo este pelos frutos e rendimentos, com direito de retenção pelas benfeitorias úteis e necessárias, conforme esteja de boa ou de má-fé (CC, art. 1.817, parágrafo único).[10]

Os herdeiros do indigno, se houverem, serão chamados a suceder como se ele fosse morto antes da abertura da sucessão (ver CC, art. 1.816). Quer dizer, os descendentes do indigno herdarão por estirpe no lugar que seria originariamente de seu antecedente. Se não houver herdeiros do indigno, a sua quota-parte da herança será devolvida ao monte e será repartida entre os demais herdeiros.

Como consequência da pena de indignidade, a lei proíbe que o indigno possa usufruir ou mesmo administrar os bens da herança de seus sucessores, bem como de lhes suceder na eventualidade de que venham a morrer antes do indigno (ver CC, art. 1.816, parágrafo único).

11. ALIENAÇÃO FEITA PELO INDIGNO E O TERCEIRO DE BOA-FÉ

O Código Civil reconhece como válidas as alienações onerosas de bens hereditários a terceiros de boa-fé, assim como os atos de administração praticados pelo indigno antes da declaração de indignidade (ver CC, art. 1.817).

Embora os efeitos da sentença que reconhece a indignidade retroajam à data da abertura da sucessão, excetua-se dessa regra geral os atos de disposição onerosa de bens da herança que tenham sido praticados pelo indigno.

O fundamento dessa exceção é o respeito especialmente aos direitos do terceiro adquirente que de boa-fé negociou com um herdeiro que aparentava sê-lo sem restrições.

Vale registrar que essa exceção não vale para as alienações gratuitas, até porque não haverá prejuízo para o eventual beneficiário; bem como não valerá também se o adquirente sabia da indignidade do herdeiro, pois assim terá agido de má-fé.

---

10. CC, Art. 1.817. São válidas as alienações onerosas de bens hereditários a terceiros de boa-fé, e os atos de administração legalmente praticados pelo herdeiro, antes da sentença de exclusão; mas aos herdeiros subsiste, quando prejudicados, o direito de demandar-lhe perdas e danos.

Parágrafo único. O excluído da sucessão é obrigado a restituir os frutos e rendimentos que dos bens da herança houver percebido, mas tem direito a ser indenizado das despesas com a conservação deles.

12. INDENIZAÇÃO POR PERDAS E DANOS

Se a lei considera válidas as alienações realizadas pelo indigno com terceiro de boa-fé, cabe perguntar: como ficam os direitos dos demais herdeiros?

Os herdeiros prejudicados, após a declaração de indignidade, poderão exigir do indigno as perdas e danos pelos prejuízos que seus atos de disposição tenham lhes causado, bem como pelos frutos e rendimentos que dos bens da herança houver recebido (ver CC, art. 1.817). Isso ocorre porque a sentença declaratória de indignidade retroage à data da abertura da sucessão, isto é, tem efeito *ex tunc*.

Nesse caso o indigno se equipara a possuidor de má-fé porque ele tinha pleno conhecimento de seu impedimento quanto à participação da herança, mas mesmo assim terá direito a ser reembolsado pelas despesas realizadas para conservar os bens da herança que estavam em sua guarda, assim como os crédito que lhes assistam perante a herança (ver art. 1.817, parágrafo único)

> **Atenção:** alguns dirão, mas se o indigno não tiver condições monetárias para indenizar os outros herdeiros, como fica? Cabe alertar que esse não é um problema jurídico. Esclareça-se que juridicamente os herdeiros prejudicados poderão manejar a respectiva ação indenizatória para se ressarcirem dos eventuais prejuízos. Se depois da ação julgada procedente o indigno não pagar a indenização por não ter condições de arcar com os prejuízos, isso é outro departamento.

Lição 24
HERANÇA JACENTE E VACANTE E DA SUCESSÃO DOS AUSENTES

Sumário: 1. Conceito dos dois institutos – 2. Casos de jacência – 3. Objetivos da jacência – 4. Procedimentos para declaração de vacância – 5. Arrecadação dos bens da herança jacente – 6. Natureza da sentença que declara vaga a herança – 7. Prazo de cinco anos – 8. Ainda sobre a jacência – 9. Sucessão do ausente.

1. CONCEITO DOS DOIS INSTITUTOS

Jacente é a herança quando não há herdeiro conhecido ou, havendo herdeiros, estes renunciam à mesma; **vacante** será a herança que era jacente e que, depois de cumpridas todas as formalidades legais, foi declarada judicialmente de ninguém.

2. CASOS DE JACÊNCIA

Podemos identificar na letra da lei a existência de dois tipos de jacência, quais sejam, jacência sem testamento e jacência com testamento.

Qualquer que seja a modalidade de jacência, os bens da herança, depois de arrecadados, ficarão sob os cuidados e administração de um curador especialmente nomeado para esse fim, cujo objetivo é a preservação desses bens para futura entrega aos sucessores, se eles aparecerem (CC, art. 1.819).[1]

---

1. CC, Art. 1.819. Falecendo alguém sem deixar testamento nem herdeiro legítimo notoriamente conhecido, os bens da herança, depois de arrecadados, ficarão sob a guarda e administração de um curador, até a sua entrega ao sucessor devidamente habilitado ou à declaração de sua vacância.

3. OBJETIVOS DA JACÊNCIA

Na jacência, o Estado arrecada todos os bens com a finalidade de protegê-los e entregá-los aos herdeiros que venham a ser habilitados que, não vindo a ocorrer, motivará a declaração de vacância, com a entrega do patrimônio ao Poder Público.

Já vimos que é possível contemplar por testamento a prole eventual ou mesmo uma fundação a ser futuramente instituída (ver CC, art. 1.799, I e III). Nesse período, a herança será considerada também jacente e ficará sob os cuidados de um curador no aguardo do nascimento da pessoa indicada (no primeiro caso) ou a efetiva constituição da pessoa jurídica (no segundo caso).

4. PROCEDIMENTOS PARA DECLARAÇÃO DE VACÂNCIA

Não havendo herdeiros conhecidos, o juiz nomeará um curador que promoverá a arrecadação de bens e fará a publicação de editais. São obrigações do curador: representar a herança em juízo ou fora dele, com assistência do Ministério Público; ter em boa guarda e conservação os bens arrecadados e promover a arrecadação de outros porventura existentes; executar as medidas conservatórias dos direitos da herança; apresentar mensalmente ao juiz um balancete da receita e da despesa; e, prestar contas ao final de sua gestão.

Após um ano da publicação de editais, não aparecendo herdeiros, a herança será declarada vacante (CC, art. 1.820).[2]

Quando todos os herdeiros aptos a sucederem o *de cujus* renunciarem à herança, o juiz está autorizado a declarar desde logo a herança vacante (CC, art. 1.823).[3]

5. ARRECADAÇÃO DOS BENS DA HERANÇA JACENTE

O procedimento para fazer a arrecadação dos bens constantes da herança jacente é atribuição do curador e deverá ser realizada pelo procedimento especial regulado nos termos dos arts. 738 a 743 do Novo CPC.

É um procedimento com caráter nitidamente cautelar e visa primacialmente localizar e proteger os bens deixados pelo falecido, para serem entregues aos eventuais herdeiros que porventura venham a aparecer.

---

2. CC, Art. 1.820. Praticadas as diligências de arrecadação e ultimado o inventário, serão expedidos editais na forma da lei processual, e, decorrido um ano de sua primeira publicação, sem que haja herdeiro habilitado, ou penda habilitação, será a herança declarada vacante.
3. CC, Art. 1.823. Quando todos os chamados a suceder renunciarem à herança, será esta desde logo declarada vacante.

LIÇÃO 24 • HERANÇA JACENTE E VACANTE E DA SUCESSÃO DOS AUSENTES • 243

O juiz competente será aquele do domicílio do *de cujus* por se entender que lá é que deve se encontrar seus principais bens (CPC, art. 738).[4]

Atenção: este é um dos casos em que excepcionalmente o juiz poderá agir *ex officio* promovendo a abertura de um processo, o que será feito mediante portaria.

6. NATUREZA DA SENTENÇA QUE DECLARA VAGA A HERANÇA

A sentença que converte a herança jacente em vacante é declaratória de inexistência de titular da herança, com a consequente transferência do acervo hereditário ao Poder Público.

Quer dizer, significa que, após realizadas todas as diligências para a localização de parentes sucessíveis, a justiça concluiu que não há cônjuge ou companheiros sobreviventes, nem algum outro parente sucessível, de sorte que esta será entregue ao Município ou ao Distrito Federal, se localizada nas respectivas circunscrições, ou à União, quando situada em território federal (CC, art. 1.844).[5]

7. PRAZO DE CINCO ANOS

Declarada a vacância, os herdeiros sucessíveis terão o prazo de cinco anos, contados da abertura da sucessão, para se habilitarem mediante petição de herança (CC, art. 1.822).[6]

Essa regra não se aplica aos colaterais que, para preservarem seus eventuais direitos, deverão estar habilitados até o momento da declaração da vacância (ver CC, art. 1.822, parágrafo único).

Entendendo melhor: decretada a vacância, os bens serão transferidos para o Município ou Distrito Federal, porém não em caráter definitivo, tendo em vista que, pelo prazo de cinco anos, qualquer herdeiro (exceto os colaterais) que aparecer poderá reivindicar os bens da herança. Contudo, decorridos esses cinco

---

4. CPC, Art. 738. Nos casos em que a lei considere jacente a herança, o juiz em cuja comarca tiver domicílio o falecido procederá imediatamente à arrecadação dos respectivos bens.

5. CC, Art. 1.844. Não sobrevivendo cônjuge, ou companheiro, nem parente algum sucessível, ou tendo eles renunciado a herança, esta se devolve ao Município ou ao Distrito Federal, se localizada nas respectivas circunscrições, ou à União, quando situada em território federal.

6. CC, Art. 1.822. A declaração de vacância da herança não prejudicará os herdeiros que legalmente se habilitarem; mas, decorridos cinco anos da abertura da sucessão, os bens arrecadados passarão ao domínio do Município ou do Distrito Federal, se localizados nas respectivas circunscrições, incorporando-se ao domínio da União quando situados em território federal.

Parágrafo único. Não se habilitando até a declaração de vacância, os colaterais ficarão excluídos da sucessão.

anos, os bens da herança passarão definitivamente para o domínio da pessoa jurídica beneficiada.

8. AINDA SOBRE A JACÊNCIA

A herança jacente não tem personalidade jurídica, mas poderá atuar em juízo ou fora dele através da pessoa do curador que foi nomeado judicialmente.

A herança jacente tem caráter eminentemente transitório, tendo em vista a arrecadação e guarda dos bens para posterior transferência aos herdeiros que se habilitarem, ou, não surgindo herdeiros, terminará a jacência com a declaração de herança vacante.

No curso do processo, os credores poderão habilitar seus créditos que serão pagos até o limite das forças da herança (CC, art. 1.821).[7]

Advirta-se por fim que os procedimentos para arrecadação dos bens da herança jacente serão processados nos termos do estabelecido no Código de Processo Civil (ver CPC, arts. 738 a 743).

9. SUCESSÃO DO AUSENTE

Tratamos deste assunto no volume 1 desta nossa coleção, especificamente na lição 7, para onde remetemos o leitor.

---

7. CC, Art. 1.821. É assegurado aos credores o direito de pedir o pagamento das dívidas reconhecidas, nos limites das forças da herança.

LIÇÃO 25
PETIÇÃO DE HERANÇA

Sumário: 1. Conceito – 2. Cabimento desse tipo de ação – 3. Possibilidade de ocorrência – 4. Objetivos da ação – 5. Habilitação no inventário é outra coisa – 6. Responsabilidade do herdeiro aparente – 7. Terceiro adquirente de boa-fé – 8. Prescrição.

1. CONCEITO

É uma ação ordinária com a finalidade específica de fazer reconhecer como herdeiro legítimo aquele que tenha sido preterido da herança, no todo ou em parte, em inventário já encerrado (CC, art. 1.824).[1]

2. CABIMENTO DESSE TIPO DE AÇÃO

Cabe esse tipo de ação ao verdadeiro sucessor, legítimo ou testamentário, contra o herdeiro aparente que, por qualquer que seja a razão, estiver na posse da herança, no todo ou em parte.

Por isso mesmo sua semelhança com a ação reivindicatória é bastante grande, porém dela se distingue porque nesta o que se busca é um bem singularmente considerado, enquanto que na ação de petição de herança busca-se uma universalidade. Vale rememorar que a herança se compõe de uma universalidade, o que é reafirmado pelo Código Civil (CC, art. 1.825).[2]

---

1. CC, Art. 1.824. O herdeiro pode, em ação de petição de herança, demandar o reconhecimento de seu direito sucessório, para obter a restituição da herança, ou de parte dela, contra quem, na qualidade de herdeiro, ou mesmo sem título, a possua.
2. CC, Art. 1.825. A ação de petição de herança, ainda que exercida por um só dos herdeiros, poderá compreender todos os bens hereditários.

3. POSSIBILIDADE DE OCORRÊNCIA

Existem várias possibilidades de ocorrência na vida prática em que um herdeiro, por qualquer que seja a razão, não é chamado à herança.

A mais comum ocorre com os filhos que não tiveram reconhecimento em vida pelo *de cujus*. Esse filho, que pode até ser desconhecido dos demais herdeiros, poderá ingressar com a ação de investigação de paternidade c/c com petição de herança.

Pode também acontecer de alguém ilegalmente ter se apossado de algum bem do acervo hereditário. Ou ainda, a herança pode já ter sido partilhada entre os herdeiros legítimos e depois aparece um herdeiro testamentário que ninguém sabia que existia.

4. OBJETIVOS DA AÇÃO

O principal é fazer o reconhecimento da qualidade de herdeiro para aquele que se apresenta como autor. É, portanto, uma ação com caráter dúplice, pois num primeiro momento o que se vai discutir é a qualidade de herdeiro e, num segundo momento, em tendo sido reconhecido o autor como tal, atribuir-se a ele seu quinhão hereditário.

5. HABILITAÇÃO NO INVENTÁRIO É OUTRA COISA

Não confundir a petição de herança, ação autônoma cabível somente para inventário encerrado, com o pedido de habilitação no inventário que pode ser realizado por qualquer interessado, por simples petição, enquanto não realizada a partilha (CPC, art. 628).[3]

Se o inventário ainda estiver em andamento, o meio hábil para que o herdeiro excluído possa tentar reivindicar seus direitos sucessórios é ingressar no processo já aberto peticionando ao juiz e requerendo sua habilitação. O juiz, depois de abrir vistas aos demais interessados, prolatará um resultado.

---

3. CPC, Art. 628. Aquele que se julgar preterido poderá demandar sua admissão no inventário, requerendo-a antes da partilha.

§ 1º Ouvidas as partes no prazo de 15 (quinze) dias, o juiz decidirá.

§ 2º Se para solução da questão for necessária a produção de provas que não a documental, o juiz remeterá o requerente às vias ordinárias, mandando reservar, em poder do inventariante, o quinhão do herdeiro excluído até que se decida o litígio.

LIÇÃO 25 • PETIÇÃO DE HERANÇA — 247

Outra coisa é o inventário já se encontrar encerrado quando então o único meio cabível para que o herdeiro possa reivindicar seus eventuais direitos será a ação de petição de herança.

6. RESPONSABILIDADE DO HERDEIRO APARENTE

A responsabilidade do herdeiro aparente há de ser apurada com base nas regras que se aplicam ao possuidor de boa-fé e ao possuidor de má-fé (ver CC, arts. 1.214 a 1.222).

Evidentemente que o herdeiro aparente responderá pelos prejuízos que sua administração possa ter dado causa, assim como pelos frutos que tiver colhidos; contudo, as consequências poderão ser diferentes, inclusive com relação ao direito de retenção, dependendo se agiu a todo o tempo com boa ou má-fé (CC, art. 1.826).[4]

Ainda nesse sentido, o Código Civil faz presumir que, após a citação, se o possuidor não devolver os bens reivindicados, a ele serão aplicadas as regras concernentes ao possuidor de má-fé (ver CC, art. 826, parágrafo único).

7. TERCEIRO ADQUIRENTE DE BOA-FÉ

Se o terceiro adquiriu de boa-fé, terá seu direito preservado e o herdeiro aparente responderá pelo valor da alienação para o herdeiro reconhecido (CC, art. 1.827, parágrafo único).[5]

O objetivo desse dispositivo legal é a segurança jurídica, tendo em vista que se o terceiro realizou o negócio com alguém que para ele era o verdadeiro e legítimo herdeiro, não poderá ser prejudicado pelo reconhecimento de uma situação cujo conhecimento lhe escapava. Obviamente que as alienações de má-fé serão ineficazes.

Como o retrocitado artigo fala em alienações onerosas, essa regra, por conseguinte não vale para as alienações realizadas a título gratuito. Até porque não haverá prejuízo para aquele que irá devolver o bem que esteja em sua posse.

---

4. CC, Art. 1.826. O possuidor da herança está obrigado à restituição dos bens do acervo, fixando-se-lhe a responsabilidade segundo a sua posse, observado o disposto nos arts. 1.214 a 1.222.
   Parágrafo único. A partir da citação, a responsabilidade do possuidor se há de aferir pelas regras concernentes à posse de má-fé e à mora.
5. CC, Art. 1.827. O herdeiro pode demandar os bens da herança, mesmo em poder de terceiros, sem prejuízo da responsabilidade do possuidor originário pelo valor dos bens alienados.
   Parágrafo único. São eficazes as alienações feitas, a título oneroso, pelo herdeiro aparente a terceiro de boa-fé.

8. PRESCRIÇÃO

O prazo prescricional para propositura desse tipo de ação é de dez anos (CC, art. 205), devendo o interessado ter cautela quanto à contagem do prazo inicial.[6]

Vale o alerta porque, em princípio, o prazo prescricional deveria se iniciar com a data da abertura da sucessão. Mas, e se alguém está pleiteando o reconhecimento de paternidade, enquanto não for reconhecido esse direito, com trânsito em julgado da sentença, não terá legitimidade para o exercício dessa ação; portanto, nesse caso o prazo prescricional só terá início a partir do reconhecimento judicial da paternidade.

De outro lado e não menos importante, devem ser aplicadas à prescrição da ação de petição de herança as regras gerais de interrupção e suspensão. Vale lembrar que contra o absolutamente incapaz não corre a prescrição (CC, art. 198, I), de sorte que somente após os 16 anos é que terá início a contagem prescricional de dez anos.

---

6. STF Súmula nº 149 – É imprescritível a ação de investigação de paternidade, mas não o é a de petição de herança.

LIÇÃO 26
DIREITO DE REPRESENTAÇÃO OU SUCESSÃO POR ESTIRPE

Sumário: 1. Direito de representação – 2. Sucessão por cabeça – 3. Sucessão por estirpe – 4. Características principais – 5. Fazenda pública.

1. DIREITO DE REPRESENTAÇÃO

Direito de representação é o direito de a pessoa ser chamada à sucessão em substituição a um ascendente premorto, que sucederia por direito próprio se vivo estivesse quando da morte do autor da herança (CC, art. 1.851).[1]

Normalmente as pessoas herdam por direito próprio e em seu próprio nome (sucessão por cabeça). Assim, se alguém falece e tem filhos, esses filhos serão chamados a suceder, em face da vocação hereditária. Cada qual herdará por si próprio.

Contudo, pode acontecer de um dos filhos do *de cujus* ter morrido antes do seu pai. Se isso aconteceu, há duas soluções possíveis: se ele faleceu e não tinha descendentes, sua quota-parte vai ser dividida igualitariamente entre os outros herdeiros; se ele quando morreu tinha filhos, estes herdarão, mas não por cabeça e sim por estirpe, quer dizer por representação no lugar que seria de seu pai falecido.

> **Atenção:** vale lembrar que só herdam as pessoas que estejam vivas quando da morte do autor da herança. Assim, se o herdeiro já havia falecido quando da abertura da herança, haverá a substituição desse premorto por sua prole que se chama direito de representação.

---

1. CC, Art. 1.851. Dá-se o direito de representação, quando a lei chama certos parentes do falecido a suceder em todos os direitos, em que ele sucederia, se vivo fosse.

2. SUCESSÃO POR CABEÇA

Para entender melhor o instituto jurídico da representação, temos que falar também dos tipos de sucessão: por cabeça e por estirpe.

Ocorre a sucessão por cabeça quando todos os herdeiros estão no mesmo grau, caso em que a herança será dividida em tantas partes quantos sejam os herdeiros, sem fazer distinção de sexo, ordem ou origem do nascimento.

É o caso, por exemplo, do *de cujus* deixar 5 (cinco) filhos vivos, todos adultos, maiores e capazes, sendo 3 (três) do casamento, 1 (um) adotado) e outro advindo de uma relação extraconjugal. Nesse caso cada herdeiro será chamado por direito próprio a suceder o falecido e cada um receberá 1/5 da herança.

3. SUCESSÃO POR ESTIRPE

Esse tipo de sucessão ocorre quando concorrem à mesma herança herdeiros de graus diversos, como no caso do descendente já falecido que tenha deixados filhos que vão herdar no seu lugar. Nesse caso, os filhos do herdeiro premorto herdarão por estirpe, já que o direito por cabeça seria do seu pai se vivo estivesse.

> **Entendendo melhor:** vamos supor que o *de cujus* tinha três filhos, dois ainda vivos e um que já havia falecido anteriormente, mas que deixou dois filhos, portanto netos do *de cujus*. A herança do falecido será dividida em três porções: os dois filhos herdarão por direito próprio (sucessão por cabeça) e assim irão receber cada um 1/3 da herança; os dois netos herdarão por representação de seu pai já falecido (sucessão por estirpe) e receberão como quinhão 1/3 da herança que seria por direito do seu pai, que dividirão entre si (CC, art. 1.854).[2]

> **Exemplo:** o *de cujus* teve dois filhos: Jojolino e Juka. Quando o autor da herança faleceu, seu filho Juka já havia falecido anteriormente e deixando dois filhos, Juka Jr. e Mary Ana (netos do *de cujus*). Assim, a sucessão será deferida da seguinte forma: Jojolino (herda por cabeça) e terá direito à metade, isto é, 50% da herança; já a outra metade será dividida entre os filhos de Juka (eles herdam por estirpe), que herdarão os 50% que seria do seu pai e dividirão entre si, de sorte que cada uma receberá 25% da herança (CC, art. 1.855).[3]

---

2. CC, Art. 1.854. Os representantes só podem herdar, como tais, o que herdaria o representado, se vivo fosse.

3. CC, Art. 1.855. O quinhão do representado partir-se-á por igual entre os representantes

4. CARACTERÍSTICAS PRINCIPAIS

O direito de representação somente ocorre em duas situações bem distintas: na linha reta descendente, nunca na ascendente (CC, art. 1.852);[4] e na linha colateral, para beneficiar os filhos do irmão falecido (sobrinhos), quando em concorrência com os irmãos deste (CC, art. 1.853).[5]

Assim, o fundamento básico da representação é poder chamar para suceder determinadas pessoas que não sucederiam porque existem entre elas e o *de cujus* pessoas com parentesco mais próximo.

Podemos ainda destacar as seguintes especificidades:

a) **O representante deve descender do representado:**

Se o Código diz que o direito de representação só existe na linha descendente, para ter esse direito o representante deve descender do representado.

b) **Legitimação para herdar do representante:**

O representante deve ter legitimidade para suceder. Por exemplo, não pode ele ter sido considerado indigno com relação aos seus ascendentes, especialmente em relação àquele de quem estará herdando.

c) **O indigno não herda, mas seus representantes herdam:**

Se ocorrer de um determinado herdeiro ser declarado indigno, já vimos que ele será afastado da sucessão. Nesse caso, é como se ele já tivesse morrido quando da abertura da sucessão. Por isso, se tiver descendentes, estes herdarão por representação, tendo em vista que a pena não passa da pessoa do indigno.

d) **O filho do herdeiro renunciante não herda:**

O renunciante vai ser como alguém que jamais existiu. É como se ele nunca tivesse sido herdeiro. Além do mais, o Código Civil é expresso em determinar que "ninguém pode suceder, representando herdeiro renunciante" (CC, art. 1.811, 1ª parte).[6]

---

4. CC, Art. 1.852. O direito de representação dá-se na linha reta descendente, mas nunca na ascendente.
5. CC, Art. 1.853. Na linha transversal, somente se dá o direito de representação em favor dos filhos de irmãos do falecido, quando com irmãos deste concorrerem.
6. CC, Art. 1.811. Ninguém pode suceder, representando herdeiro renunciante. Se, porém, ele for o único legítimo da sua classe, ou se todos os outros da mesma classe renunciarem a herança, poderão os filhos vir à sucessão, por direito próprio, e por cabeça.

252 LIÇÕES DE DIREITO CIVIL – VOLUME 5 • NEHEMIAS DOMINGOS DE MELO

e) **Não há representação de pessoa viva:**

Já falamos, mas vale a pena repetir que não se pode fazer negócio sobre herança de pessoa viva. Por conseguinte, só existirá direito à herança depois que a pessoa venha a morrer. Logo, não há que se falar em representação de pessoa viva.

f) **O representado herdaria por cabeça, seus representantes herdarão por estirpe:**

Como já foi exaustivamente exposto, herdar por cabeça significa herdar uma quota-parte correspondente ao número de herdeiros participantes. Já os representantes herdam por estirpe, quer dizer, o quinhão que seria do representado vai ser dividido em tantas frações quantos sejam os seus representantes.

g) **A representação só se aplica na sucessão legítima:**

Não existe representação na sucessão testamentária. Se o herdeiro beneficiado por testamento faleceu antes da abertura da sucessão do testador, os bens que seriam a ele destinados voltam para o monte partível entre os herdeiros legítimos. Apesar de o testador poder indicar substituto, isso não é representação (CC, art. 1.947).[7]

5. FAZENDA PÚBLICA

Não havendo cônjuge sobrevivente nem herdeiros conhecidos, ou se tiver ocorrido a renúncia, a herança será deferida ao Município ou ao Distrito Federal que sucedem numa espécie anômala de representação (CC, art. 1.844).[8]

---

7. CC, Art. 1.947. O testador pode substituir outra pessoa ao herdeiro ou ao legatário nomeado, para o caso de um ou outro não querer ou não poder aceitar a herança ou o legado, presumindo-se que a substituição foi determinada para as duas alternativas, ainda que o testador só a uma se refira.

8. CC, Art. 1.844. Não sobrevivendo cônjuge, ou companheiro, nem parente algum sucessível, ou tendo eles renunciado a herança, esta se devolve ao Município ou ao Distrito Federal, se localizada nas respectivas circunscrições, ou à União, quando situada em território federal.

LIÇÃO 27
DO TESTAMENTO
E DA SUCESSÃO TESTAMENTÁRIA

Sumário: 1. Conceito de testamento – 2. Principais características – 3. Capacidade para testar – 4. Incapacidade superveniente – 5. Validade do testamento – 6. As formas de testamento; 6.1 Testamentos ordinário; 6.2 Testamentos especiais – 7. Das testemunhas – 8. Testamento militar nuncupativo – 9. Testamento conjuntivo.

1. CONCEITO DE TESTAMENTO

É o ato jurídico personalíssimo, unilateral, solene, gratuito e revogável, pelo qual alguém, de conformidade com a lei, dispõe para depois da sua morte do todo ou de parte de seu patrimônio, podendo também fazer outras previsões, tais como o reconhecimento de filhos, nomeação de tutor, instituição de fundação etc. (CC, art. 1.857).[1]

2. PRINCIPAIS CARACTERÍSTICAS

O testamento enquanto fato jurídico em sentido amplo, na espécie fato humano, ato jurídico na modalidade negócio jurídico unilateral da vontade não receptícia, apresenta as seguintes características:

a) Ato jurídico personalíssimo:

É ato personalíssimo, tanto que não é permitida a elaboração de testamento por procuração (CC, art. 1858, 1ª parte).[2]

---

1. CC, Art. 1.857. Toda pessoa capaz pode dispor, por testamento, da totalidade dos seus bens, ou de parte deles, para depois de sua morte.

   § 1º A legítima dos herdeiros necessários não poderá ser incluída no testamento.

   § 2º São válidas as disposições testamentárias de caráter não patrimonial, ainda que o testador somente a elas se tenha limitado.

2. CC, Art. 1.858. O testamento é ato personalíssimo, podendo ser mudado a qualquer tempo.

b) Ato revogável:

O testador pode revogar o testamento, total ou parcialmente, pela mesma forma como ele tenha sido feito (CC, art. 1.969).[3] Poderá fazê-lo a qualquer tempo de forma expressa ou mesmo tácita, tendo em vista que basta para isso fazer um novo testamento que discipline totalmente a matéria constante no anterior, que ele estará automaticamente revogado (CC, art. 1.970).[4] Quer dizer, de regra considera-se como válido o último testamento.

Exceção: se o testador tiver reconhecido um filho havido fora do casamento, ainda que revogue o testamento, essa cláusula vigorará plenamente, tendo em vista expressa previsão legal nesse sentido (CC, art. 1609, III).[5]

c) Negócio solene:

O testamento é negócio jurídico cheio de formalidades. Talvez depois do casamento seja esse o ato mais solene do nosso ordenamento jurídico. Somente será válido se obedecer estritamente ao que é previsto em lei.

d) Negócio gratuito:

O testamento, ainda que verse sobre bens e coisas com valor econômico, não visa a obtenção de vantagens para o testador. Mesmo que o testador imponha encargo aos beneficiários, ainda assim o negócio não perde suas características de gratuidade.

e) Negócio jurídico unilateral:

Aperfeiçoa-se somente com a manifestação do testador e independe da vontade das pessoas nele mencionadas (declaração não receptícia).

3. CAPACIDADE PARA TESTAR

Para sua validade, o testamento exige as mesmas formalidades de qualquer outro negócio jurídico, qual seja, agente capaz, objeto lícito e obediência à forma prescrita em lei (ver CC, art. 104).

---

3. CC, Art. 1.969. O testamento pode ser revogado pelo mesmo modo e forma como pode ser feito.
4. CC, Art. 1.970. A revogação do testamento pode ser total ou parcial.
   Parágrafo único. Se parcial, ou se o testamento posterior não contiver cláusula revogatória expressa, o anterior subsiste em tudo que não for contrário ao posterior.
5. Art. 1.609. O reconhecimento dos filhos havidos fora do casamento é irrevogável e será feito:
   (omissis).
   III – por testamento, ainda que incidentalmente manifestado;

LIÇÃO 27 • DO TESTAMENTO E DA SUCESSÃO TESTAMENTÁRIA

O agente capaz no caso de testamento é a pessoa maior de 16 anos e que tenha discernimento do ato praticado. Essa foi a vontade do legislador civil que assim expressamente determinou (CC, art. 1.860, parágrafo único).[6] É interessante destacar que, nesse caso, em face do caráter personalíssimo do testamento, o menor não necessitará da assistência de seu eventual representante legal, sendo essa uma exceção à regra geral.

Assim, a **capacidade especial para testar**, não se confunde com a capacidade em geral para os demais atos da vida civil.

Não podem testar os absolutamente incapazes e os que não tenham discernimento do ato praticado (ver CC, art. 1.860, *caput*), de sorte a afirmar que se a pessoa não se enquadrar nessas duas restrições estará apta a fazer um testamento válido.

> **Atenção:** os cegos, analfabetos, idosos ou mesmo pessoas enfermas podem livremente testar, tendo em vista que essa eventual deficiência não é causa impeditiva. O cego somente poderá fazer testamento público que lhe será lido por duas vezes pelo tabelião e uma vez por uma das testemunhas (CC, art. 1.867).[7] Já quanto ao analfabeto, o tabelião ou seu substituto legal declarará tal condição, assinando, neste caso, pelo testador, e, a seu rogo, uma das testemunhas instrumentárias (CC, art. 1.865).

> **Importante:** o surdo-mudo, desde que saiba escrever, poderá fazer testamento, mas somente pela forma cerrada (CC, art. 1.873).[8] Se for apenas surdo poderá testar também pela forma de testamento público (CC, art. 1.866).[9]

4. INCAPACIDADE SUPERVENIENTE

Se quando o testador fez o testamento ele era plenamente capaz para fazê-lo, esse ato permanecerá válido ainda que haja incapacitação superveniente.

---

6. CC, Art. 1.860. Além dos incapazes, não podem testar os que, no ato de fazê-lo, não tiverem pleno discernimento.

   Parágrafo único. Podem testar os maiores de dezesseis anos.

7. CC, Art. 1.867. Ao cego só se permite o testamento público, que lhe será lido, em voz alta, duas vezes, uma pelo tabelião ou por seu substituto legal, e a outra por uma das testemunhas, designada pelo testador, fazendo-se de tudo circunstanciada menção no testamento.

8. CC, Art. 1.873. Pode fazer testamento cerrado o surdo-mudo, contanto que o escreva todo, e o assine de sua mão, e que, ao entregá-lo ao oficial público, ante as duas testemunhas, escreva, na face externa do papel ou do envoltório, que aquele é o seu testamento, cuja aprovação lhe pede.

9. CC, Art. 1.866. O indivíduo inteiramente surdo, sabendo ler, lerá o seu testamento, e, se não o souber, designará quem o leia em seu lugar, presentes as testemunhas.

Significa dizer que a capacidade de quem testa deverá ser aferida na hora da elaboração do testamento. Se depois o testador vem a perder seu discernimento, este fato não tem o condão de retroagir e tornar o testamento inválido.

Pela mesma razão, se no momento da elaboração do testamento o testador era incapaz, sua capacidade posterior não irá validá-lo (CC, art. 1.861).[10]

5. VALIDADE DO TESTAMENTO

A impugnação da validade do testamento caduca no prazo de cinco anos, contado da data do registro do mesmo (CC, art. 1.859).[11]

Cumpre esclarecer que qualquer testamento deverá ser levado a juízo para efeito de registro e cumprimento. É nesse momento que o juiz irá verificar as formalidades do documento e, dando por sua regularidade, mandará que seja registrado, arquivado e cumprido (CPC, art. 735, § 2º).[12] É a partir desse registro que se conta o prazo decadencial acima referido.

> **Importante:** é interessante destacar que, mesmo sendo eivado de vícios, o testamento não mais poderá ser invalidado depois de transcorrido o prazo de cinco anos. Quer dizer, **mesmo sendo nulo, passado o prazo decadencial, o negócio se tornará válido**, sendo um típico caso de convalescimento pelo decurso de tempo, contrariando a regra geral das nulidades dos negócios jurídicos nulos (ver CC, art. 166 c/c art. 169).

6. AS FORMAS DE TESTAMENTO

O nosso Código Civil prevê dois grandes grupos de testamentos: os **ordinários** (público, cerrado e particular) previstos no art. 1.862,[13] e os **especiais** (marítimo, aeronáutico e militar) previstos no art. 1.886.[14]

---

10. CC, Art. 1.861. A incapacidade superveniente do testador não invalida o testamento, nem o testamento do incapaz se valida com a superveniência da capacidade.
11. CC, Art. 1.859. Extingue-se em cinco anos o direito de impugnar a validade do testamento, contado o prazo da data do seu registro.
12. CPC, Art. 735. (omissis),
    § 2º Depois de ouvido o Ministério Público, não havendo dúvidas a serem esclarecidas, o juiz mandará registrar, arquivar e cumprir o testamento.
13. CC, Art. 1.862. São testamentos ordinários:
    I – o público;
    II – o cerrado;
    III – o particular.
14. CC, Art. 1.886. São testamentos especiais:
    I – o marítimo;
    II – o aeronáutico;
    III – o militar.

LIÇÃO 27 • DO TESTAMENTO E DA SUCESSÃO TESTAMENTÁRIA **257**

Vejamos as várias formas de testamentos:

6.1 Testamentos ordinários

a) Testamento público:

É aquele escrito por tabelião, na presença de duas testemunhas, que devem assistir o ato. Depois de escrito, o testamento será lido em voz alta pelo tabelião ou pelo testador, afim de que ele e as testemunhas possam aferir a veracidade do que consta do documento, sendo em seguida assinando por todos (CC, art. 1.864).[15]

O analfabeto: sendo o testador analfabeto, o tabelião ou seu substituto legal certificará tal fato e, a pedido dele, uma das testemunhas assinará em seu lugar (CC, art. 1.865).[16]

O surdo: quando o testador for inteiramente surdo, porém, sabendo ler, lerá seu próprio testamento; e, se não souber ler, designará alguém que o faça em seu lugar na presença das testemunhas (CC, art. 1.866).[17]

O cego: no tocante ao cego, a lei é clara ao **só lhe permitir fazer o testamento público**, que deverá ser lido por duas vezes e em voz alta, uma pelo tabelião e outra por uma das testemunhas instrumentárias, tudo devendo ser mencionado no corpo do testamento (CC, art. 1.867).[18]

b) Testamento cerrado:

Esse deve ser escrito pelo próprio testador, ou por outra pessoa a seu pedido, e depois entregue ao tabelião, na presença de duas testemunhas

---

15. CC, Art. 1.864. São requisitos essenciais do testamento público:

    I – ser escrito por tabelião ou por seu substituto legal em seu livro de notas, de acordo com as declarações do testador, podendo este servir-se de minuta, notas ou apontamentos;

    II – lavrado o instrumento, ser lido em voz alta pelo tabelião ao testador e a duas testemunhas, a um só tempo; ou pelo testador, se o quiser, na presença destas e do oficial;

    III – ser o instrumento, em seguida à leitura, assinado pelo testador, pelas testemunhas e pelo tabelião.

    Parágrafo único. O testamento público pode ser escrito manualmente ou mecanicamente, bem como ser feito pela inserção da declaração de vontade em partes impressas de livro de notas, desde que rubricadas todas as páginas pelo testador, se mais de uma.

16. CC, Art. 1.865. Se o testador não souber, ou não puder assinar, o tabelião ou seu substituto legal assim o declarará, assinando, neste caso, pelo testador, e, a seu rogo, uma das testemunhas instrumentárias.

17. CC, Art. 1.866. O indivíduo inteiramente surdo, sabendo ler, lerá o seu testamento, e, se não o souber, designará quem o leia em seu lugar, presentes as testemunhas.

18. CC, Art. 1.867. Ao cego só se permite o testamento público, que lhe será lido, em voz alta, duas vezes, uma pelo tabelião ou por seu substituto legal, e a outra por uma das testemunhas, designada pelo testador, fazendo-se de tudo circunstanciada menção no testamento.

(CC, art. 1.868).[19] Recebido o testamento, o tabelião lança o auto de aprovação, que será assinado por ele, o testador e as testemunhas; depois cerra e cose o instrumento, entregando-o ao testador (CC, art. 1.874).[20]

Atenção: quem não sabe ou não pode ler está expressamente proibido de fazer este tipo de testamento (CC, art. 1.872),[21] porém, o surdo-mudo (e também o mudo) pode fazê-lo, contanto que o escreva e o assine de próprio punho (CC, art. 1.873).[22]

c) **Testamento particular ou hológrafo:**

É aquele que pode ser escrito de próprio punho ou processo mecânico e, depois de elaborado, lido na presença de três testemunhas, que deverão subscrevê-lo (art. 1.876).[23] Depois da morte do testador, se as testemunhas forem impugnadas ou mesmo o conteúdo do testamento, haverá necessidade de elas confirmarem a veracidade do mesmo (CC, art. 1.878).[24]

Atenção: nesse tipo de testamento não se admite a hipótese de ser escrito a rogo, tendo em vista seu caráter personalíssimo. Chama a atenção o fato

---

19. CC, Art. 1.868. O testamento escrito pelo testador, ou por outra pessoa, a seu rogo, e por aquele assinado, será válido se aprovado pelo tabelião ou seu substituto legal, observadas as seguintes formalidades:

    I – que o testador o entregue ao tabelião em presença de duas testemunhas;

    II – que o testador declare que aquele é o seu testamento e quer que seja aprovado;

    III – que o tabelião lavre, desde logo, o auto de aprovação, na presença de duas testemunhas, e o leia, em seguida, ao testador e testemunhas;

    IV – que o auto de aprovação seja assinado pelo tabelião, pelas testemunhas e pelo testador.

    Parágrafo único. O testamento cerrado pode ser escrito mecanicamente, desde que seu subscritor numere e autentique, com a sua assinatura, todas as páginas.

20. CC, Art. 1.874. Depois de aprovado e cerrado, será o testamento entregue ao testador, e o tabelião lançará, no seu livro, nota do lugar, dia, mês e ano em que o testamento foi aprovado e entregue.

21. CC, Art. 1.872. Não pode dispor de seus bens em testamento cerrado quem não saiba ou não possa ler.

22. CC, Art. 1.873. Pode fazer testamento cerrado o surdo-mudo, contanto que o escreva todo, e o assine de sua mão, e que, ao entregá-lo ao oficial público, ante as duas testemunhas, escreva, na face externa do papel ou do envoltório, que aquele é o seu testamento, cuja aprovação lhe pede.

23. CC, Art. 1.876. O testamento particular pode ser escrito de próprio punho ou mediante processo mecânico.

    § 1º Se escrito de próprio punho, são requisitos essenciais à sua validade seja lido e assinado por quem o escreveu, na presença de pelo menos três testemunhas, que o devem subscrever.

    § 2º Se elaborado por processo mecânico, não pode conter rasuras ou espaços em branco, devendo ser assinado pelo testador, depois de o ter lido na presença de pelo menos três testemunhas, que o subscreverão.

24. CC, Art. 1.878. Se as testemunhas forem contestes sobre o fato da disposição, ou, ao menos, sobre a sua leitura perante elas, e se reconhecerem as próprias assinaturas, assim como a do testador, o testamento será confirmado.

    Parágrafo único. Se faltarem testemunhas, por morte ou ausência, e se pelo menos uma delas o reconhecer, o testamento poderá ser confirmado, se, a critério do juiz, houver prova suficiente de sua veracidade.

LIÇÃO 27 • DO TESTAMENTO E DA SUCESSÃO TESTAMENTÁRIA **259**

de que esse tipo de testamento pode ser escrito em língua estrangeira, desde que as testemunhas conheçam o idioma (CC, art. 1.880).[25]

d) Testamento particular excepcional:

Autoriza a lei que, em caráter excepcional e justificadamente, o testador possa testar sem a presença de testemunhas, ficando a critério do juiz a validade do mesmo (CC, art. 1.879).[26]

6.2 Testamentos especiais

Para validade do testamento, deve o testador utilizar uma das formas expressamente previstas no Código Civil, não lhe sendo permitido fazer combinações ou inventar qualquer outro modelo.

Além dos testamentos ordinários, o Código Civil criou três outras modalidades para serem utilizadas em situações excepcionais, não se podendo cogitar de nenhuma outra (CC, art. 1.887),[27] conforme veremos.

a) Testamento marítimo:

É aquele realizado a bordo de navio em que o testador esteja viajando e tenha receio de morrer durante a viagem. Será feito perante o comandante do navio, na modalidade público ou cerrado, na presença de duas testemunhas, devendo ser registrado no diário de bordo (CC, art. 1.888).[28]

b) Testamento aeronáutico:

É aquele realizado a bordo de aeronave militar ou comercial, na qual o testador esteja em viagem, que será redigido por pessoa designada pelo comandante (CC, art. 1.889).[29]

c) Testamento militar:

É o testamento facultado às pessoas que estejam em campanha (militar ou não) e que, receando morrer em razão da guerra, podem utilizar-se deste tipo de testamento (CC, art. 1.893).[30]

---

25. CC, Art. 1.880. O testamento particular pode ser escrito em língua estrangeira, contanto que as testemunhas a compreendam.
26. CC, Art. 1.879. Em circunstâncias excepcionais declaradas na cédula, o testamento particular de próprio punho e assinado pelo testador, sem testemunhas, poderá ser confirmado, a critério do juiz.
27. CC, Art. 1.887. Não se admitem outros testamentos especiais além dos contemplados neste Código.
28. CC, Art. 1.888. Quem estiver em viagem, a bordo de navio nacional, de guerra ou mercante, pode testar perante o comandante, em presença de duas testemunhas, por forma que corresponda ao testamento público ou ao cerrado.
    Parágrafo único. O registro do testamento será feito no diário de bordo.
29. CC, Art. 1.889. Quem estiver em viagem, a bordo de aeronave militar ou comercial, pode testar perante pessoa designada pelo comandante, observado o disposto no artigo antecedente.
30. CC, Art. 1.893. O testamento dos militares e demais pessoas a serviço das Forças Armadas em campanha, dentro do País ou fora dele, assim como em praça sitiada, ou que esteja de comunicações interrompi-

Atenção: nas três formas acima descritas, o testamento caduca em 90 (noventa) dias se, passada a viagem ou após o retorno da guerra, o testador não fizer outro testamento pela forma ordinária (CC, art. 1.891[31] e 1.895[32]).

7. DAS TESTEMUNHAS

Aplicam-se aos testamentos as regras dos negócios jurídicos em geral, cuja proibição de testemunhar se encontra inserta no art. 228 (especialmente I, II e III) do Código Civil.

Contudo, deve ser observado o fato de que o analfabeto não pode ser testemunha, tendo em vista ser necessário tomar sua assinatura, assim como os beneficiários diretos (herdeiros ou legatário), em razão do seu interesse nos bens, proibições essas estendidas aos ascendentes, descendentes, irmãos e cônjuge.

8. TESTAMENTO MILITAR NUNCUPATIVO

É aquele realizado de forma oral, que é permitido às pessoas em guerra, estando em combate ou feridas, fazerem perante duas testemunhas, que deixará de ser válido se a pessoa não morrer. É um testamento militar, porém, na forma nuncupativa (CC, art. 1.896).[33]

Como o Código Civil não fixou prazo para sua validade, devemos depreender que este tipo de testamento, por sua especialidade, caducará se findar a guerra da qual participava o testador ou após sua convalescença. Devemos entender

---

das, poderá fazer-se, não havendo tabelião ou seu substituto legal, ante duas, ou três testemunhas, se o testador não puder, ou não souber assinar, caso em que assinará por ele uma delas.

§ 1º Se o testador pertencer a corpo ou seção de corpo destacado, o testamento será escrito pelo respectivo comandante, ainda que de graduação ou posto inferior.

§ 2º Se o testador estiver em tratamento em hospital, o testamento será escrito pelo respectivo oficial de saúde, ou pelo diretor do estabelecimento.

§ 3º Se o testador for o oficial mais graduado, o testamento será escrito por aquele que o substituir.

31. CC, Art. 1.891. Caducará o testamento marítimo, ou aeronáutico, se o testador não morrer na viagem, nem nos noventa dias subsequentes ao seu desembarque em terra, onde possa fazer, na forma ordinária, outro testamento.

32. CC, Art. 1.895. Caduca o testamento militar, desde que, depois dele, o testador esteja, noventa dias seguidos, em lugar onde possa testar na forma ordinária, salvo se esse testamento apresentar as solenidades prescritas no parágrafo único do artigo antecedente.

33. CC, Art. 1.896. As pessoas designadas no art. 1.893, estando empenhadas em combate, ou feridas, podem testar oralmente, confiando a sua última vontade a duas testemunhas.

Parágrafo único. Não terá efeito o testamento se o testador não morrer na guerra ou convalescer do ferimento.

assim, porque passado o perigo de morte, o testador pode se servir das formas ordinárias de testamento.

Atenção: esta é a única exceção porque a regra é que o testamento seja escrito e não oral.

9. TESTAMENTO CONJUNTIVO

Conjuntivo é o testamento feito por duas ou mais pessoas, simultaneamente, no mesmo instrumento, em que uma destina bens a outra mediante o fato de a outra lhe deixar também seus bens ou mesmo à terceira pessoa, ou ainda, que institui benefícios comuns.

O Código proíbe o testamento conjuntivo, quer dizer, feito em conjunto (CC, art. 1.863),[34] porque isso representa na prática um pacto sucessório, contrariando a proibição inserta no art. 426 do Código Civil (*pacta corvina*).

Assim, o legislador proibiu expressamente o testamento conjuntivo, em qualquer de suas formas, seja ele:

a) **Simultâneo:**

É aquele em que num mesmo instrumento as pessoas elaboram disposição conjunta em favor de terceira pessoa.

b) **Recíproco:**

É aquele em que as pessoas instituem benefícios reciprocamente. Quer dizer, um e outro se atribuem reciprocamente bens, como se estivessem fazendo uma troca.

c) **Correspectivo:**

É aquele em que as partes fazem retribuições mútuas.

Atenção: nada impede que o casal, ou mesmo duas ou mais pessoas conhecidas, compareçam ao Cartório de Notas e ali cada um faça o seu testamento, em cédulas distintas. O que a lei proíbe é o testamento feito no mesmo instrumento.

---

34. CC, Art. 1.863. É proibido o testamento conjuntivo, seja simultâneo, recíproco ou correspectivo.

Lição 28
DISPOSIÇÕES TESTAMENTÁRIAS

Sumário: 1. Finalidade das disposições testamentárias – 2. Interpretação das cláusulas testamentárias – 3. Limitações à liberdade de testar – 4. Cláusulas permitidas – 5. Notas importantes.

1. FINALIDADE DAS DISPOSIÇÕES TESTAMENTÁRIAS

É por meio das disposições testamentárias que o testador, além de dar destino aos seus bens, instituir herdeiros ou legatários, pode fazer também outras determinações de caráter patrimonial, ou não, que seja do seu interesse, tais como reconhecer um filho havido fora do casamento; deserdar um descendente; perdoar um indigno; ou mesmo para revogar testamento anterior, dentre outras.

> **Importante:** vale relembrar que somente podem ser beneficiadas por testamento as pessoas físicas e as pessoas jurídicas. Animais, coisas místicas ou mesmo coisas inanimadas não podem ser contempladas em testamento, a não ser indiretamente, quando o testador nomeia um legatário com o encargo de cuidar daquela determinada instituição ou animal.

2. INTERPRETAÇÃO DAS CLÁUSULAS TESTAMENTÁRIAS

Na interpretação das cláusulas testamentárias, o intérprete deverá fazê-lo de tal sorte a que se assegure, o mais fielmente possível, a vontade do testador, quando a cláusula for suscetível de mais de uma interpretação (CC, art. 1.899).[1]

Interpretar significa buscar retirar do documento analisado o seu real sentido, verificar o seu alcance e tornar clara as eventuais obscuridades ou mesmo ambiguidades que tanto podem ocorrer em face da língua quanto de eventuais deficiências intelectuais do testador ou de quem escreveu, que, em muitos casos, não consegue se expressar de maneira clara.

---

1. CC, Art. 1.899. Quando a cláusula testamentária for suscetível de interpretações diferentes, prevalecerá a que melhor assegure a observância da vontade do testador.

3. LIMITAÇÕES À LIBERDADE DE TESTAR

A liberdade para testar não é absoluta encontrando limites nas questões de ordem pública. Por esta razão, o legislador impôs algumas restrições.

As proibições quanto à liberdade de testar se encontram previstas nos arts. 1.898[2] e 1.900[3] e têm como objetivo principal dar segurança jurídica ao instituto do testamento. Vejamos:

a) **Instituição de herdeiro a termo:**

O Código Civil proíbe cláusula que institua herdeiro a termo, exceto nas disposições fideicomissárias[4] (CC, art. 1.898). Tal dispositivo se justifica tendo em vista a necessidade de segurança jurídica, pois, se tal cláusula fosse aceita, o direito do herdeiro ficaria suspenso até o advento do termo inicial ou seria excluído em razão do termo final. Além do mais, se isso fosse permitido, iria contrariar frontalmente o disposto no art. 1.784, que diz que a herança se transmite tão logo seja aberta a sucessão (princípio de *saisine*).

Para lembrar: Termo é a cláusula que subordina a eficácia do ato a um evento futuro e certo, em geral uma data determinada.

b) **Proibição de herdeiro sob condição captatória:**

Não se pode fazer disposição a alguém contando que o mesmo disponha a seu favor ou de terceira pessoa; quer dizer, o Código proíbe a proposta de troca de favores, ou seja, reafirma a proibição de realização de pactos sucessórios de qualquer espécie.

c) **Referência a pessoa incerta:**

Se o testamento é uma relação jurídica entre a pessoa do testador e as pessoas nomeadas, não se admite que o beneficiário seja pessoa indeterminada, pois isso estabeleceria uma relação jurídica impossível. Sem a identificação do beneficiário, não há como cumprir o testamento.

---

2. CC, Art. 1.898. A designação do tempo em que deva começar ou cessar o direito do herdeiro, salvo nas disposições fideicomissárias, ter-se-á por não escrita.

3. CC, Art. 1.900. É nula a disposição:

I – que institua herdeiro ou legatário sob a condição captatória de que este disponha, também por testamento, em benefício do testador, ou de terceiro;

II – que se refira a pessoa incerta, cuja identidade não se possa averiguar;

III – que favoreça a pessoa incerta, cometendo a determinação de sua identidade a terceiro;

IV – que deixe a arbítrio do herdeiro, ou de outrem, fixar o valor do legado;

V – que favoreça as pessoas a que se referem os arts. 1.801 e 1.802.

4. O fideicomisso consiste na instituição de herdeiro ou legatário, com o encargo de transmitir os bens a uma outra pessoa a certo tempo, por morte, ou sob condição preestabelecida.

LIÇÃO 28 • DISPOSIÇÕES TESTAMENTÁRIAS | **265**

Atenção: não se confunda pessoa incerta com a pessoa a ser determinada por terceiro (ver CC, art. 1901, I), já que disposição que deixa bens para o melhor aluno de uma determinada escola, ou ao vencedor de uma determinada prova, é perfeitamente válida tendo em vista ser pessoa determinável.

d) Pessoa a ser identificada por terceiro:

A proibição aqui tem a ver com a determinação do beneficiário, não pelo próprio testador, mas sim por terceira pessoa. Se isso fosse permitido, o testamento deixaria de ser *intuitu personae*, isto é, o testamento perderia seu caráter personalíssimo.

Atenção: a proibição é com relação a deixar ao sabor exclusivamente da vontade de terceiro a indicação de quem seria o beneficiário.

e) Delegação ao herdeiro, ou a outrem, de fixar o valor do legado:

Nesse caso, a lei proíbe que terceira pessoa possa fixar o valor do legado, tendo em vista o mesmo já referido no item anterior. Da mesma forma ao herdeiro.

f) Favorecimento às pessoas constantes dos arts. 1.801 e 1.802:

Essa proibição é completamente desnecessária, pois, conforme já vimos, o Código Civil proíbe expressamente que algumas pessoas sejam contempladas em testamento em razão da posição privilegiada que elas possam ter em relação ao testador (CC, art. 1.801).[5] São proibições de caráter eminentemente ético e que, se não forem respeitadas, serão consideradas nulas de pleno direito (CC, art. 1.802).[6]

---

5. CC, Art. 1.801. Não podem ser nomeados herdeiros nem legatários:

   I – a pessoa que, a rogo, escreveu o testamento, nem o seu cônjuge ou companheiro, ou os seus ascendentes e irmãos;

   II – as testemunhas do testamento;

   III – o concubino do testador casado, salvo se este, sem culpa sua, estiver separado de fato do cônjuge há mais de cinco anos;

   IV – o tabelião, civil ou militar, ou o comandante ou escrivão, perante quem se fizer, assim como o que fizer ou aprovar o testamento.

6. CC, Art. 1.802. São nulas as disposições testamentárias em favor de pessoas não legitimadas a suceder, ainda quando simuladas sob a forma de contrato oneroso, ou feitas mediante interposta pessoa.

   Parágrafo único. Presumem-se pessoas interpostas os ascendentes, os descendentes, os irmãos e o cônjuge ou companheiro do não legitimado a suceder.

4. CLÁUSULAS PERMITIDAS

O Código Civil abre o capítulo das disposições testamentárias dizendo das permissões. Assim, a lei civil permite a instituição de herdeiro ou legatário de forma pura e simples ou condicional para um determinado fim ou motivo (CC, art. 1.897).[7] Vejamos:

a) **Nomeação pura e simples:**

É a nomeação sem que se imponha nenhuma contrapartida pela contemplação. O testador indica o beneficiário da deixa testamentária e pronto. Essa é a forma mais comum.

b) **Nomeação sob condição:**[8]

Pode o testador deixar bens sob a condição de o beneficiário se portar de determinada maneira ou praticar determinado ato. Vale rememorar que a condição deve ser lícita e não pode afrontar a moral nem os bons costumes.

Por exemplo: é possível deixar um determinado imóvel para alguém que somente o receberá após formar-se em direito na UNIP. Nesse caso são duas as condições: formar em direito e na UNIP, ou seja, o beneficiário só terá pleno direito à coisa se cumprir essas duas condições.

c) **Nomeação com encargo:**[9]

Nada obsta que o testador deixe bens a um determinado herdeiro, e imponha que ele fará jus à herança ou legado desde que realize a contraprestação imposta no testamento.

Exemplo: o testador pode impor o encargo de o herdeiro instituído ficar com a obrigação de educar um sobrinho do testador até que ele complete 24 anos. Ou seja, diferentemente da condição suspensiva, no encargo o negócio se aperfeiçoa desde logo, devendo o encargo ser cumprido posteriormente.

d) **Disposição motivada:**

Permite ainda o art. 1.897 que se possa instituir herdeiro ou legatário em razão de um determinado motivo, isto é, a indicação vem acompanhada

---

7. CC, Art. 1.897. A nomeação de herdeiro, ou legatário, pode fazer-se pura e simplesmente, sob condição, para certo fim ou modo, ou por certo motivo.

8. Condição é a cláusula que, aposta a um negócio jurídico, subordina a eficácia deste negócio a um evento futuro e incerto.

9. Encargo é a limitação imposta a uma liberalidade, quer por se dar destino a seu objeto, quer por se impor ao beneficiário determinada contraprestação.

LIÇÃO 28 • DISPOSIÇÕES TESTAMENTÁRIAS | **267**

de uma razão que a determinou. Assim, deixa-se um bem para alguém que prestou determinado serviço.

Atenção: se houver erro quanto à pessoa, a cláusula pode ser anulada.

e) **Disposição com cláusula de inalienabilidade:**

O testador pode impor a cláusula de inalienabilidade que pode ser temporária ou vitalícia. Aposta a cláusula de inalienabilidade, o beneficiário fica impedido de dispor da coisa recebida, ou seja, ele terá direito de usar, gozar, reivindicar, mas não terá o direito de dispor. Também não poderá gravar a coisa, tendo em vista que a cláusula de inalienabilidade implica a de impenhorabilidade e incomunicabilidade (CC, art. 1.911).[10]

Atenção: somente pode impor essa cláusula para os bens disponíveis que o testador pode testar livremente, isto é, se tiver herdeiros necessários, essa cláusula só pode recair em 50% dos bens. Poderá recair sobre a totalidade dos bens se não houver herdeiros necessários.

Importante: havendo justa causa, pode o interessado pedir autorização judicial para alienar os bens gravados com a cláusula de inalienabilidade. Porém, nesse caso, o valor da arrecadação deverá ser aplicado na aquisição de outros bens que ficarão sub-rogados com o mesmo ônus (CC, art. 1.848, § 2º).[11]

5. NOTAS IMPORTANTES

Encerrando este capítulo devemos chamar a atenção do leitor e pedir para que dê ainda uma olhada em outros importantes artigos do Código Civil que tratam das disposições testamentárias, tais como: disposição em favor dos pobres (ver CC, art. 1.902); erro de designação de pessoa (ver CC, art. 1. 903); a nomeação dos herdeiros e seus quinhões (ver CC, arts. 1.904 e 1.905); destino dos bens remanescentes (ver CC, art. 1.906); distribuições dos bens (ver CC, arts. 1.907 e 1.908); e, as situações em que podem ser anuladas as disposições (ver CC, art. 1.909), dentre outras.

---

10. CC, Art. 1.911. A cláusula de inalienabilidade, imposta aos bens por ato de liberalidade, implica impenhorabilidade e incomunicabilidade.

    Parágrafo único. No caso de desapropriação de bens clausulados, ou de sua alienação, por conveniência econômica do donatário ou do herdeiro, mediante autorização judicial, o produto da venda converter-se-á em outros bens, sobre os quais incidirão as restrições apostas aos primeiros.

11. CC, Art. 1.848. Salvo se houver justa causa, declarada no testamento, não pode o testador estabelecer cláusula de inalienabilidade, impenhorabilidade, e de incomunicabilidade, sobre os bens da legítima.

    § 1º Não é permitido ao testador estabelecer a conversão dos bens da legítima em outros de espécie diversa.

    § 2º Mediante autorização judicial e havendo justa causa, podem ser alienados os bens gravados, convertendo-se o produto em outros bens, que ficarão sub-rogados nos ônus dos primeiros.

Lição 29
DO LEGADO E DO CODICILO

Sumário: 1. Conceito de legado – 2. Espécies de legado – 3. Aquisição do legado – 4. Caducidade do legado – 5. Direito de acrescer – 6. Das substituições – 7. Redução das disposições testamentárias – 8. Do codicilo – 9. Legado precipuo ou prelegado.

1. CONCEITO DE LEGADO

É a deixa testamentária que tem por objeto um bem determinado ou uma soma de dinheiro como, por exemplo, a disposição testamentária que deixa de herança para alguém um veículo, ou um avião, ou uma quantia em dinheiro.

Quer dizer, a herança vai abranger a totalidade ou parte ideal dos bens deixados pelo falecido, enquanto que o legado vai incidir sobre um determinado bem ou a um conjunto de bens determinados, devidamente individualizados em testamento, cujos beneficiários, parentes ou não, são chamados de legatário.

Assim, legado – sendo uma coisa determinada – difere da herança, pois esta pressupõe uma parte ideal da totalidade dos bens do *de cujus*.

Anotem para não esquecer: o legatário herda a título singular, e o herdeiro, a título universal.

2. ESPÉCIES DE LEGADO

Com base nas disposições do Código Civil, podemos classificar os legados da seguinte forma:

a) **Legado de coisa alheia:**

Partindo do princípio de que ninguém pode dispor de mais direito do que os que tem, será considerado inexistente o legado de coisa que não pertença ao testador no momento em que se abre a sucessão (CC, art. 1.912).[1]

---

1. CC, Art. 1.912. É ineficaz o legado de coisa certa que não pertença ao testador no momento da abertura da sucessão.

Exemplo: vamos supor que Juka deixou por testamento seu Monza 82 para Jojolino. Dois meses depois de fazer o testamento, Juka resolve vender o seu carro. Um ano depois, Juka vem a falecer. No momento da morte, o Monza 82 não mais consta do patrimônio do Juka, logo, Jojolino não terá direito nem ao Monza nem a nada.

b) **Legado de coisa comum:**

É o caso de o testador deixar um bem para alguém e esse bem somente lhe pertencer por metade. Pelo mesmo princípio acima mencionado, o legado valerá apenas para essa metade e não para o todo do objeto (CC, art. 1.914).[2]

c) **Legado de coisa a ser retirada de determinado lugar:**

Prevê o Código Civil o legado de coisa móvel que deva ser retirado de um determinado lugar, sendo válido desde que se encontre naquele local a coisa e até a quantidade que for ali achada (CC, art. 1.917).[3]

d) **Legado de crédito:**

Quando o objeto do legado for crédito do testador para com terceiro, ele se completará pela entrega ao legatário do título que representa a obrigação (CC, art. 1.918).[4]

e) **Legado de alimentos:**

Nesse caso, trata-se de disposição testamentária que pode incluir alimentos, vestuário, moradia, despesas de educação, e visa atender as necessidades do alimentário na proporção do que for o montante da herança (CC, art. 1.920).[5]

f) **Legado de usufruto:**

O legado de usufruto será vitalício se não for fixado prazo certo, nos casos em que se referir a pessoa física (CC, art. 1.921).[6] Quando se

---

2. CC, Art. 1.914. Se tão-somente em parte a coisa legada pertencer ao testador, ou, no caso do artigo antecedente, ao herdeiro ou ao legatário, só quanto a essa parte valerá o legado.
3. CC, Art. 1.917. O legado de coisa que deva encontrar-se em determinado lugar só terá eficácia se nele for achada, salvo se removida a título transitório.
4. CC, Art. 1.918. O legado de crédito, ou de quitação de dívida, terá eficácia somente até a importância desta, ou daquele, ao tempo da morte do testador.
   § 1º Cumpre-se o legado, entregando o herdeiro ao legatário o título respectivo.
   § 2º Este legado não compreende as dívidas posteriores à data do testamento.
5. CC, Art. 1.920. O legado de alimentos abrange o sustento, a cura, o vestuário e a casa, enquanto o legatário viver, além da educação, se ele for menor.
6. CC, Art. 1.921. O legado de usufruto, sem fixação de tempo, entende-se deixado ao legatário por toda a sua vida.

tratar de pessoa jurídica, o prazo máximo será de 30 anos (CC, art. 1.410, III).

g) Legado de bem imóvel:

Se o legado recair sobre bem imóvel e o testador vier a adquirir outros imóveis contíguos, os mesmos não serão atingidos pela liberalidade. Porém, se no imóvel legado o testador veio a realizar benfeitorias, úteis, necessárias ou mesmo voluptuárias, estas se incorporam ao imóvel e serão transferidas para o legatário (CC, art. 1922).[7]

3. AQUISIÇÃO DO LEGADO

O legatário só adquire a propriedade de coisa certa e que ainda esteja no patrimônio do *de cujus* quando de sua morte, salvo se o legado foi instituído com condição suspensiva (CC, art. 1.923).[8]

Com a abertura da sucessão, o legatário poderá pedir para ser imitido na posse pelos herdeiros instituídos. Por uma questão de lógica, não poderá fazê-lo, contudo, se pender discussão judicial acerca da validade do testamento (CC, art. 1.924).[9]

4. CADUCIDADE DO LEGADO

O legado pode deixar de existir para o legatário por várias razões: nulidade do testamento; a coisa não mais existir no patrimônio do autor da herança; em face de revogação etc.

A caducidade não se confunde com nulidade, pois o testamento pode ser perfeitamente válido e ainda assim ter caducado o direito ao legado.

---

7. CC, Art. 1.922. Se aquele que legar um imóvel lhe ajuntar depois novas aquisições, estas, ainda que contíguas, não se compreendem no legado, salvo expressa declaração em contrário do testador.
   Parágrafo único. Não se aplica o disposto neste artigo às benfeitorias necessárias, úteis ou voluptuárias feitas no prédio legado.
8. CC, Art. 1.923. Desde a abertura da sucessão, pertence ao legatário a coisa certa, existente no acervo, salvo se o legado estiver sob condição suspensiva.
   § 1º Não se defere de imediato a posse da coisa, nem nela pode o legatário entrar por autoridade própria.
   § 2º O legado de coisa certa existente na herança transfere também ao legatário os frutos que produzir, desde a morte do testador, exceto se dependente de condição suspensiva, ou de termo inicial.
9. CC, Art. 1.924. O direito de pedir o legado não se exercerá, enquanto se litigue sobre a validade do testamento, e, nos legados condicionais, ou a prazo, enquanto esteja pendente a condição ou o prazo não se vença.

Se for reconhecida a caducidade, o bem objeto do legado volta para o acervo hereditário e será partilhado pelos herdeiros legítimos.

As causas objetivamente apontadas pelo Código Civil são as seguintes (CC, art. 1.939):[10]

a) Se, depois do testamento, o testador modificar a coisa legada, ao ponto de já não ter a forma nem lhe caber a denominação que possuía;

b) Se o testador, por qualquer título, alienar no todo ou em parte a coisa legada; nesse caso, caducará até onde ela deixou de pertencer ao testador;

c) Se a coisa perecer ou for evicta, vivo ou morto o testador, sem culpa do herdeiro ou legatário incumbido do seu cumprimento;

d) Se o legatário for excluído da sucessão, nos termos do art. 1.815; e, finalmente,

e) Se o legatário falecer antes do testador.

5. DIREITO DE ACRESCER

Na eventual hipótese de o testador beneficiar vários herdeiros com uma mesma coisa determinada em porções que estejam individualizadas, se um dos colegatários falecer ou renunciar, os outros serão beneficiados pelo acréscimo.

De fato, diz o Código Civil: "quando vários herdeiros, pela mesma disposição testamentária, forem conjuntamente chamados à herança em quinhões não determinados, e qualquer deles não puder ou não quiser aceitá-la, a sua parte acrescerá à dos co-herdeiros, salvo o direito do substituto" (CC, art. 1.941). E complementa: "o direito de acrescer competirá aos co-legatários, quando nomeados conjuntamente a respeito de uma só coisa, determinada e certa, ou quando o objeto do legado não puder ser dividido sem risco de desvalorização" (CC, art. 1.942).

---

10. CC, Art. 1.939. Caducará o legado:

I – se, depois do testamento, o testador modificar a coisa legada, ao ponto de já não ter a forma nem lhe caber a denominação que possuía;

II – se o testador, por qualquer título, alienar no todo ou em parte a coisa legada; nesse caso, caducará até onde ela deixou de pertencer ao testador;

III – se a coisa perecer ou for evicta, vivo ou morto o testador, sem culpa do herdeiro ou legatário incumbido do seu cumprimento;

IV – se o legatário for excluído da sucessão, nos termos do art. 1.815;

V – se o legatário falecer antes do testador.

LIÇÃO 29 • DO LEGADO E DO CODICILO — 273

6.   DAS SUBSTITUIÇÕES

Já tivemos a oportunidade de comentar que nada obsta o testador dispor de determinados bens para uma pessoa e já estabelecer nesse mesmo testamento que, na eventualidade daquela pessoa faltar, ou da herança renunciar, ou vir a ser considerado indigno, que essa deixa testamentária ficará para uma terceira pessoa em substituição aquela originariamente nomeada (CC, art. 1.947).[11] Essa é a substituição pura e simples, também chamada de "**substituição vulgar**" por alguns doutrinadores.

Existe também a substituição fideicomissária, quando o testador indica alguém que receberá a herança ou o legado com a incumbência de usufruir do bem por um certo lapso de tempo, devendo depois transferi-la para o substituto indicado (CC, 1.951).[12]

7.   REDUÇÃO DAS DISPOSIÇÕES TESTAMENTÁRIAS

Já foi objeto de nossos comentários em mais de uma oportunidade que, em havendo herdeiro necessário (ascendente, descendente ou cônjuge), o testador só tem liberdade para testar 50% do seu patrimônio (CC, art. 1.789).[13]

A parte que exceder esse montante autoriza que referidos herdeiros possam manejar a correspondente ação judicial para obter a redução das disposições testamentárias (CC, arts. 1.966 a 1.968).[14]

---

11.   CC, Art. 1.947. O testador pode substituir outra pessoa ao herdeiro ou ao legatário nomeado, para o caso de um ou outro não querer ou não poder aceitar a herança ou o legado, presumindo-se que a substituição foi determinada para as duas alternativas, ainda que o testador só a uma se refira.

12.   CC, Art. 1.951. Pode o testador instituir herdeiros ou legatários, estabelecendo que, por ocasião de sua morte, a herança ou o legado se transmita ao fiduciário, resolvendo-se o direito deste, por sua morte, a certo tempo ou sob certa condição, em favor de outrem, que se qualifica de fideicomissário.

13.   CC, Art. 1.789. Havendo herdeiros necessários, o testador só poderá dispor da metade da herança.

14.   CC, Art. 1.966. O remanescente pertencerá aos herdeiros legítimos, quando o testador só em parte dispuser da quota hereditária disponível.

   CC, Art. 1.967. As disposições que excederem a parte disponível reduzir-se-ão aos limites dela, de conformidade com o disposto nos parágrafos seguintes.

   § 1º Em se verificando excederem as disposições testamentárias a porção disponível, serão proporcionalmente reduzidas as quotas do herdeiro ou herdeiros instituídos, até onde baste, e, não bastando, também os legados, na proporção do seu valor.

   § 2º Se o testador, prevenindo o caso, dispuser que se inteirem, de preferência, certos herdeiros e legatários, a redução far-se-á nos outros quinhões ou legados, observando-se a seu respeito a ordem estabelecida no parágrafo antecedente.

   CC, Art. 1.968. Quando consistir em prédio divisível o legado sujeito a redução, far-se-á esta dividindo-o proporcionalmente.

   § 1º Se não for possível a divisão, e o excesso do legado montar a mais de um quarto do valor do prédio, o legatário deixará inteiro na herança o imóvel legado, ficando com o direito de pedir aos herdeiros

8. DO CODICILO

É um escrito particular de última vontade, redigido pelo próprio *de cujus*, através do qual pode estabelecer disposições sobre seu próprio funeral, destinar esmolas para pessoas ou instituições, bem como destinar bens móveis de pequeno valor, roupas ou joias de seu uso particular para quem bem lhe aprouver, assim como pode nomear ou substituir testamenteiro (CC, art. 1.861).[15]

É similar a um testamento, porém mais limitado exatamente por não exigir maiores formalidades. Pode ser feito por meio de um documento informal, assim como uma simples carta, basta que seja datado e assinado pelo próprio *de cujus*.

Cumpre ainda esclarecer que a locução "bens de pequeno valor" deve ser compreendida dentro de um contexto que leve em conta o comparativo entre o valor do bem legado e o montante da herança do falecido. Nesse sentido, ensina Washington de Barros Monteiro que há "uma tendência no sentido de fixar-se determinada porcentagem: haver-se-á como de pequeno valor a liberalidade, podendo por isto ser objetivada num codicilo, se não ultrapassar 10% do valor do monte".[16]

9. LEGADO PRECIPUO OU PRELEGADO

Nada impede que seja instituído legado em favor de um herdeiro legítimo. Nese caso, o legado é denominado de pré-legado ou legado precípuo.

Sendo assim, o herdeiro legítimo legatário terá o direito de receber, além da coisa transmitida mediante legado precípuo, a parte ideal que lhe cabe na herança, a título de sucessão universal.

---

o valor que couber na parte disponível; se o excesso não for de mais de um quarto, aos herdeiros fará tornar em dinheiro o legatário, que ficará com o prédio.

§ 2º Se o legatário for ao mesmo tempo herdeiro necessário, poderá inteirar sua legítima no mesmo imóvel, de preferência aos outros, sempre que ela e a parte subsistente do legado lhe absorverem o valor.

15. CC, Art. 1.881. Toda pessoa capaz de testar poderá, mediante escrito particular seu, datado e assinado, fazer disposições especiais sobre o seu enterro, sobre esmolas de pouca monta a certas e determinadas pessoas, ou, indeterminadamente, aos pobres de certo lugar, assim como legar móveis, roupas ou jóias, de pouco valor, de seu uso pessoal.

16. MONTEIRO, Washington de Barros. Curso de Direito Civil: Direito das Sucessões, p. 153.

CAPÍTULO 9
BREVES CONSIDERAÇÕES SOBRE O INVENTÁRIO E PARTILHA

LIÇÃO 30
DO INVENTÁRIO, DA PARTILHA E DO ARROLAMENTO

Sumário: 1. O inventário – 2. Partilha – 3. Espécies de inventário; 3.1 Inventário judicial; 3.2 Inventário extrajudicial; 3.3 Juízo competente; 3.4 Obrigatoriedade de consulta sobre a existência de testamento – 4. Abertura do inventário judicial e administração da herança – 5. Legitimidade para requerer a abertura do inventário – 6. Ordem de nomeação do inventariante – 7. Incumbência do inventariante – 8. Das primeiras declarações – 9. Da remoção do inventariante – 10. Das citações e das impugnações – 11. Matéria de alta indagação – 12. Da avaliação e do cálculo do imposto – 13. Das colações – 14. Pagamento das dívidas – 15. Da partilha; 15.1 Anulação da partilha amigável; 15.2 Ação rescisória para anular partilha; 15.3 Algumas regras a serem observadas na partilha – 16. Alvará judicial – 17. Inventário negativo – 18. Sonegados – 19. Sobrepartilha – 20. Cumulação de inventários.

1. O INVENTÁRIO

Inventário é o processo (judicial ou administrativo) pelo qual são relacionados e arrecadados todos os bens, direitos e obrigações do *de cujus* que, após o pagamento das dívidas e dos impostos, se houver saldo de bens remanescente, será repartido entre seus herdeiros legítimos ou testamentários.

2. PARTILHA

É a segunda parte do inventário e aquele ato que irá individualizar os bens que caberá a cada um dos herdeiros, finalizado assim o inventário.

Vale lembrar que, embora a herança se transmita no exato momento da abertura da sucessão, o que se transfere num primeiro momento é a posse dos bens, tendo em vista que esses bens pertencentes ao *de cujus* vão continuar figurando em seu nome até que seja expedido o formal de partilha expedido nos autos do inventário ou a escritura pública de inventário, documento que permitirá que os herdeiros transfiram para seus respectivos nomes os bens deixados por herança (CC, art. 1.784).[1]

> **Atenção:** quando judicial, o inventário estará finalizado com a expedição do formal de partilha. Sendo administrativo, a escritura de inventário cumprirá esse papel.

3. ESPÉCIES DE INVENTÁRIO

O Código de Processo Civil prevê duas espécies de inventário: judicial e extrajudicial ou administrativo. Porém, para efeito de estudos, podemos dividir o inventário judicial em 3 (três) modalidade conforme veremos a seguir.

3.1 Inventário judicial

É aquele no qual as partes provocam o judiciário, por petição distribuída ao juiz competente, que deve ser aberto no prazo de 2 (dois) meses contados da data do falecimento do *de cujus*, devendo estar encerrado no prazo de 12 (doze) meses, prazo este que pode ser prorrogado de ofício ou a requerimento da parte (CPC, art. 611).[2]

Tendo em vista o disciplinamento constante do Código de Processo Civil, podemos identificar três modalidades de inventário judicial, senão vejamos:

a) Inventário judicial comum ou tradicional:

Este tipo de inventário judicial é obrigatório em três situações muito concretas, quais sejam: se os herdeiros não estiverem de acordo com a partilha dos bens; se houver testamento; ou ainda, se houver incapaz entre os herdeiros (CPC, art. 610, 1ª parte).[3] Esta é a forma mais tradicional de inventário e que se processará de forma solene pelo rito ordinário, nos termos do que estabelece a nossa lei dos ritos (regulado nos arts. 610 a 658 do CPC).

---

1. CC, Art. 1.784. Aberta a sucessão, a herança transmite-se, desde logo, aos herdeiros legítimos e testamentários.
2. CPC, Art. 611. O processo de inventário e de partilha deve ser instaurado dentro de 2 (dois) meses, a contar da abertura da sucessão, ultimando-se nos 12 (doze) meses subsequentes, podendo o juiz prorrogar esses prazos, de ofício ou a requerimento de parte.
3. CPC, Art. 610. Havendo testamento ou interessado incapaz, proceder-se-á ao inventário judicial.
   § 1º Se todos forem capazes e concordes, o inventário e a partilha poderão ser feitos por escritura pública, a qual constituirá documento hábil para qualquer ato de registro, bem como para levantamento de importância depositada em instituições financeiras.
   § 2º O tabelião somente lavrará a escritura pública se todas as partes interessadas estiverem assistidas por advogado ou por defensor público, cuja qualificação e assinatura constarão do ato notarial.

LIÇÃO 30 • DO INVENTÁRIO, DA PARTILHA E DO ARROLAMENTO — 279

b) Arrolamento sumário:

Este tipo de inventário se processa por um rito mais célere em face de sua simplicidade e pode ser utilizado quando todos os herdeiros são capazes e estão concordes com a forma como deva ser partilhado os bens. A forma é simplificada, pois basta os interessados apresentarem o plano de partilha e, desde que comprovada a quitação dos tributos, o juiz homologará de plano e sem maiores problemas (CPC, art. 659, *caput*).[4] A existência de credores não obsta a homologação da partilha ou da adjudicação, desde que reservados bens suficientes para o pagamento da dívida (CPC, art. 663).[5]

Petição Inicial: neste procedimento o requerente apresentará com sua petição inicial o pedido de nomeação do inventariante designado; a declaração e os títulos dos herdeiros e os bens do espólio; e, atribuirão valor aos bens para efeito de partilha e de recolhimento de taxas e tributos (CPC, art. 660).[6]

Atenção: os tributos e taxas serão calculados com base no valor atribuído aos bens pelos herdeiros. Eventuais diferenças serão apuradas pelo fisco em procedimento administrativo e havendo diferenças serão cobradas pelos meios adequados (CPC, art. 662).[7]

---

4. CPC, Art. 659. A partilha amigável, celebrada entre partes capazes, nos termos da lei, será homologada de plano pelo juiz, com observância dos arts. 660 a 663.

   § 1º O disposto neste artigo aplica-se, também, ao pedido de adjudicação, quando houver herdeiro único.

   § 2º Transitada em julgado a sentença de homologação de partilha ou de adjudicação, será lavrado o formal de partilha ou elaborada a carta de adjudicação e, em seguida, serão expedidos os alvarás referentes aos bens e às rendas por ele abrangidos, intimando-se o fisco para lançamento administrativo do imposto de transmissão e de outros tributos porventura incidentes, conforme dispuser a legislação tributária, nos termos do § 2º do art. 662.

5. CPC, Art. 663. A existência de credores do espólio não impedirá a homologação da partilha ou da adjudicação, se forem reservados bens suficientes para o pagamento da dívida.

   Parágrafo único. A reserva de bens será realizada pelo valor estimado pelas partes, salvo se o credor, regularmente notificado, impugnar a estimativa, caso em que se promoverá a avaliação dos bens a serem reservados.

6. CPC, Art. 660. Na petição de inventário, que se processará na forma de arrolamento sumário, independentemente da lavratura de termos de qualquer espécie, os herdeiros:

   I – requererão ao juiz a nomeação do inventariante que designarem;

   II – declararão os títulos dos herdeiros e os bens do espólio, observado o disposto no art. 630;

   III – atribuirão valor aos bens do espólio, para fins de partilha.

7. CPC, Art. 662. No arrolamento, não serão conhecidas ou apreciadas questões relativas ao lançamento, ao pagamento ou à quitação de taxas judiciárias e de tributos incidentes sobre a transmissão da propriedade dos bens do espólio.

Importante: esta forma de inventário também é utilizada quando existe apenas um único herdeiro que requer a adjudicação dos bens que lhes pertencem por herança (ver CPC, art. 659, § 1º).

C) Arrolamento comum:

Trata-se de inventário que envolva bens no valor de até 1.000 (mil) salários mínimos. Diz o Código de Processo Civil que o inventariante nomeado, independentemente da assinatura de termo de compromisso, apresentará, com suas declarações, a atribuição do valor dos bens do espólio e o plano da partilha. O juiz nomeará um avaliador que oferecerá laudo em 10 (dez) dias, se houver discordâncias com relação aos valores apresentados pelo inventariante. Apresentado o laudo, o juiz, em audiência que designar, deliberará sobre a partilha, decidindo de plano todas as reclamações e mandando pagar as dívidas não impugnadas (CPC, art. 664).[8]

Atenção: nesta espécie de inventário o que autoriza a sua utilização é o valor dos bens do espólio, de sorte que pode ser realizado desta forma o inventário mesmo havendo interessado incapaz, desde que o Ministério Público não se oponha (CPC, art. 665).[9]

---

§ 1º A taxa judiciária, se devida, será calculada com base no valor atribuído pelos herdeiros, cabendo ao fisco, se apurar em processo administrativo valor diverso do estimado, exigir a eventual diferença pelos meios adequados ao lançamento de créditos tributários em geral.

§ 2º O imposto de transmissão será objeto de lançamento administrativo, conforme dispuser a legislação tributária, não ficando as autoridades fazendárias adstritas aos valores dos bens do espólio atribuídos pelos herdeiros

8. CPC, Art. 664. Quando o valor dos bens do espólio for igual ou inferior a 1.000 (mil) salários-mínimos, o inventário processar-se-á na forma de arrolamento, cabendo ao inventariante nomeado, independentemente de assinatura de termo de compromisso, apresentar, com suas declarações, a atribuição de valor aos bens do espólio e o plano da partilha.

§ 1º Se qualquer das partes ou o Ministério Público impugnar a estimativa, o juiz nomeará avaliador, que oferecerá laudo em 10 (dez) dias.

§ 2º Apresentado o laudo, o juiz, em audiência que designar, deliberará sobre a partilha, decidindo de plano todas as reclamações e mandando pagar as dívidas não impugnadas.

§ 3º Lavrar-se-á de tudo um só termo, assinado pelo juiz, pelo inventariante e pelas partes presentes ou por seus advogados.

§ 4º Aplicam-se a essa espécie de arrolamento, no que couber, as disposições do art. 672, relativamente ao lançamento, ao pagamento e à quitação da taxa judiciária e do imposto sobre a transmissão da propriedade dos bens do espólio.

§ 5º Provada a quitação dos tributos relativos aos bens do espólio e às suas rendas, o juiz julgará a partilha.

9. CPC, Art. 665. O inventário processar-se-á também na forma do art. 664, ainda que haja interessado incapaz, desde que concordem todas as partes e o Ministério Público.

3.2 Inventário extrajudicial

Se todos os herdeiros são capazes e se estiverem de acordo com relação à partilha dos bens, podem optar pela realização do inventário através de escritura pública lavrada em Cartório de Notas (ver CPC, art. 610, § 1º).

Nesse caso o advogado das partes (que poderá ser um único) apresentará um pedido de abertura de inventário no qual constará um esboço de partilha. O Cartório conferirá os valores dos bens, calculará o imposto e, depois de devidamente pago, lavrará uma escritura pública que discriminará os bens, atribuirá a cada herdeiro sua quota-parte. A escritura terá a mesma força da sentença judicial, e será o instrumento hábil para promover a transferência dos bens do nome do *de cujus* para os nomes dos respectivos herdeiros.

O inventário extrajudicial pode ser aberto a qualquer tempo e em qualquer cartório, cabendo ao notário verificar a eventual aplicação de multa incidente sobre o imposto de transmissão (ver Res. CNJ nº 35/2007, arts. 14 a 31).

3.3 Juízo competente

Em se tratando de inventário e partilha judicial o juízo competente será o foro do domicilio do autor da herança (ver CPC, art. 48). Aliás, este mesmo juízo também será competente para conhecer e validar testamento, bem como para eventual anulação de partilha extrajudicial.

Será também no foro do domicilio do de cujus que se processarão as ações em que o espólio for réu, ainda que o óbito tenha ocorrido no estrangeiro.

Porém, se o autor da herança não tinha domicilio certo, será competente: o foro da situação dos bens imóveis; havendo bens imóveis em foros diferentes, qualquer deles; e, não havendo bens imóveis, o foro do local de qualquer dos bens do espólio.

> **Atenção:** Importante consignar que, em sendo extrajudicial o inventário, as regras no que diz respeito à competência, bem como à nomeação de inventariante, não se aplicam, de sorte que pode ser realizado o inventário em qualquer lugar do país, independentemente do domicílio do falecido ou de onde se encontram os seus bens, como também pode ser indicado como inventariante qualquer um dos herdeiros.[10]

---

10. Nesse sentido ver a Res. 35/2007 do CNJ (que disciplina a aplicação da Lei nº 11.441/07 pelos serviços notariais e de registro), especialmente o art. 1º: que diz: Para a lavratura dos atos notariais de que trata a Lei nº 11.441/07, é livre a escolha do tabelião de notas, não se aplicando as regras de competência do Código de Processo Civil.

3.4 Obrigatoriedade de consulta sobre a existência de testamento

Tanto no inventário judicial quanto no extrajudicial, há determinação do CNJ dirigida aos juízes e tabeliães com relação a eventual existência de testamento. Estas autoridades somente devem processar o inventário depois de realizar busca de testamento no banco de dados do Registro Central de Testamentos Online (RCTO) da Central Notarial de Serviços Compartilhados (ver CNJ, provimento nº 56/2016).

Quer dizer, é obrigatório para o processamento dos inventários e partilhas judiciais, bem como para lavratura de escrituras públicas de inventário extrajudicial, a juntada de certidão acerca da inexistência de testamento deixado pelo autor da herança, expedida pela Central Notarial de Serviços Compartilhados (CENSEC).

No Estado de São Paulo o Tribunal de Justiça editou um provimento de nº 37/2016 para permitir a lavratura da escritura pública de inventário, mesmo existindo testamento, para os seguintes casos:

a) **Todos os herdeiros são maiores e capazes:**

Mesmo havendo testamento, se todos os herdeiros foram maiores, capazes concordes e mediante autorização do juízo onde se processou a **ação de abertura, registro e cumprimento de testamento**, poderão ser feitos o inventário e a partilha por escritura pública, que constituirá título hábil para o registro imobiliário.

Atenção: o Tabelião de Notas solicitará, previamente, a certidão do testamento e, constatada a existência de disposição reconhecendo filho ou qualquer outra declaração irrevogável, a lavratura de escritura pública de inventário e partilha ficará vedada, e o inventário far-se-á judicialmente.

b) **Testamento revogado, caduco ou inválido:**

Também poderão ser feitos o inventário e a partilha por escritura pública, nos casos de testamento revogado ou caduco, ou quando houver decisão judicial, com trânsito em julgado, declarando a invalidade do testamento, observadas a capacidade e a concordância dos herdeiros.

4. ABERTURA DO INVENTÁRIO JUDICIAL E ADMINISTRAÇÃO DA HERANÇA

O Código Civil estipula o prazo de 30 (trinta) dias, após a morte do *de cujus*, como sendo o prazo para a abertura do processo de inventário (CC, art. 1.796).[11]

---

11. CC, Art. 1.796. No prazo de trinta dias, a contar da abertura da sucessão, instaurar-se-á inventário do patrimônio hereditário, perante o juízo competente no lugar da sucessão, para fins de liquidação e, quando for o caso, de partilha da herança.

Em contrapartida o Novo Código de Processo Civil fixa esse prazo em 2 (dois) meses (CPC, art. 611).[12]

Nessa colisão de normas deve prevalecer o prazo estabelecido no Código de Processo Civil, exatamente por ser lei mais nova.

Após a abertura do inventário, diz ainda a lei instrumental que o mesmo deverá ser encerrado no prazo de 12 (doze) meses, prazo este que poderá ser prorrogado pelo juiz, de ofício ou a requerimento da parte.

Normalmente estes prazos não são respeitados. Raramente a família do falecido abre o inventário no prazo legal porque tratar desse assunto é, para a maioria das pessoas, algo muito complicado e doloroso. Mesmo já aberto o inventário, enquanto o inventariante não prestar compromisso, o administrador provisório é quem representará e administrará os bens do espólio (CPC, art. 613).[13]

> **Atenção:** o administrador provisório terá responsabilidade de representar ativa e passivamente o espólio, além de ser obrigado a prestar contas de sua administração no que diz respeito aos frutos percebidos desde a abertura da sucessão, bem como responde pelo dano a que, por dolo ou culpa, possa ter dado causa (CPC, art. 614).[14]

> **Importante:** o administrador provisório tem direito ao reembolso das despesas necessárias e úteis que possa ter realizado para a conservação dos bens da herança.

5. LEGITIMIDADE PARA REQUERER A ABERTURA DO INVENTÁRIO

O pedido de abertura do inventário e de partilha deverá ser feito pela pessoa que esteja na posse e na administração do espólio, no prazo de 2 (dois) meses, conforme vimos acima. Além dos requisitos de qualquer petição inicial, o requerimento de abertura do inventário deve se fazer acompanhar, obrigatoriamente, da certidão de óbito do autor da herança (CPC, art. 615).[15]

---

12. CPC, Art. 611. O processo de inventário e de partilha deve ser instaurado dentro de 2 (dois) meses, a contar da abertura da sucessão, ultimando-se nos 12 (doze) meses subsequentes, podendo o juiz prorrogar esses prazos, de ofício ou a requerimento de parte.
13. CPC, Art. 613. Até que o inventariante preste o compromisso, continuará o espólio na posse do administrador provisório.
14. CPC, Art. 614. O administrador provisório representa ativa e passivamente o espólio, é obrigado a trazer ao acervo os frutos que desde a abertura da sucessão percebeu, tem direito ao reembolso das despesas necessárias e úteis que fez e responde pelo dano a que, por dolo ou culpa, der causa.
15. CPC, Art. 615. O requerimento de inventário e de partilha incumbe a quem estiver na posse e na administração do espólio, no prazo estabelecido no art. 611.
    Parágrafo único. O requerimento será instruído com a certidão de óbito do autor da herança

Independente dessa previsão legal, para o pedido de abertura de inventário e de partilha, o Código de Processo Civil reconhece ainda legitimidade concorrente para as seguintes pessoas (CPC, art. 616):[16]

a) O cônjuge ou companheiro supérstite;

b) O herdeiro;

c) O legatário;

d) O testamenteiro;

e) O cessionário do herdeiro ou do legatário;

f) O credor do herdeiro, do legatário ou do autor da herança;

g) O Ministério Público, havendo herdeiros incapazes;

h) A Fazenda Pública, quando tiver interesse;

i) O administrador judicial da falência do herdeiro, do legatário, do autor da herança ou do cônjuge ou companheiro supérstite.

Este rol não é taxativo, o que significa dizer que, qualquer dessas pessoas acima mencionadas, pode pedir a abertura do inventário porque, nesse caso, não há ordem preferencial.

6. ORDEM DE NOMEAÇÃO DO INVENTARIANTE

Do início e até o final do processo de inventário, a administração da herança ficará a cargo do inventariante (CC, art. 1.991),[17] que será nomeado pelo juiz conforme as normas do Código de Processo Civil (CPC, art. 617)[18] na seguinte ordem preferencial:

---

16. CPC, Art. 616. Têm, contudo, legitimidade concorrente:

    I – o cônjuge ou companheiro supérstite;

    II – o herdeiro;

    III – o legatário;

    IV – o testamenteiro;

    V – o cessionário do herdeiro ou do legatário;

    VI – o credor do herdeiro, do legatário ou do autor da herança;

    VII – o Ministério Público, havendo herdeiros incapazes;

    VIII – a Fazenda Pública, quando tiver interesse;

    IX – o administrador judicial da falência do herdeiro, do legatário, do autor da herança ou do cônjuge ou companheiro supérstite.

17. CC, Art. 1.991. Desde a assinatura do compromisso até a homologação da partilha, a administração da herança será exercida pelo inventariante.

18. CPC, Art. 617. O juiz nomeará inventariante na seguinte ordem:

    I – o cônjuge ou companheiro sobrevivente, desde que estivesse convivendo com o outro ao tempo da morte deste;

LIÇÃO 30 • DO INVENTÁRIO, DA PARTILHA E DO ARROLAMENTO — 285

a) Cônjuge ou companheiro sobrevivente:

O cônjuge ou companheiro sobrevivente é o primeiro na lista de preferência para ser nomeado inventariante; contudo, isso só será possível se convivia com o *de cujus* à época de sua morte.

b) O herdeiro que esteja na posse e administração do espólio:

Na falta do cônjuge ou mesmo ele existindo não puder assumir o encargo, será nomeado inventariante o herdeiro que estiver na administração provisória da herança.

c) Qualquer outro herdeiro:

Na falta de cônjuge e não estando nenhum dos herdeiros na posse e administração da herança, será nomeado inventariante qualquer um dos herdeiros que reivindique essa posição.

d) O testamenteiro:

Será nomeado o testamenteiro se o *de cujus* lhe atribuiu a responsabilidade pela posse e administração dos bens da herança ou se toda a herança é composta de legados.

e) Inventariante judicial:

O Código Civil menciona essa figura, porém ela hoje não mais existe na maioria dos Estados. Era um funcionário do Poder Judiciário que cumpria essa função de inventariante.

f) Qualquer pessoa do povo:

Esgotadas as possibilidades de nomeação do inventariante dentre as pessoas acima mencionadas ou quando a litigiosidade entre elas for insuperável, o juiz designará qualquer pessoa idônea para o exercício dessa função. Essa pessoa poderá ser remunerada conforme fixe o juiz. É o que chamamos de **inventariante dativo**.

II – o herdeiro que se achar na posse e na administração do espólio, se não houver cônjuge ou companheiro sobrevivente ou se estes não puderem ser nomeados;

III – qualquer herdeiro, quando nenhum deles estiver na posse e na administração do espólio;

IV – o herdeiro menor, por seu representante legal;

V – o testamenteiro, se lhe tiver sido confiada a administração do espólio ou se toda a herança estiver distribuída em legados;

VI – o cessionário do herdeiro ou do legatário;

VII – o inventariante judicial, se houver;

VIII – pessoa estranha idônea, quando não houver inventariante judicial.

Parágrafo único. O inventariante, intimado da nomeação, prestará, dentro de 5 (cinco) dias, o compromisso de bem e fielmente desempenhar a função.

Essa ordem deve ser respeitada porque a lei estabeleceu uma preferência, porém não é absoluta, podendo ser alterada por motivos justificados ou mesmo por comum acordo entre as partes.

7. INCUMBÊNCIA DO INVENTARIANTE

Depois de nomeado o inventariante e assinado o compromisso, ele é que representará o espólio, ativa ou passivamente, judicial e extrajudicialmente (CPC, art. 75, VII c/c art. 618, I). Essa regra comporta exceção porque, no caso do inventariante dativo, este não tem legitimidade para representar o espólio por expressa determinação legal, cabendo tal função aos herdeiros e sucessores do falecido conjuntamente (CPC, art. 75, § 1º).[19]

Além da incumbência acima, certamente uma das mais importante, cabe ainda ao inventariante as seguintes tarefas (CPC, art. 618):[20]

a) **Administrar o espólio:**

Cabe ao inventariante administrar todos os bens que compõem o acervo da herança, devendo para isso aplicar a mesma diligência que teria se os bens fossem seus.

b) **Apresentar as primeiras e últimas declarações:**

Deve também o inventariante prestar as primeiras e as últimas declarações pessoalmente ou por procurador com poderes especiais para isso.

c) **Exibir documentos:**

A requerimento das partes ou por determinação do juiz, deve o inventariante exibir em cartório, a qualquer tempo, para exame das partes, os documentos relativos ao espólio.

---

19. CPC, Art. 75. Serão representados em juízo, ativa e passivamente: (Omissis).

VII – o espólio, pelo inventariante; (Omissis)

§ 1º Quando o inventariante for dativo, os sucessores do falecido serão intimados no processo no qual o espólio seja parte.

20. CPC, Art. 618. Incumbe ao inventariante:

I – representar o espólio ativa e passivamente, em juízo ou fora dele, observando-se, quanto ao dativo, o disposto no art. 75, § 1º;

II – administrar o espólio, velndo-lhe os bens com a mesma diligência que teria se seus fossem;

III – prestar as primeiras e as últimas declarações pessoalmente ou por procurador com poderes especiais;

IV – exibir em cartório, a qualquer tempo, para exame das partes, os documentos relativos ao espólio;

V – juntar aos autos certidão do testamento, se houver;

VI – trazer à colação os bens recebidos pelo herdeiro ausente, renunciante ou excluído;

VII – prestar contas de sua gestão ao deixar o cargo ou sempre que o juiz lhe determinar;

VIII – requerer a declaração de insolvência

LIÇÃO 30 • DO INVENTÁRIO, DA PARTILHA E DO ARROLAMENTO **287**

d) Juntar nos autos certidão de testamento:

Deve também o inventariante diligenciar e verificar se existe testamento, juntando aos autos certidão do testamento, se houver.

e) Colação dos bens:

Deve também trazer à colação os bens recebidos pelo herdeiro ausente, renunciante ou excluído.

f) Prestar contas:

O inventariante é obrigado a prestar contas de sua gestão ao deixar o cargo ou sempre que o juiz lhe determinar.

g) Requerer a insolvência do espólio:

Se o valor dos bens arrecadados for inferior ao montante das dívidas, deve o inventariante requerer a declaração de insolvência.

Todas essas atribuições acima descritas independem de qualquer provocação. É dever permanente do inventariante, contudo há outras atribuições que somente podem ser exercidas em situações especiais, ouvidos todos os demais interessados e devidamente autorizado pelo juiz (CPC, art. 619),[21] quais sejam:

a) Alienar bens de qualquer espécie:

No curso do inventário pode ser necessário vender alguns bens seja para evitar deterioração, seja para fazer frente as despesas do próprio inventário. Se isso for necessário o inventariante peticionará ao juiz da causa e após manifestação de concordância de todos, poderá ser autorizada a alienação.

b) Transigir em juízo ou fora dele:

É perfeitamente possível que durante a tramitação do processo haja necessidade de realização de qualquer acordo (judicial ou extrajudicial), especialmente com relação às dívidas deixadas pelo *de cujus*. Nesse caso, o inventariante necessitará de autorização judicial para assim proceder.

c) Pagar dívidas do espólio:

É dever do inventariante pagar todas as dívidas deixadas pelo *de cujus*, porém não poderá fazer isso ao seu bel prazer, pois necessitará da anuência dos demais herdeiros bem como de autorização judicial.

---

21. CPC, Art. 619. Incumbe ainda ao inventariante, ouvidos os interessados e com autorização do juiz:
I – alienar bens de qualquer espécie;
II – transigir em juízo ou fora dele;
III – pagar dívidas do espólio;
IV – fazer as despesas necessárias para a conservação e o melhoramento dos bens do espólio.

d) Realizar as despesas para conservação dos bens:

Também para fazer as despesas necessárias para a conservação e o melhoramento dos bens do espólio, o inventariante precisa de autorização judicial, após ouvido os demais interessados.

8. DAS PRIMEIRAS DECLARAÇÕES

Depois de prestado o compromisso, o inventariante terá o prazo de 20 (vinte) dias para apresentar em juízo as primeiras declarações, das quais se lavrará termo circunstanciado, assinado pelo juiz, pelo escrivão e pelo inventariante, no qual deverão constar (CPC, art. 620),[22] as seguintes informações:

a) Qualificação do *de cujus*:

Deverá indicar o nome, o estado, a idade e o domicílio do autor da herança, o dia e o lugar em que faleceu e informar também se deixou testamento.

---

22. CPC, Art. 620. Dentro de 20 (vinte) dias contados da data em que prestou o compromisso, o inventariante fará as primeiras declarações, das quais se lavrará termo circunstanciado, assinado pelo juiz, pelo escrivão e pelo inventariante, no qual serão exarados:

I – o nome, o estado, a idade e o domicílio do autor da herança, o dia e o lugar em que faleceu e se deixou testamento;

II – o nome, o estado, a idade, o endereço eletrônico e a residência dos herdeiros e, havendo cônjuge ou companheiro supérstite, além dos respectivos dados pessoais, o regime de bens do casamento ou da união estável;

III – a qualidade dos herdeiros e o grau de parentesco com o inventariado;

IV – a relação completa e individualizada de todos os bens do espólio, inclusive aqueles que devem ser conferidos à colação, e dos bens alheios que nele forem encontrados, descrevendo-se:

a) os imóveis, com as suas especificações, nomeadamente local em que se encontram, extensão da área, limites, confrontações, benfeitorias, origem dos títulos, números das matrículas e ônus que os gravam;

b) os móveis, com os sinais característicos;

c) os semoventes, seu número, suas espécies, suas marcas e seus sinais distintivos;

d) o dinheiro, as joias, os objetos de ouro e prata e as pedras preciosas, declarando-se-lhes especificadamente a qualidade, o peso e a importância;

e) os títulos da dívida pública, bem como as ações, as quotas e os títulos de sociedade, mencionando--se-lhes o número, o valor e a data;

f) as dívidas ativas e passivas, indicando-se-lhes as datas, os títulos, a origem da obrigação e os nomes dos credores e dos devedores;

g) direitos e ações;

h) o valor corrente de cada um dos bens do espólio.

§ 1º O juiz determinará que se proceda:

I – ao balanço do estabelecimento, se o autor da herança era empresário individual;

II – à apuração de haveres, se o autor da herança era sócio de sociedade que não anônima.

§ 2º As declarações podem ser prestadas mediante petição, firmada por procurador com poderes especiais, à qual o termo se reportará.

b) A qualificação de todos os herdeiros:

Deverá também qualificar todos os herdeiros informando seus nomes, o estado civil, a idade, o endereço eletrônico e suas respectivas residências e, havendo cônjuge ou companheiro supérstite, além dos respectivos dados pessoais, o regime de bens do casamento ou da união estável.

c) Qualidade dos herdeiros:

É a discrição do grau de parentesco dos herdeiros com o autor da herança e a qualidade com que concorre no inventário.

d) Discriminação de todos os bens:

Também deverá relacionar, de forma completa e individualizada, todos os bens do espólio, inclusive aqueles que devem ser conferidos à colação, e dos bens alheios que nele forem encontrados, descrevendo-os.

e) Quanto aos imóveis:

Nesta petição deverá o inventariante descrever os imóveis, com as suas especificações, nomeadamente local em que se encontram, extensão da área, limites, confrontações, benfeitorias, origem dos títulos, números das matrículas e ônus que os gravam.

f) Quantos aos bens móveis:

No que diz respeito aos bem móveis, deverão ser identificados com os sinais característicos, de forma que fiquem bem identificados. Se houver dinheiro, joias, objetos de ouro e prata ou pedras preciosas, deverá declarar especificadamente a qualidade, o peso e a importância de cada um.

g) Quanto aos semoventes:

Os semoventes deverão ser identificados informando-se o seu número, suas espécies, suas marcas e seus sinais característicos.

h) Quanto às dívidas:

Todas as dívidas ativas e passivas deverão ser discriminadas, indicando-se detalhadamente as datas, os títulos, a origem da obrigação e os nomes dos credores e dos devedores. Também deverão ser relacionados os títulos da dívida pública, bem como as ações, as quotas e os títulos de sociedade, devendo ser mencionado o número, o valor e a data.

i) Outros direitos:

Outros possíveis direitos deverão ser relacionados, inclusive os direitos sobre eventuais ações; bem como o valor corrente de cada um dos bens do espólio.

Apresentada as primeiras declarações o juiz determinará que se proceda ao balanço do estabelecimento, se o autor da herança era empresário individual. Poderá também determinar a apuração de haveres, se o autor da herança era sócio de sociedade que não anônima.

Importante: embora não seja usual, as declarações podem ser prestadas mediante petição, firmada por procurador com poderes especiais, à qual o termo se reportará (ver CPC, art. 620, § 2°).

9. DA REMOÇÃO DO INVENTARIANTE

O inventariante pode ser removido a qualquer tempo, isto é, destituído dessa função, tanto de ofício ou a requerimento de qualquer dos interessados, nas seguintes situações (CPC, art. 622):[23]

a) Se não prestar, no prazo legal, as primeiras ou as últimas declarações;

b) Se não der ao inventário andamento regular, se suscitar dúvidas infundadas ou se praticar atos meramente protelatórios;

c) Se, por sua culpa, bens do espólio se deteriorarem, forem dilapidados ou sofrerem dano;

d) Se não defender o espólio nas ações em que for citado, se deixar de cobrar dívidas ativas ou se não promover as medidas necessárias para evitar o perecimento de direitos;

e) Se não prestar contas ou se as que prestar não forem julgadas boas;

f) Se sonegar, ocultar ou desviar bens do espólio.

Qualquer que seja o motivo pelo qual foi requerida a remoção, o inventariante será intimado para, no prazo de 15 (quinze) dias, apresentar sua defesa e produzir as provas que entenda necessárias. É um incidente que correrá em apenso aos autos principais (CPC, art. 623).[24]

---

23. CPC, Art. 622. O inventariante será removido de ofício ou a requerimento:

    I – se não prestar, no prazo legal, as primeiras ou as últimas declarações;

    II – se não der ao inventário andamento regular, se suscitar dúvidas infundadas ou se praticar atos meramente protelatórios;

    III – se, por culpa sua, bens do espólio se deteriorarem, forem dilapidados ou sofrerem dano;

    IV – se não defender o espólio nas ações em que for citado, se deixar de cobrar dívidas ativas ou se não promover as medidas necessárias para evitar o perecimento de direitos;

    V – se não prestar contas ou se as que prestar não forem julgadas boas;

    VI – se sonegar, ocultar ou desviar bens do espólio.

24. CPC, Art. 623. Requerida a remoção com fundamento em qualquer dos incisos do art. 622, será intimado o inventariante para, no prazo de 15 (quinze) dias, defender-se e produzir provas.

LIÇÃO 30 • DO INVENTÁRIO, DA PARTILHA E DO ARROLAMENTO **291**

A remoção do inventariante, enquanto incidente processual, será resolvido pelo juiz, tão logo decorrido o prazo de defesa, tendo o inventariante se manifestado ou não. Se o juiz entender que é o caso de remoção, no mesmo ato ele nomeará outro inventariante, observando-se a ordem legal (CPC, art. 624).[25]

O inventariante removido entregará imediatamente ao substituto os bens do espólio e, caso deixe de fazê-lo, será compelido mediante mandado de busca e apreensão ou de imissão na posse, conforme se tratar de bem móvel ou imóvel, sem prejuízo da multa a ser fixada pelo juiz em montante não superior a três por cento do valor dos bens inventariados (nos exatos termos do art. 625 do CPC).

Atenção: Só se pode arguir sonegação ao inventariante depois de encerrada a descrição dos bens, com a declaração, por ele feita, de não existirem outros bens por inventariar, conforme estabelece o art. 621 do CPC.

10. DAS CITAÇÕES E DAS IMPUGNAÇÕES

Depois de apresentadas as primeiras declarações, o juiz mandará citar, para os termos do inventário e da partilha, o cônjuge ou o companheiro, os herdeiros e os legatários e mandará intimar a Fazenda Pública. Mandará também intimar o Ministério Público, caso haja herdeiro incapaz ou ausente; e, o testamenteiro, se houver testamento (CPC, art. 626).[26]

A citação de todos os interessados será feita pelo correio, cujo mandado deverá estar acompanhado de cópia das primeiras declarações. Aliás, mesmo os mandados de intimação da Fazenda Pública, do Ministério Público e do testamenteiro também deverão ser acompanhados de cópia das primeiras declarações.

Atenção: independente das citações do cônjuge ou companheiro e dos herdeiros, juiz mandará publicar edital para dar conhecimentos a eventuais interessados incertos ou desconhecidos (ver CPC, art. 259).

Parágrafo único. O incidente da remoção correrá em apenso aos autos do inventário.

25. CPC, Art. 624. Decorrido o prazo, com a defesa do inventariante ou sem ela, o juiz decidirá.

Parágrafo único. Se remover o inventariante, o juiz nomeará outro, observada a ordem estabelecida no art. 617.

26. CPC, Art. 626. Feitas as primeiras declarações, o juiz mandará citar, para os termos do inventário e da partilha, o cônjuge, o companheiro, os herdeiros e os legatários e intimar a Fazenda Pública, o Ministério Público, se houver herdeiro incapaz ou ausente, e o testamenteiro, se houver testamento.

§ 1º O cônjuge ou o companheiro, os herdeiros e os legatários serão citados pelo correio, observado o disposto no art. 247, sendo, ainda, publicado edital, nos termos do inciso III do art. 259.

§ 2º Das primeiras declarações extrair-se-ão tantas cópias quantas forem as partes.

§ 3º A citação será acompanhada de cópia das primeiras declarações.

§ 4º Incumbe ao escrivão remeter cópias à Fazenda Pública, ao Ministério Público, ao testamenteiro, se houver, e ao advogado, se a parte já estiver representada nos autos.

Depois de concluídas as citações, abrir-se-á vista às partes, em cartório e pelo prazo comum de 15 (quinze) dias, para que se manifestem sobre as primeiras declarações. Este é o momento apropriado para qualquer das partes arguir erros, omissões e sonegação de bens; reclamar contra a nomeação de inventariante; ou ainda, contestar a qualidade de quem foi incluído no título de herdeiro (CPC, art. 627).[27]

Se for apresentada alguma impugnação o juiz irá apreciar e se julgar procedente a impugnação, mandará, conforme o caso:

a) **Retificar as primeiras declarações:**

Se a impugnação versava sobre erros, omissões ou sonegação de bens essa é a providência que o juiz determinará.

b) **Remoção de inventariante:**

Se a impugnação questionava a qualidade do inventariante nomeado e foi julgada procedente, o juiz nomeará outro inventariante, observado a preferência legal.

c) **Qualidade de herdeiros:**

Se foi contestada a qualidade de algum herdeiro e o juiz julgou procedente, deverá determinar a exclusão desse herdeiro

Atenção: verificando que a disputa sobre a qualidade de herdeiro a que alude o inciso III, do art. 627, do CPC, demanda produção de provas que não a documental, o juiz remeterá a pessoa às vias ordinárias e reservará, até julgamento final da ação, o quinhão que na partilha couber àquele suposto herdeiro.

A Fazenda Pública, no prazo de 15 (quinze) dias, após a vista, informará ao juízo, de acordo com os dados que constam de seu cadastro imobiliário, o valor dos bens de raiz descritos nas primeiras declarações (CPC, art. 629).[28] Esta pro-

---

27. CPC, Art. 627. Concluídas as citações, abrir-se-á vista às partes, em cartório e pelo prazo comum de 15 (quinze) dias, para que se manifestem sobre as primeiras declarações, incumbindo às partes:

I – arguir erros, omissões e sonegação de bens;

II – reclamar contra a nomeação de inventariante

III – contestar a qualidade de quem foi incluído no título de herdeiro.

§ 1º Julgando procedente a impugnação referida no inciso I, o juiz mandará retificar as primeiras declarações.

§ 2º Se acolher o pedido de que trata o inciso II, o juiz nomeará outro inventariante, observada a preferência legal.

§ 3º Verificando que a disputa sobre a qualidade de herdeiro a que alude o inciso III demanda produção de provas que não a documental, o juiz remeterá a parte às vias ordinárias e sobrestará, até o julgamento da ação, a entrega do quinhão que na partilha couber ao herdeiro admitido.

28. CPC, Art. 629. A Fazenda Pública, no prazo de 15 (quinze) dias, após a vista de que trata o art. 627, informará ao juízo, de acordo com os dados que constam de seu cadastro imobiliário, o valor dos bens de raiz descritos nas primeiras declarações.

LIÇÃO 30 • DO INVENTÁRIO, DA PARTILHA E DO ARROLAMENTO **293**

vidência destina-se a aferir os valores reais dos bens apresentados nas primeiras declarações do inventariante.

11. MATÉRIA DE ALTA INDAGAÇÃO

No curso do processo de inventário é sempre possível surgir os mais diversos questionamentos, seja com relação aos bens, seja com relação aos próprios herdeiros, seja com relação a terceiros intervenientes.

Se os fatos questionados estiverem provados nos autos documentalmente, o juiz deverá decidir nos próprios autos do inventário. De outro lado, se a matéria questionada depender de outras provas, o juiz deverá remeter as partes às vias ordinárias (CPC, art. 612).[29]

É o que pode ocorrer com aquele que se julgue preterido do inventário. Se alguém se encontrar nessa situação poderá demandar sua admissão no inventário, requerendo-a antes da partilha. Se isso ocorrer o juiz deverá ouvir as partes no prazo de 15 (quinze) dias, decidindo em seguida (CPC, art. 628).[30] Porém, se para solução da questão for necessária a produção de provas que não a documental, o juiz remeterá o requerente às vias ordinárias, mandando reservar, em poder do inventariante, o quinhão do herdeiro excluído até que se decida o litígio.

Outra hipótese é a questão de alguém requerer sua habilitação no inventário alegando ser filho do *de cujus*. Se houver prova documental dessa filiação o juiz apreciará e decidirá nos próprios autos do inventário. Caso contrário, o juiz deverá reservar o quinhão que eventualmente caberia àquele requerente, mas não resolverá a questão do reconhecimento de paternidade, pois isto deverá ser feito em ação autônoma e específica.

12. DA AVALIAÇÃO E DO CÁLCULO DO IMPOSTO

A avaliação dos bens constantes do inventário é importante porque sobre ele será definido o quinhão de cada um dos herdeiros, bem como servirá também

---

29. CPC, Art. 612. O juiz decidirá todas as questões de direito desde que os fatos relevantes estejam provados por documento, só remetendo para as vias ordinárias as questões que dependerem de outras provas.
30. CPC, Art. 628. Aquele que se julgar preterido poderá demandar sua admissão no inventário, requerendo-a antes da partilha.
    § 1º Ouvidas as partes no prazo de 15 (quinze) dias, o juiz decidirá.
    § 2º Se para solução da questão for necessária a produção de provas que não a documental, o juiz remeterá o requerente às vias ordinárias, mandando reservar, em poder do inventariante, o quinhão do herdeiro excluído até que se decida o litígio.

para o recolhimento do imposto de transmissão *causa mortis* à Fazenda Pública estadual.

Esta fase será iniciada depois de escoado o prazo das citações. Caso não tenha sido apresentada nenhuma impugnação ou se houve impugnação, depois delas decididas, o juiz nomeará, se for o caso, perito para avaliar os bens do espólio, se não houver na comarca avaliador judicial (CPC, art. 630),[31] devendo observar o seguinte:

a) **Se houver cotas sociais ou apuração de haveres:**

O juiz deverá nomear um perito que seja especialista em avaliação de empresas, tendo em vista que o mesmo irá avaliar as quotas sociais ou apuração dos haveres.

Atenção: determina o art. 631, do CPC, que ao avaliar os bens do espólio, o perito observará, no que for cabível, o disposto nos arts. 872 e 873 deste Código.

b) **Quanto aos bens fora da localidade do inventário:**

Se houver necessidade de avaliar bens fora da comarca onde se processa o inventário, isto será feito por carta precatória.

Atenção: Não se expedirá carta precatória para a avaliação de bens situados fora da comarca onde corre o inventário se eles forem de pequeno valor ou perfeitamente conhecidos do perito nomeado (CPC, art. 632).[32]

Advirta-se, contudo, que nem sempre a avaliação será necessária. Há hipóteses em que a lei dispensa a realização de avaliação, senão vejamos:

a) **Concordância da Fazenda Pública com os valores apresentados:**

Se a Fazenda Pública, intimada pessoalmente, concordar de forma expressa com o valor atribuído aos bens do espólio nas primeiras declarações; e, se todas as partes forem capazes, não haverá necessidade de avaliação (CPC, art. 633).[33]

---

31. CPC, Art. 630. Findo o prazo previsto no art. 627 sem impugnação ou decidida a impugnação que houver sido oposta, o juiz nomeará, se for o caso, perito para avaliar os bens do espólio, se não houver na comarca avaliador judicial.

Parágrafo único. Na hipótese prevista no art. 620, § 1º, o juiz nomeará perito para avaliação das quotas sociais ou apuração dos haveres.

32. CPC, Art. 632. Não se expedirá carta precatória para a avaliação de bens situados fora da comarca onde corre o inventário se eles forem de pequeno valor ou perfeitamente conhecidos do perito nomeado.

33. CPC, Art. 633. Sendo capazes todas as partes, não se procederá à avaliação se a Fazenda Pública, intimada pessoalmente, concordar de forma expressa com o valor atribuído, nas primeiras declarações, aos bens do espólio.

b) Concordância dos herdeiros:

Também não haverá necessidade de avaliação se todos os herdeiros concordarem com o valor dos bens declarados pela Fazenda Pública. Se a concordância da Fazenda Pública é em relação a parte dos bens, a avaliação recairá somente sobre os demais (CPC, art. 634).[34]

Depois de realizada a avaliação, tão logo entregue o laudo, o juiz mandará que as partes se manifestem no prazo de 15 (quinze) dias, que correrá em cartório. Se nessa fase ocorrer qualquer impugnação, o juiz decidirá e poderá, conforme o caso, determinar que o perito retifique a avaliação, observando os fundamentos da decisão (CPC, art. 635).[35]

De outro lado, se o laudo for aceito por todos ou mesmo tendo sido contestado as impugnações foram resolvidas, lavrar-se-á o termo de últimas declarações, no qual o inventariante poderá emendar, aditar ou completar as primeiras (CPC, art. 636).[36]

Apresentadas as últimas declarações, as partes serão ouvidas, no prazo comum de 15 (quinze) dias e, depois disso, proceder-se-á ao cálculo do tributo (CPC, art. 637).[37] Feito o cálculo, sobre ele serão ouvidas novamente todas as partes, dessa vez no prazo comum de 5 (cinco) dias, que correrá em cartório, e, em seguida, a Fazenda Pública (CPC, art. 638).[38]

Se o juiz acolher eventual impugnação nessa fase do processo, ordenará nova remessa dos autos ao contador, determinando as alterações que devam ser feitas no cálculo. Cumprido esta etapa, o juiz julgará o cálculo do tributo.

---

34. CPC, Art. 634. Se os herdeiros concordarem com o valor dos bens declarados pela Fazenda Pública, a avaliação cingir-se-á aos demais.
35. CPC, Art. 635. Entregue o laudo de avaliação, o juiz mandará que as partes se manifestem no prazo de 15 (quinze) dias, que correrá em cartório.
    § 1º Versando a impugnação sobre o valor dado pelo perito, o juiz a decidirá de plano, à vista do que constar dos autos.
    § 2º Julgando procedente a impugnação, o juiz determinará que o perito retifique a avaliação, observando os fundamentos da decisão.
36. CPC, Art. 636. Aceito o laudo ou resolvidas as impugnações suscitadas a seu respeito, lavrar-se-á em seguida o termo de últimas declarações, no qual o inventariante poderá emendar, aditar ou completar as primeiras.
37. CPC, Art. 637. Ouvidas as partes sobre as últimas declarações no prazo comum de 15 (quinze) dias, proceder-se-á ao cálculo do tributo.
38. CPC, Art. 638. Feito o cálculo, sobre ele serão ouvidas todas as partes no prazo comum de 5 (cinco) dias, que correrá em cartório, e, em seguida, a Fazenda Pública.
    § 1º Se acolher eventual impugnação, o juiz ordenará nova remessa dos autos ao contabilista, determinando as alterações que devam ser feitas no cálculo.
    § 2º Cumprido o despacho, o juiz julgará o cálculo do tributo.

13. DAS COLAÇÕES

Colação é o ato pelo qual o descendente do *de cujus* traz para o inventário o bem que lhe foi doado por ele ainda em vida, visando com isso igualar a legítima (CC, art. 2.002).[39]

Isso se justifica porque as doações de ascendentes para descendentes acabam por significar uma antecipação daquilo que o herdeiro receberia por direito de herança no caso da futura morte do doador (CC, 544).[40] Este instituto busca igualar a participação dos herdeiros na sucessão do *de cujus*, obrigando aquele que recebeu algo antecipadamente a trazê-lo para o inventário de sorte a ser somado aos demais bens e assim garantir que a partilha contemple todos igualitariamente. A colação deve ser feita com os próprios bens doados e, na sua eventual falta, pelo seu valor correspondente ao tempo da doação (CC, art. 2.003).[41]

No prazo para manifestação das partes sobre as primeiras declarações, o herdeiro obrigado à colação conferirá por termo nos autos ou por petição à qual o termo se reportará os bens que recebeu ou, se já não os possuir, indicará qual valor aquele bem teria. Os bens a serem conferidos na partilha, assim como as acessões e as benfeitorias que o donatário fez, **calcular-se-ão pelo valor que tiverem ao tempo da abertura da sucessão** (CPC, art. 639),[42] atentando-se ao seguinte:

a) Herdeiro renunciante ou excluído:

O herdeiro que renunciou à herança ou o que dela foi excluído não se exime, pelo fato da renúncia ou da exclusão, de conferir, para o efeito de repor a parte inoficiosa, as liberalidades que obteve do doador.

---

39. CC, Art. 2.002. Os descendentes que concorrerem à sucessão do ascendente comum são obrigados, para igualar as legítimas, a conferir o valor das doações que dele em vida receberam, sob pena de sonegação.

    Parágrafo único. Para cálculo da legítima, o valor dos bens conferidos será computado na parte indisponível, sem aumentar a disponível.

40. CC, Art. 544. A doação de ascendentes a descendentes, ou de um cônjuge a outro, importa adiantamento do que lhes cabe por herança.

41. CC, Art. 2.003. A colação tem por fim igualar, na proporção estabelecida neste Código, as legítimas dos descendentes e do cônjuge sobrevivente, obrigando também os donatários que, ao tempo do falecimento do doador, já não possuírem os bens doados.

    Parágrafo único. Se, computados os valores das doações feitas em adiantamento de legítima, não houver no acervo bens suficientes para igualar as legítimas dos descendentes e do cônjuge, os bens assim doados serão conferidos em espécie, ou, quando deles já não disponha o donatário, pelo seu valor ao tempo da liberalidade.

42. CPC, Art. 639. No prazo estabelecido no art. 627, o herdeiro obrigado à colação conferirá por termo nos autos ou por petição à qual o termo se reportará os bens que recebeu ou, se já não os possuir, trar-lhes-á o valor.

    Parágrafo único. Os bens a serem conferidos na partilha, assim como as acessões e as benfeitorias que o donatário fez, calcular-se-ão pelo valor que tiverem ao tempo da abertura da sucessão.

LIÇÃO 30 • DO INVENTÁRIO, DA PARTILHA E DO ARROLAMENTO **297**

Esclarecimento: Aos herdeiros necessários pertence, de pleno direito, a metade dos bens da herança, constituindo-se na chamada legítima (CC, art. 1.846).[43] Se o doador tem herdeiros necessários ele só pode doar até metade do seu patrimônio. Se as doações excederem esta metade, a parte excedente chama-se inoficiosa e é considerada nula (CC, art. 549).[44]

b) **Parte excedente da legítima:**

Se os bens recebidos em doação forem de valor superior ao que o donatário teria direito na herança, pode ele escolher, dentre os bens doados, tantos quantos bastem para perfazer a legítima e a metade disponível, entrando na partilha o excedente para ser dividido entre os demais herdeiros.

c) **Parte excedente recai em imóvel:**

Se a parte inoficiosa da doação recair sobre bem imóvel que não comporte divisão cômoda (imóvel indivisível), o juiz determinará que sobre ela se proceda a licitação entre os herdeiros. O donatário poderá concorrer nessa licitação e, em igualdade de condições, terá preferência sobre os demais herdeiros.

Se o herdeiro negar o recebimento dos bens ou a obrigação de os conferir, o juiz, ouvidas as partes no prazo comum de 15 (quinze) dias, decidirá à vista das alegações e das provas produzidas. Declarada improcedente a oposição, se o herdeiro, no prazo improrrogável de 15 (quinze) dias, não proceder à conferência, o juiz mandará sequestrar-lhe, para serem inventariados e partilhados, os bens sujeitos à colação ou imputar ao seu quinhão hereditário o valor deles, se já não os possuir. Se a matéria exigir dilação probatória diversa da documental, o juiz remeterá as partes às vias ordinárias, não podendo o herdeiro receber o seu quinhão hereditário, enquanto pender a demanda, sem prestar caução correspondente ao valor dos bens sobre os quais versar a conferência (nos exatos termos como consta no art. 641 do CPC).

Atenção: somente os descendentes e o cônjuge sobrevivente estão obrigados à colação. Esta regra não se aplica aos ascendentes, nem aos colaterais.

14. PAGAMENTO DAS DÍVIDAS

O inventário envolve não só os bens e direitos deixados pelo *de cujus*, mas também as obrigações por ele assumidas em vida.

---

43. CC, Art. 1.846. Pertence aos herdeiros necessários, de pleno direito, a metade dos bens da herança, constituindo a legítima.
44. CC, Art. 549. Nula é também a doação quanto à parte que exceder à de que o doador, no momento da liberalidade, poderia dispor em testamento.

Assim podemos afirmar que embora os herdeiros não herdem as dívidas do falecido, terão que cumprir as obrigações que ele tenha assumido em vida, de sorte que somente receberão alguma coisa de herança depois do pagamento das dívidas que o falecido deixou.

A lógica está naquilo que já estudamos no direito das obrigações, que claramente estipula que os bens do devedor são a garantia de recebimento dos credores (CC, art. 391).[45] Se o devedor vem a morrer, isso não significa que suas dívidas tenham morrido juntamente com ele. Os credores continuam com direito de recebimento de seus créditos e poderão cobrar do espólio o que era devido pelo falecido, cabendo ao inventariante fazer o pagamento.

Como as obrigações são do falecido e não dos herdeiros, prevê o nosso Código Civil que eles não responderão por encargos superiores às forças da herança (CC, art. 1.792).[46] Quer dizer, serão feitos os pagamentos com os valores que forem arrecadados a partir dos bens que foram deixados pelo *de cujus*. Se os bens não forem suficientes para quitar todos os débitos, deverá ser declarada a insolvência, e os credores remanescentes ficarão a ver navios.

O credor deverá requerer sua habilitação no inventário apresentando documento hábil à comprovação de seu crédito, o que é feito através de simples petição que deverá estar acompanhada da prova literal da dívida (CPC, art. 642).[47] Se as partes concordarem o juiz homologará a habilitação, porém, se houver divergências com relação ao crédito que se pretende habilitar, isto é, se não houver a concordância e o consentimento de todos os herdeiros, o credor terá que se utilizar das vias ordinárias para proceder a tal cobrança (CPC, art. 643).[48] Nesse caso o juiz mandará reservar bens suficientes para adimplir o crédito impugnado

---

45. CC, Art. 391. Pelo inadimplemento das obrigações respondem todos os bens do devedor.

46. CC, Art. 1.792. O herdeiro não responde por encargos superiores às forças da herança; incumbe-lhe, porém, a prova do excesso, salvo se houver inventário que a escuse, demonstrando o valor dos bens herdados.

47. CPC, Art. 642. Antes da partilha, poderão os credores do espólio requerer ao juízo do inventário o pagamento das dívidas vencidas e exigíveis.

    § 1º A petição, acompanhada de prova literal da dívida, será distribuída por dependência e autuada em apenso aos autos do processo de inventário.

    § 2º Concordando as partes com o pedido, o juiz, ao declarar habilitado o credor, mandará que se faça a separação de dinheiro ou, em sua falta, de bens suficientes para o pagamento.

    § 3º Separados os bens, tantos quantos forem necessários para o pagamento dos credores habilitados, o juiz mandará aliená-los, observando-se as disposições deste Código relativas à expropriação.

    § 4º Se o credor requerer que, em vez de dinheiro, lhe sejam adjudicados, para o seu pagamento, os bens já reservados, o juiz deferir-lhe-á o pedido, concordando todas as partes.

    § 5º Os donatários serão chamados a pronunciar-se sobre a aprovação das dívidas, sempre que haja possibilidade de resultar delas a redução das liberalidades.

48. CPC, Art. 643. Não havendo concordância de todas as partes sobre o pedido de pagamento feito pelo credor, será o pedido remetido às vias ordinárias.

LIÇÃO 30 • DO INVENTÁRIO, DA PARTILHA E DO ARROLAMENTO **299**

se os documentos apresentados forem de suficiente credibilidade e a impugnação dos herdeiros não se fundar em quitação (CC, art. 1.997, § 1º c/c CPC, art. 643).

Vale advertir que até mesmo o credor com dívida a vencer pode se habilitar no inventário, desde que a dívida seja líquida e certa (CPC, art. 644).[49]

Se for acolhido o pedido do credor, o valor por ele recebido será descontado da herança e isso acabará influindo no valor do ITCMD a ser recolhido.

Mesmo depois de encerrado o inventário, os credores podem acionar os herdeiros para receberem seus créditos. Pode ocorrer de os credores só tomarem conhecimento da morte após terem sido partilhados os bens do falecido. Isso não obsta a tentativa de recebimentos dos créditos, porém, agora deverão ser cobrados individualmente de cada herdeiro, na proporção do que cada um recebeu da herança (CC, art. 1.997).[50]

> **Atenção:** O herdeiro legatário também é parte legítima para manifestar-se sobre as dívidas do espólio, porém somente quando toda a herança for dividida em legados ou quando o reconhecimento das dívidas importar redução dos legados (CPC, art. 645).[51]

15. DA PARTILHA

A partilha é o ato culminante do processo de inventário, significando o fim da comunhão entre os herdeiros com a atribuição a cada um dos seus respectivos quinhões e **pode ser extrajudicial**, quando todos os herdeiros forem capazes e estiverem de acordo com a divisão dos bens (CC, art. 2.015);[52] **ou judicial**, quando houver interesses de incapaz ou os herdeiros não estiverem concordes com a partilha (CC, art. 2.016).[53]

Parágrafo único. O juiz mandará, porém, reservar, em poder do inventariante, bens suficientes para pagar o credor quando a dívida constar de documento que comprove suficientemente a obrigação e a impugnação não se fundar em quitação.

49. CPC, Art. 644. O credor de dívida líquida e certa, ainda não vencida, pode requerer habilitação no inventário.
Parágrafo único. Concordando as partes com o pedido referido no caput, o juiz, ao julgar habilitado o crédito, mandará que se faça separação de bens para o futuro pagamento.

50. CC, Art. 1.997. A herança responde pelo pagamento das dívidas do falecido; mas, feita a partilha, só respondem os herdeiros, cada qual em proporção da parte que na herança lhe coube.
(omissis)...

51. CPC, Art. 645. O legatário é parte legítima para manifestar-se sobre as dívidas do espólio:
I – quando toda a herança for dividida em legados;
II – quando o reconhecimento das dívidas importar redução dos legados.

52. CC, Art. 2.015. Se os herdeiros forem capazes, poderão fazer partilha amigável, por escritura pública, termo nos autos do inventário, ou escrito particular, homologado pelo juiz.

53. CC, Art. 2.016. Será sempre judicial a partilha, se os herdeiros divergirem, assim como se algum deles for incapaz.

Com a partilha, encerra-se o inventário e faz desaparecer a figura do espólio, bem como acaba com a comunhão formada entre os herdeiros com a morte do *de cujus* (CC, art. 1.791, parágrafo único).[54]

Nesta fase final, o juiz facultará às partes a apresentação do plano de partilha e se todos estiverem de acordo homologará a partilha amigável (CPC, art. 647).[55] Se não houver acordo entre as partes, o juiz mandará o processo ao partidor, que apresentará um plano de partilha e, depois de ouvidas as partes e resolvidas eventuais impugnações, a partilha será lançada aos autos pelo juiz (CPC, art. 652).[56] Da partilha constará os elementos especificados no art. 653 do CPC.[57] Depois de realizado o pagamento do imposto de transmissão, o juiz a julgará por sentença a partilha (CPC, art. 654).[58]

Transitada em julgado a sentença que julgou a partilha, o cartório do juízo expedirá o formal de partilha, que é o instrumento hábil à transferência dos bens para o nome dos respectivos herdeiros (CPC, art. 655).[59]

---

54. CC, Art. 1.791. (Omissis)

Parágrafo único. Até a partilha, o direito dos co-herdeiros, quanto à propriedade e posse da herança, será indivisível, e regular-se-á pelas normas relativas ao condomínio.

55. CPC, Art. 647. Cumprido o disposto no art. 642, § 3º, o juiz facultará às partes que, no prazo comum de 15 (quinze) dias, formulem o pedido de quinhão e, em seguida, proferirá a decisão de deliberação da partilha, resolvendo os pedidos das partes e designando os bens que devam constituir quinhão de cada herdeiro e legatário.

Parágrafo único. O juiz poderá, em decisão fundamentada, deferir antecipadamente a qualquer dos herdeiros o exercício dos direitos de usar e de fruir de determinado bem, com a condição de que, ao término do inventário, tal bem integre a cota desse herdeiro, cabendo a este, desde o deferimento, todos os ônus e bônus decorrentes do exercício daqueles direitos.

56. CPC, Art. 652. Feito o esboço, as partes manifestar-se-ão sobre esse no prazo comum de 15 (quinze) dias, e, resolvidas as reclamações, a partilha será lançada nos autos.

57. CPC, Art. 653. A partilha constará:

I – de auto de orçamento, que mencionará:

a) os nomes do autor da herança, do inventariante, do cônjuge ou companheiro supérstite, dos herdeiros, dos legatários e dos credores admitidos;

b) o ativo, o passivo e o líquido partível, com as necessárias especificações;

c) o valor de cada quinhão;

II – de folha de pagamento para cada parte, declarando a quota a pagar-lhe, a razão do pagamento e a relação dos bens que lhe compõem o quinhão, as características que os individualizam e os ônus que os gravam.

Parágrafo único. O auto e cada uma das folhas serão assinados pelo juiz e pelo escrivão.

58. CPC, Art. 654. Pago o imposto de transmissão a título de morte e juntada aos autos certidão ou informação negativa de dívida para com a Fazenda Pública, o juiz julgará por sentença a partilha.

Parágrafo único. A existência de dívida para com a Fazenda Pública não impedirá o julgamento da partilha, desde que o seu pagamento esteja devidamente garantido.

59. CPC, Art. 655. Transitada em julgado a sentença mencionada no art. 654, receberá o herdeiro os bens que lhe tocarem e um formal de partilha, do qual constarão as seguintes peças:

I – termo de inventariante e título de herdeiros;

II – avaliação dos bens que constituíram o quinhão do herdeiro;

15.1 Anulação da partilha amigável

A partilha amigável, lavrada em instrumento público, reduzida a termo nos autos do inventário ou constante de escrito particular homologado pelo juiz, pode ser anulada por dolo, coação, erro essencial ou intervenção de incapaz (CPC, art. 657).[60]

Trata-se de sentença homologatória e mesmo depois de transitada em julgado, poderá ser anulada se padecer dos mesmos vícios e defeitos que invalidam os negócios jurídicos em geral (coação, erro, dolo e participação de incapaz), porém o prazo para isso é de somente um ano contados na forma da lei (CPC, art. 657 e CC, art. 2.027).[61]

15.2 Ação rescisória para anular partilha

Já a partilha que foi julgada por sentença, poderá ser rescindida como qualquer sentença (ver CPC, art. 966) nos casos em que houver coação, erro, dolo ou participação de incapaz, e também, se a partilha foi feita com a preterição de alguma formalidade legal ou se preteriu herdeiro ou nela incluiu quem não era herdeiro (CPC, art. 658).[62]

III – pagamento do quinhão hereditário;

IV – quitação dos impostos;

V – sentença.

Parágrafo único. O formal de partilha poderá ser substituído por certidão de pagamento do quinhão hereditário quando esse não exceder a 5 (cinco) vezes o salário-mínimo, caso em que se transcreverá nela a sentença de partilha transitada em julgado.

60. CPC, Art. 657. A partilha amigável, lavrada em instrumento público, reduzida a termo nos autos do inventário ou constante de escrito particular homologado pelo juiz, pode ser anulada por dolo, coação, erro essencial ou intervenção de incapaz, observado o disposto no § 4º do art. 966.

Parágrafo único. O direito à anulação de partilha amigável extingue-se em 1 (um) ano, contado esse prazo:

I – no caso de coação, do dia em que ela cessou;

II – no caso de erro ou dolo, do dia em que se realizou o ato;

III – quanto ao incapaz, do dia em que cessar a incapacidade.

61. CC, Art. 2.027. A partilha é anulável pelos vícios e defeitos que invalidam, em geral, os negócios jurídicos.

Parágrafo único. Extingue-se em um ano o direito de anular a partilha

62. CPC, Art. 658. É rescindível a partilha julgada por sentença:

I – nos casos mencionados no art. 657;

II – se feita com preterição de formalidades legais;

III – se preteriu herdeiro ou incluiu quem não o seja.

15.3 Algumas regras a serem observadas na partilha

Algumas observações são importantes serem mencionadas com relação à partilha e, dentre estas:

a) Máxima igualdade entre os herdeiros:

Na partilha deve ser observada algumas regras para que não reste prejudicado algum dos herdeiros, procurando-se garantir a máxima igualdade (CPC, art. 648, I).[63]

b) Prevenir litígios:

A partilha deverá também ser realizada procurando evitar ao máximo possível que da divisão de bens reste depois algum litígio a resolver (ver CPC, art. 648, II).

c) Máxima comodidade:

Deve também ser observada a máxima comodidade dos co-herdeiros, do cônjuge ou do companheiro, conforme o caso (ver CPC, art. 648, III).

d) Evitar a formação de condomínio:

Na partilha, se houver bens que são insuscetíveis de cômoda divisão entre os herdeiros, deverão ser vendidos judicialmente e o resultado da venda será dividido entre todos, a não ser que haja acordo para que o bem seja adjudicado a todos (CPC, art. 649).[64]

e) Herdeiro nascituro:

Se na herança concorrer nascituro, o quinhão que lhe caberá será reservado em poder do inventariante até o seu nascimento (CPC, art. 650).[65]

16. ALVARÁ JUDICIAL

Para sacar pequenas quantias em banco em nome do falecido, assim como levantamento de FGTS ou aposentadoria junto ao INSS, a venda de um único veículo e outros bens de pequeno valor deixados pelo de *cujus*, dispensa-se a

---

63. CPC, Art. 648. Na partilha, serão observadas as seguintes regras:

I – a máxima igualdade possível quanto ao valor, à natureza e à qualidade dos bens;

II – a prevenção de litígios futuros;

III – a máxima comodidade dos co-herdeiros, do cônjuge ou do companheiro, se for o caso.

64. CPC, Art. 649. Os bens insuscetíveis de divisão cômoda que não couberem na parte do cônjuge ou companheiro supérstite ou no quinhão de um só herdeiro serão licitados entre os interessados ou vendidos judicialmente, partilhando-se o valor apurado, salvo se houver acordo para que sejam adjudicados a todos.

65. CPC, Art. 650. Se um dos interessados for nascituro, o quinhão que lhe caberá será reservado em poder do inventariante até o seu nascimento.

LIÇÃO 30 • DO INVENTÁRIO, DA PARTILHA E DO ARROLAMENTO **303**

abertura de inventário e se resolve através do processo simplificado chamado de "alvará judicial", que será proposto perante o juiz que seria competente para conhecer do inventário judicial (CPC, art. 666).[66]

É uma ação muito simples, pelo procedimento de jurisdição voluntária. Neste tipo de ação o Estado é chamado não para dirimir conflitos, mas apenas para atender interesses particulares em obter uma ordem jurisdicional.

Nesse caso cabe ao juiz verificar se o requerente preenche os requisitos legais para obter o provimento judicial requerido que pode ser um levantamento de valores em banco, venda de algum bem de pequeno valor, ou mesmo a obtenção de uma declaração.

> **Importante:** ao peticionar a parte deve anexar à sua petição todos os documentos necessários à comprovação do que está sendo requerido, bem como a prova de sua legitimidade e, havendo outros herdeiros, a autorização de todos eles atestando que concordam com a representação através do requerente. Nesse caso, a procuração para o advogado deve ser assinada por todos os interessados.

17. INVENTÁRIO NEGATIVO

Não é previsto na legislação, mas pode ocorrer quando houver necessidade de comprovar a inexistência de bens do *de cujus* para responder por suas dívidas (ver CC, art. 1.792); ou para evitar as causas suspensivas do casamento (ver CC, art. 1.523, I e II), ou ainda, quando for necessário concluir negócio que o falecido realizou em vida, mas não ultimou como, por exemplo, se vendeu um imóvel através de contrato de promessa de compra e venda, recebeu o preço, mas não outorgou a respectiva escritura.

Este tipo de inventário tanto pode ser realizado pela via judicial quanto administrativa (ver CNJ, REs. nº 35, art. 28).

18. SONEGADOS

Sonegar é ocultar de forma dolosa bens do espólio que deveriam ser levados ao inventário ou à colação, cuja pena para o sonegador é a perda do direito de participação na partilha desse bem (CC, art. 1.992).[67]

---

66. CPC, Art. 666. Independerá de inventário ou arrolamento o pagamento dos valores previstos na Lei nº 6.858, de 24 de novembro de 1980.
67. CC, Art.1.992. O herdeiro que sonegar bens da herança, não os descrevendo no inventário quando estejam em seu poder, ou, com o seu conhecimento, no de outrem, ou que os omitir na colação, a que os deva levar, ou que deixar de restituí-los, perderá o direito que sobre eles lhe cabia.

Qualquer herdeiro que tenha bens em seu poder ou saiba da existência de bens em mãos de terceiros deve fazer essa indicação no inventário. Se não o fizer será considerado sonegador.

Nesse sentido, o mais comum é o inventariante ser o sonegador, pois a ele é que cabe arrecadar e inventariar todos os bens e os apresentar com as primeiras declarações. Se for o inventariante o sonegador este sofrerá uma pena adicional que será a sua remoção (CC. art. 1.993).[68]

Advirta-se, contudo, que a pena de sonegado só se pode impor por sentença em ação própria, depois de efetivamente provado o desvio doloso dos bens (CC, art. 1.994).[69]

O direito de propor esse tipo de ação prescreve em dez anos, contados do momento que se constata a ocultação (ver CC, art. 205), tendo legitimidade para fazê-lo qualquer um que demonstre interesse nos bens, especialmente os herdeiros (legítimos ou testamentários) e os credores. Tomada a iniciativa por qualquer um, o resultado da ação beneficia a todos os interessados (ver CC, art. 1.994, parágrafo único), que receberão suas respectivas quotas-parte em sobre-partilha (CPC, art. 669, I).[70]

Prevê ainda o Código Civil que, na eventualidade de os bens não mais existirem, o sonegador deverá pagar o valor correspondente aos bens ocultados, acrescido de perdas e danos (CC, art. 1.995).[71]

Cumpre alertar por fim que não é qualquer omissão que vai significar ocul-tação que autorize o manejo da ação de sonegados. Com relação aos herdeiros em geral, a sonegação estará caracterizada quando, instado a trazer o bem para o

---

68. CC, Art. 1.993. Além da pena cominada no artigo antecedente, se o sonegador for o próprio inven-tariante, remover-se-á, em se provando a sonegação, ou negando ele a existência dos bens, quando indicados.
69. CC, Art. 1.994. A pena de sonegados só se pode requerer e impor em ação movida pelos herdeiros ou pelos credores da herança. Parágrafo único. A sentença que se proferir na ação de sonegados, movida por qualquer dos herdeiros ou credores, aproveita aos demais interessados.
Parágrafo único. A sentença que se proferir na ação de sonegados, movida por qualquer dos herdeiros ou credores, aproveita aos demais interessados.
70. CPC, Art. 669. São sujeitos à sobrepartilha os bens:
I – sonegados;
II – da herança descobertos após a partilha;
III – litigiosos, assim como os de liquidação difícil ou morosa;
IV – situados em lugar remoto da sede do juízo onde se processa o inventário.
Parágrafo único. Os bens mencionados nos incisos III e IV serão reservados à sobrepartilha sob a guarda e a administração do mesmo ou de diverso inventariante, a consentimento da maioria dos herdeiros.
71. CC, Art. 1.995. Se não se restituírem os bens sonegados, por já não os ter o sonegador em seu poder, pagará ele a importância dos valores que ocultou, mais as perdas e danos.

LIÇÃO 30 • DO INVENTÁRIO, DA PARTILHA E DO ARROLAMENTO **305**

inventário, o mesmo se nega. Já com relação ao inventariante, estará configurado o ilícito depois que ele apresentar a relação dos bens e declarar que não existem outros bens a inventariar (CC, art. 1.996).[72]

19. SOBREPARTILHA

Pode ocorrer de, mesmo depois da partilha, aparecerem bens do *de cujus* que não eram conhecidos dos herdeiros e, portanto, não foram relacionados e partilhados no inventário já findo, assim como aqueles eventualmente sonegados (CC, art. 2.022).[73]

Pode também ocorrer de, mesmo os bens sendo conhecidos, por uma questão de comodidade e conveniências dos herdeiros, optem eles por deixar para partilhar depois, tendo em vista que o próprio Código Civil autoriza, especialmente os bens que se encontram em lugar longe de onde se processa o inventário; ou se pende sobre eles algum litígio; ou ainda, se os bens são de liquidação morosa ou difícil (CC, art. 2.021).[74]

Esta lista é reafirmada pelo Código de Processo Civil que estabelece que estes bens mencionados serão reservados à sobrepartilha sob a guarda e a administração do mesmo ou de diverso inventariante, a consentimento da maioria dos herdeiros (ver CPC, art. 669, especialmente o parágrafo único).

Nesse caso, haverá necessidade de promover a partilha desses bens e para isso não será necessário abrir novo inventário, pois bastará pedir o desarquivamento do inventário já realizado e nele mesmo, far-se-á a nova partilha (CPC, art. 670).[75]

Vale alertar por fim que nada obsta seja processada a sobrepartilha por escritura pública, desde que todos os herdeiros sejam capazes e estejam de comum acordo sobre a partilha dos bens.

---

72. CC, Art. 1.996. Só se pode argüir de sonegação o inventariante depois de encerrada a descrição dos bens, com a declaração, por ele feita, de não existirem outros por inventariar e partir, assim como argüir o herdeiro, depois de declarar-se no inventário que não os possui.

73. CC, Art. 2.022. Ficam sujeitos a sobrepartilha os bens sonegados e quaisquer outros bens da herança de que se tiver ciência após a partilha.

74. CC, Art. 2.021. Quando parte da herança consistir em bens remotos do lugar do inventário, litigiosos, ou de liquidação morosa ou difícil, poderá proceder-se, no prazo legal, à partilha dos outros, reservando-se aqueles para uma ou mais sobrepartilhas, sob a guarda e a administração do mesmo ou diverso inventariante, e consentimento da maioria dos herdeiros.

75. CPC, Art. 670. Na sobrepartilha dos bens, observar-se-á o processo de inventário e de partilha. Parágrafo único. A sobrepartilha correrá nos autos do inventário do autor da herança.

20. CUMULAÇÃO DE INVENTÁRIOS

Autoriza o nosso Código de Processo Civil que se possa cumular os inventários para a partilha de heranças de pessoas diversas, nos seguintes casos (CPC, art. 672):[76]

a) Identidade de pessoas entre as quais devam ser repartidos os bens.

b) Heranças deixadas pelos dois cônjuges ou companheiros.

c) Dependência de uma das partilhas em relação à outra.

Atenção: Nesse caso, se a dependência for parcial, por haver outros bens, o juiz pode ordenar a tramitação separada, se melhor convier ao interesse das partes ou à celeridade processual.

Importante: prevalecerão as primeiras declarações, assim como o laudo de avaliação, salvo se alterado o valor dos bens (CPC, art. 673).[77]

---

76. CPC, Art. 672. É lícita a cumulação de inventários para a partilha de heranças de pessoas diversas quando houver:

I – identidade de pessoas entre as quais devam ser repartidos os bens;

II – heranças deixadas pelos dois cônjuges ou companheiros;

III – dependência de uma das partilhas em relação à outra.

Parágrafo único. No caso previsto no inciso III, se a dependência for parcial, por haver outros bens, o juiz pode ordenar a tramitação separada, se melhor convier ao interesse das partes ou à celeridade processual.

77. CPC, Art. 673. No caso previsto no art. 672, inciso II, prevalecerão as primeiras declarações, assim como o laudo de avaliação, salvo se alterado o valor dos bens.

Bibliografia consultada e recomendada

Para um aprofundamento de estudos sobre os DIREITOS DE FAMÍLIA E DA SUCESSÃO, recomendamos as seguintes obras e autores:

ALMEIDA, José Luiz Gavião de. *Código Civil comentado*. São Paulo: Atlas, 2003, v. 18.

ANDRADE, Denise de Paula. Filiação socioafetiva. São Paulo: LiberArs, 2020.

AZEVEDO, Alvaro Villaça. *Estatuto da família de fato*, 2ª ed. São Paulo: Atlas, 2011.

BEVILÁQUA, Clóvis. *Direito de família*, 8ª ed. Rio de Janeiro: Freitas Bastos, 1956.

CAHALI, Yussef Said. *Divórcio e separação*, 8ª ed. São Paulo: Revista dos Tribunais, 1995.

_____. *Dos alimentos*, 6ª ed. São Paulo: Revista dos Tribunais, 2009.

CHAVES, Antonio. *Tratado de direito de família*, 2ª ed. São Paulo: Revista dos Tribunais, 1991.

COELHO, Fabio Ulhoa. *Curso de direito civil*, 3ª ed. São Paulo: Saraiva, 2010, v. 5.

COSTA MACHADO (Org.); CHINELLATO, Silmara Juny (Coord.). et al. *Código Civil interpretado artigo por artigo, parágrafo por parágrafo*. Barueri: Manole, 2008.

DIAS, Maria Berenice. *A união estável*. Disponível em: <www.mariaberenice.com.br>. Acesso em: 30 nov. 2013.

DINIZ, Maria Helena. *Curso de direito civil brasileiro* – direito de família, 27ª ed. São Paulo: Saraiva, 2012, v. 5.

_____. *Curso de direito civil brasileiro* – direito das sucessões, 24ª ed. São Paulo: Saraiva, 2010, v. 6.

FUJITA, Jorge Shiguemitsu. *Filiação*. São Paulo: Atlas, 2009.

GAGLIANO, Pablo Stolze; PAMPLONA FILHO, Rodolfo. Novo curso de direito civil, 2ª ed. São Paulo: Saraiva, 2012, v. 6.

GOMES, Orlando. *Direito de família*, 14ª ed. Rio de Janeiro: Forense, 2002.

GONÇALVES, Carlos Roberto. *Direito civil brasileiro* – direito de família, 10ª ed. São Paulo: Saraiva, 2013, v. 6.

_____. *Direito civil brasileiro* – direito das sucessões, 7ª ed. São Paulo: Saraiva, 2013, v. 7.

HIRONAKA, Giselda Maria Fernandes Novaes. *Comentários ao Código Civil*. São Paulo: Saraiva, 2003, v. 20.

ISHIDA, Válter Kenji. *Estatuto da criança e do adolescente*, 8ª ed. São Paulo: Atlas, 2007.

LOBO, Paulo. *Direito civil* – famílias, 4ª ed. São Paulo: Saraiva, 2011.

MACIEL, Katia Regina Ferreira Lobo Andrade (Coord.). *Curso de direito da criança e do adolescente*, 6ª ed. São Paulo: Saraiva, 2013.

MELO, Nehemias Domingos de. Abandono moral: fundamentos de responsabilidade civil. In: *Revista IOB de direito de família*, nº 46, fev./mar. 2008.

_____. *Da culpa e do risco como fundamentos da responsabilidade civil*, 2ª ed. São Paulo: Atlas, 2012.

_____. *La familia ensamblada: um analisis a la luz del derecho argentino y brasileño*. In: BALESTERO, Gabriela Soares; BEGALLI, Ana Silvia Marcato (Coord.). *Estudos de direito latino americano*. São Paulo: Lexia, 2013, v. 1.

_____. *Manual de Prática Jurídica Civil*, 5ª. ed. Inadaiatuba: Foco, 2022.

_____. *Lições de Processo Civil*, 3ª. ed. Inadaiatuba: Foco, 2022, vols. 1, 2 e 3.

MONTEIRO, Washington de Barros. *Curso de direito civil – direito de família*, 37ª ed. São Paulo: Saraiva, 2009, v. 2.

_____. *Curso de direito civil – direito das sucessões*, 38ª ed. São Paulo: Saraiva, 2011, v. 6.

NADER, Paulo. *Curso de direito civil*, 4ª ed. Rio de Janeiro: Forense-Gen, 2010, v. 5 e 6.

PEREIRA, Caio Mário da Silva. *Instituição de direito civil: direito de família*, 14ª ed. Rio de Janeiro: Forense, 2004, v. 5

_____. *Instituições de direito civil – direito das sucessões*, 15ª ed. Rio de Janeiro: Forense, 2004, v. 6.

RODRIGUES, Silvio. *Direito civil – direito de família*, 28ª ed. São Paulo: Saraiva, 2007, v. 6.

_____. *Direito civil – direito das sucessões*, 26ª ed. São Paulo: Saraiva, 2007, v. 7.

SENISE LISBOA, Roberto. *Manual de direito civil – direito de família e sucessões*, 5ª ed. São Paulo: Saraiva, 2009, v. 5.

TARTUCE, Flávio. *Manual de direito civil*, 7ª ed. São Paulo: Gen-Método, 2017, volume único.

VELOSO, Zeno. *Código Civil comentado*. São Paulo: Atlas, 2002, v. XVII.

VENOSA, Sílvio de Salvo. *Direito civil – direito de família*, 12ª ed. São Paulo: Atlas, 2012, v. 6.

_____. *Direito civil – direito das sucessões*, 12ª ed. São Paulo: Atlas, 2012, v. 7.

ANOTAÇÕES